国产汽车
正时校对速查手册

夏雪松 主编

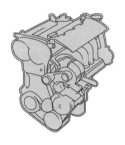

GUOCHAN QICHE
ZHENGSHI JIAODUI SUCHA SHOUCE

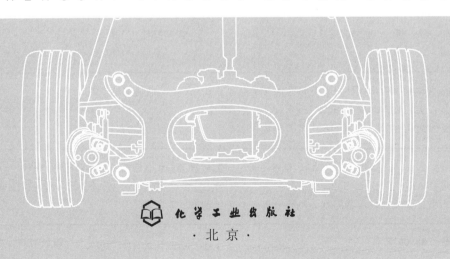

化学工业出版社
·北京·

本书根据近年来国产自主品牌轿车的保有量,有针对性地搜集整理了80多种国产自主品牌畅销车型的正时皮带和正时链条的拆装步骤与正时校对方法,汇编成书,并配有700多幅插图加以辅助说明。可供汽车维修人员在维修中查阅参考。

图书在版编目（CIP）数据

国产汽车正时校对速查手册/夏雪松主编．—北京：化学工业出版社，2017.5
ISBN 978-7-122-29392-3

Ⅰ.①国… Ⅱ.①夏… Ⅲ.①汽车-发动机-车辆修理-手册 Ⅳ.①U472.43-62

中国版本图书馆CIP数据核字（2017）第065574号

责任编辑：辛　田　刘　琳　　　　　　装帧设计：王晓宇
责任校对：宋　夏

出版发行：化学工业出版社（北京市东城区青年湖南街13号　邮政编码100011）
印　　装：大厂聚鑫印刷有限责任公司
787mm×1092mm　1/16　印张15¾　字数380千字　2017年5月北京第1版第1次印刷

购书咨询：010-64518888（传真：010-64519686）　售后服务：010-64518899
网　　址：http://www.cip.com.cn
凡购买本书，如有缺损质量问题，本社销售中心负责调换。

定　价：88.00元　　　　　　　　　　　　　　　　　　　　　　　版权所有　违者必究

前言 Foreword

目前，家用轿车作为耐用消费品已经大规模进入我国的家庭，截止 2016 年年底，我国私人轿车的保有量已经达到 1.3 亿辆，汽车保有量的快速增长促进了我国维修产业的发展，使得维修厂数量和维修从业人员大量增加，因此也对维修厂家和从业人员的服务质量提出了更加严格的要求。汽车在使用过程中要根据行驶里程对发动机的正时皮带或正时链条进行检查、更换和正时校对操作。由于我国轿车的种类繁多，造成正时皮带和正时链条的拆装方法和校准方法各不相同，因此本书根据近年来国产自主品牌轿车的保有量，有针对性地搜集整理了 80 多种国产自主品牌畅销车型的正时皮带和正时链条的拆装步骤与正时校对方法，汇编成书，并配有 700 多幅插图加以辅助说明。可供汽车维修人员在维修中查阅参考。

本书由夏雪松主编，其他参加编写的人员有江艳秋、徐志军、李杰清、王剑峰、刘玲、张雅成、崔秀平、田建宇、李文惠、刘刚、胡志涛、胡长宏、钱善虎、李小明、李晨、夏晓云、秦帅帅、孟晓波、王殿虎、罗秋婷、史玥丽、罗亮、宋鹏飞、贾利英、郭艳虎、李建明、王斌、赵彩英、李云娟、王志红。在此向他们表示衷心的感谢。

由于笔者水平有限，书中不足之处在所难免，敬请广大读者朋友批评指正。

编　者

目录 CONTENTS

第一章　荣威（ROEWE）车系 — 1
第一节　荣威 550 轿车 — 1
第二节　荣威 750 轿车 — 9
第三节　荣威 350 轿车 — 14
第四节　荣威 W5 轿车 — 19

第二章　比亚迪车系 — 23
第一节　比亚迪 F0 轿车 — 23
第二节　比亚迪 F3/F3R 轿车 — 27
第三节　比亚迪 G3 轿车 — 32
第四节　比亚迪 L3 轿车 — 32
第五节　比亚迪速锐轿车 — 33
第六节　比亚迪 M6 轿车 — 35
第七节　比亚迪 F6 轿车 — 38
第八节　比亚迪 S6 轿车 — 39
第九节　比亚迪 S8 轿车 — 39
第十节　比亚迪 G6 轿车 — 39

第三章　奇瑞车系 — 40
第一节　奇瑞旗云轿车 — 40
第二节　奇瑞 QQ 轿车 — 45
第三节　奇瑞 SQR7160 轿车 — 52
第四节　奇瑞东方之子轿车 — 53
第五节　奇瑞 A520 轿车 — 58
第六节　奇瑞 A3 轿车 — 62
第七节　奇瑞 A5 轿车 — 62
第八节　奇瑞瑞麒 G5/G6 轿车 — 62
第九节　奇瑞威麟轿车 — 65
第十节　奇瑞 E5 轿车 — 65
第十一节　奇瑞风云 2 轿车 — 66
第十二节　奇瑞艾瑞泽 7 轿车 — 66
第十三节　奇瑞开瑞优优轿车 — 72

第四章　陆风车系 — 76
第一节　陆风风尚轿车 — 76

第二节　陆风风华轿车 …………………………………………………………… 80

第五章　一汽奔腾车系　81
　　第一节　一汽奔腾 B70 轿车　81
　　第二节　一汽奔腾 B50 轿车　88

第六章　吉利车系　91
　　第一节　吉利帝豪 EC7 轿车　91
　　第二节　吉利金刚轿车　95
　　第三节　吉利远景轿车　97
　　第四节　吉利英伦 SX7 轿车　102

第七章　理念汽车　109

第八章　华普汽车　116
　　第一节　华普海峰轿车　116
　　第二节　华普海尚轿车　118
　　第三节　华普海域轿车　119

第九章　中华汽车　120
　　第一节　中华骏捷轿车　120
　　第二节　中华尊驰轿车　125
　　第三节　中华酷宝轿车　128

第十章　红旗轿车　129

第十一章　东风汽车　142
　　第一节　东风风神 S30 轿车　142
　　第二节　东风风行 MPV 轿车　146

第十二章　长安车系　150
　　第一节　长安奔奔轿车　150
　　第二节　长安志翔轿车　152
　　第三节　长安悦翔轿车　157
　　第四节　长安 CS35 轿车　163
　　第五节　长安之星轿车　166
　　第六节　长安新奥拓轿车　167

第十三章　江淮汽车　170

第一节	江淮瑞风汽车	170
第二节	江淮瑞鹰轿车	175
第三节	江淮宾悦轿车	175

第十四章　上汽MG车系　　176

| 第一节 | 上汽 MG3 轿车 | 176 |
| 第二节 | 上汽 MG6 轿车 | 186 |

第十五章　长城车系　　187

第一节	长城炫丽轿车	187
第二节	长城精灵轿车	193
第三节	长城凌傲轿车	193
第四节	长城酷熊轿车	193
第五节	长城腾翼 C30 轿车	193
第六节	长城 M1 轿车	194
第七节	长城 M2 轿车	194
第八节	长城哈弗 H3 轿车	194
第九节	长城哈弗 CUV 轿车	198
第十节	长城哈弗 H5 轿车	198
第十一节	长城哈弗 H6 轿车	200

第十六章　金杯汽车　　201

| 第一节 | 金杯海狮汽车 | 201 |
| 第二节 | 金杯阁瑞斯汽车 | 210 |

第十七章　海马汽车　　214

| 第一节 | 海马 2 轿车 | 214 |
| 第二节 | 海马普力马轿车 | 215 |

第十八章　猎豹汽车　　218

第一节	猎豹 CS7 汽车	218
第二节	猎豹 CS6 汽车	220
第三节	猎豹飞腾汽车	220
第四节	猎豹黑金刚汽车	220

第十九章　东南汽车　　224

| 第一节 | 东南菱帅汽车 | 224 |
| 第二节 | 东南得利卡轿车 | 225 |

第二十章　其他国产汽车

第一节　哈飞赛马轿车 …………………………………… 231
第二节　众泰汽车 ………………………………………… 234
第三节　纳智捷7轿车 …………………………………… 235
第四节　启辰D50轿车 …………………………………… 237

第一章 荣威（ROEWE）车系

第一节 荣威 550 轿车

一、荣威 550 轿车 1.8L（18K4G）发动机正时皮带拆卸

① 断开蓄电池负极电缆。
② 拆下正时带前上盖。
③ 用千斤顶支撑发动机。
注意：为防止损坏元件，用一块木头或硬的橡胶垫在千斤顶与发动机之间。
④ 松开把发动机右上系杆固定到发动机右托架上的螺栓，如图 1-1-1 所示。
⑤ 拧下把发动机右上系杆固定到发动机右系杆上的 2 个螺栓，如图 1-1-1 所示。
⑥ 拧下把发动机右托架固定到液压悬置上的螺母，如图 1-1-2 所示。
⑦ 拧下把发动机右托架固定到发动机上的 3 个螺栓，如图 1-1-2 所示。

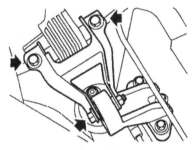

图 1-1-1 松开螺栓

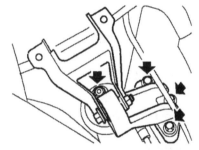

图 1-1-2 拆卸螺母和螺栓

⑧ 拆卸发动机右托架和右上系杆总成。
⑨ 顺时针转动曲轴，对准凸轮轴带轮的正时标记，如图 1-1-3 所示。
注意：千万不要用凸轮轴带轮、凸轮轴带轮螺栓或正时带来转动曲轴。
⑩ 如图 1-1-3 所示，装上锁止工具 T10029。
⑪ 检查并确保曲轴皮带轮的正时标记和正时带下前上盖的正时标记对准，如图 1-1-4 所示。

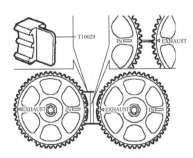

图 1-1-3 对准正时标记

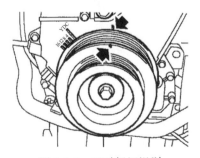

图 1-1-4 正时标记识别

⑫ 拆卸曲轴皮带轮。

⑬ 拧下固定动力转向泵张紧轮的 2 个螺栓，把张紧轮拆下，如图 1-1-5 所示。

⑭ 如图 1-1-6 所示，拆下 3 个固定螺钉，拆卸正时皮带前下盖和密封件。

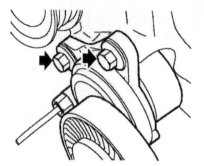

图 1-1-5　拆卸动力转向泵张紧轮固定螺栓

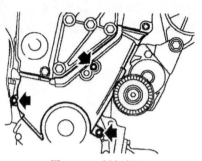

图 1-1-6　拆卸螺钉

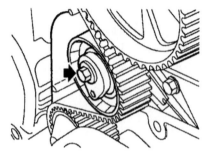

图 1-1-7　正时皮带张紧轮螺栓

⑮ 拆卸正时皮带张紧轮螺栓（图 1-1-7 中箭头）并将其废弃。拆卸张紧轮。如果还要继续使用拆下的正时皮带，则在正时皮带上标出转动方向，以免在安装时发生错装。

⑯ 拆卸凸轮轴正时皮带。

注意：只能用手从凸轮轴带轮上取下正时皮带，不要用金属工具拆卸，否则会损坏带轮和皮带；如果在正时盖上发现有碎片，而不是灰尘，说明原来的正时皮带不能使用，必须换用新的正时皮带；如果正时带与发动机卡住过，那么这样的正时皮带也不能再继续使用；如果正时皮带的运行里程超过了 72000km，必须换用新的正时皮带；被机油或冷却液污染过的正时皮带也不能再继续使用。

⑰ 从曲轴上拆下曲轴正时齿轮。

二、荣威 550 轿车 1.8L（18K4G）发动机正时皮带安装

① 清洁正时齿轮和带轮。

② 把曲轴正时齿轮装到曲轴上。

③ 检查曲轴正时齿轮上的孔和机油泵上的法兰是否对准，如图 1-1-8 所示。

④ 装上带张紧轮的正时皮带张紧器，固定在 9 点钟位置，拧紧新的夹紧螺栓，直到刚好能移动张紧轮杆，如图 1-1-9 所示。

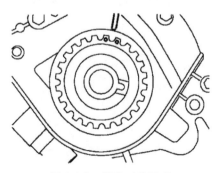

图 1-1-8　将孔对准法兰

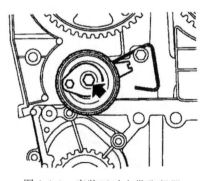

图 1-1-9　安装正时皮带张紧器

⑤ 确保凸轮轴带轮标记对准。

⑥ 只能用手安装正时皮带。确保正时皮带在曲轴齿轮间运转顺畅，而且在安装过程中排气凸轮轴带轮是张紧的。

注意：如果装的是原来的正时皮带，那么要确保转动方向标记正确。

⑦ 检查并保证正时皮带装在所有齿轮和张紧轮的中央。

⑧ 清洁正时皮带前下盖。

⑨ 把密封件装到正时带前下盖盖上。

⑩ 安装正时带前下盖并将固定螺钉拧紧到9N·m。

⑪ 清洁动力转向泵皮带张紧器和接合面。

⑫ 安装动力转向泵皮带张紧器并将螺栓拧紧至25N·m。

⑬ 安装曲轴辅助皮带轮。

⑭ 拿开凸轮轴带轮锁止工具T10029。

⑮ 用一个6mm的内六角扳手沿逆时针方向转动张紧轮杆，使指针和图1-1-10所示的指针线对准。

⑯ 如果要使用原来的正时皮带，那么指针就必须对好，指针线靠近指针的底部区域，如图1-1-11所示。

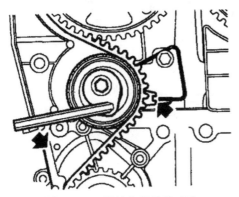

图1-1-10 指针和指针线对准

图1-1-11 指针线靠近指针底部

⑰ 把张紧轮螺栓拧紧到22N·m。

注意：指针应该从上面接近指针线。如果指针过了指针线，那么就必须降低张紧度，然后重复张紧调整程序。

⑱ 把扳手放到曲轴辅助皮带轮上，转动曲轴2周，对准凸轮轴带轮正时标记。

⑲ 检查指针和指针线的对准情况。如果指针对的不准，则松开螺栓，使张紧轮杆能移动，然后顺时针转动张紧轮杆，直至完全解除张紧，然后逆时针转动张紧轮杆，直至指针和指针线正确对准。

⑳ 把张紧轮螺栓紧固到22N·m。

㉑ 转动曲轴2周，对准正时标记。

㉒ 检查指针和指针线的对准情况，如果不正确，则重复调整程序。

㉓ 安装正时皮带前上盖。

㉔ 把发动机右托架和结合面清理干净。

㉕ 把发动机右托架和发动机右上系杆总成安装到发动机上，将固定螺栓紧固到100N·m。

㉖ 安装把发动机右托架固定到液压悬置上的螺母并紧固至85N·m。

㉗ 安装2个把右上系杆固定到右系杆上的螺栓，但先不要拧紧。

㉘ 拧紧把发动机右上系杆固定到发动机右托架上的螺栓，紧固至100N·m。
㉙ 降下车辆并取下千斤顶。
㉚ 拧紧把右上系杆固定到右系杆上的螺栓，紧固至85N·m。
㉛ 将蓄电池负极电缆重新连接好。

三、荣威550轿车1.8T发动机正时皮带校对

1. 1.8T发动机正时皮带部件识别（图1-1-12、表1-1-1）

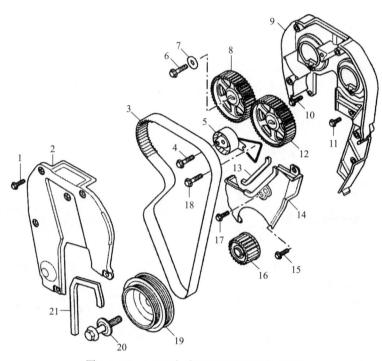

图1-1-12　1.8T发动机正时皮带部件识别

表1-1-1　荣威550轿车1.8T发动机正时皮带部件说明

编号	部件名称	编号	部件名称
1	螺钉(固定正时带前上盖到正时带后上盖)	12	排气凸轮轴带轮
2	正时皮带前上盖	13	正时皮带前下盖密封
3	正时皮带	14	正时皮带前下盖
4	螺栓(固定正时皮带张紧轮到气缸盖)	15	螺钉,正时皮带前下盖到机油泵
5	正时皮带张紧轮	16	曲轴正时齿轮
6	螺栓(固定凸轮轴带轮到凸轮轴)	17	螺钉(固定正时皮带前下盖到正时皮带前上盖)
7	凸轮轴与凸轮轴之间的垫圈	18	螺栓(固定正时皮带张紧轮限位拉线到气缸盖)
8	进气凸轮轴带轮	19	曲轴带轮减振器
9	正时皮带后上盖	20	曲轴带轮螺栓和垫圈
10	螺钉,正时皮带后上盖到气缸体(长)	21	正时皮带前上盖密封
11	螺栓,正时皮带后上盖到气缸体(短)		

2. 1.8T 发动机正时皮带拆卸步骤（表 1-1-2）

表 1-1-2　荣威 550 轿车 1.8T 发动机正时皮带拆卸步骤

步骤	操作方法
1	断开蓄电池的负极电缆
2	拆下正时皮带前上盖
3	用千斤顶支撑发动机 注意：为防止对元器件的损坏，用一块木头或硬的橡胶垫在千斤顶与发动机之间
4	松开固定动力转向储液罐在发动机右液压悬置上的 3 个螺栓，并将储液罐移到一边，如图 1-1-13 所示 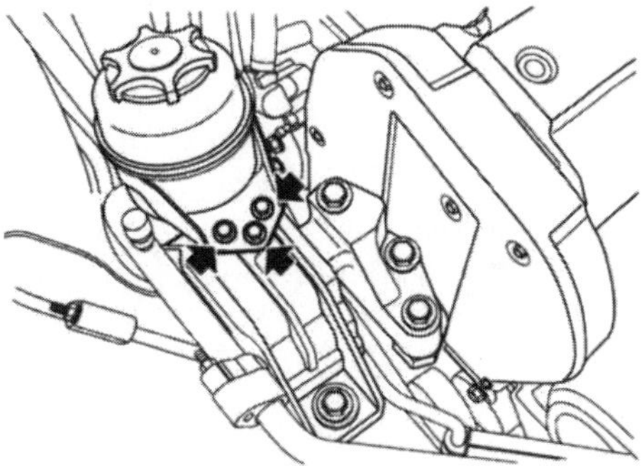 图 1-1-13　螺栓识别
5	拧下固定发动机右液压悬置在发动机上的 3 个螺栓，如图 1-1-14 中的 5 所示 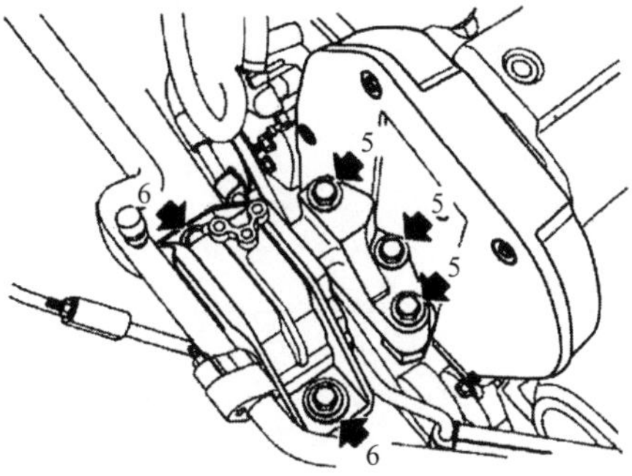 图 1-1-14　螺栓识别
6	拧下固定发动机右液压悬置在车身上的 2 个螺栓，如图 1-1-14 中的 6 所示
7	拆下发动机右液压悬置
8	顺时针转动曲轴以对准凸轮轴带轮的标记，如图 1-1-15 所示，并装上锁止工具 T10029 注意：千万不要用凸轮轴带轮、凸轮轴带轮螺栓或正时皮带来转动曲轴 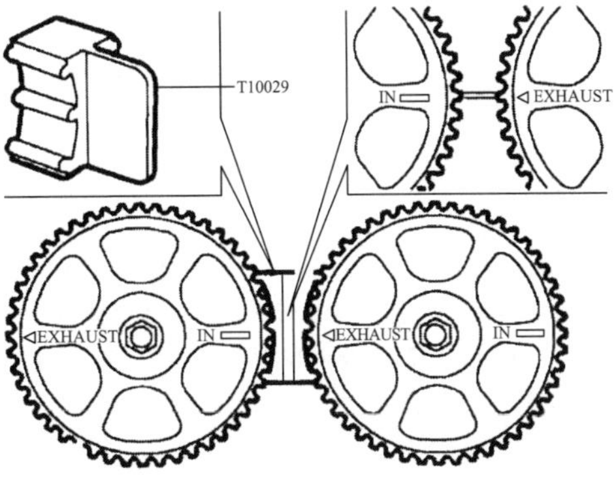 图 1-1-15　凸轮轴带轮标记识别

续表

步骤	操作方法
9	检查并确保曲轴皮带轮上的正时标记和正时皮带下前上盖的标记对准,如图 1-1-16 所示 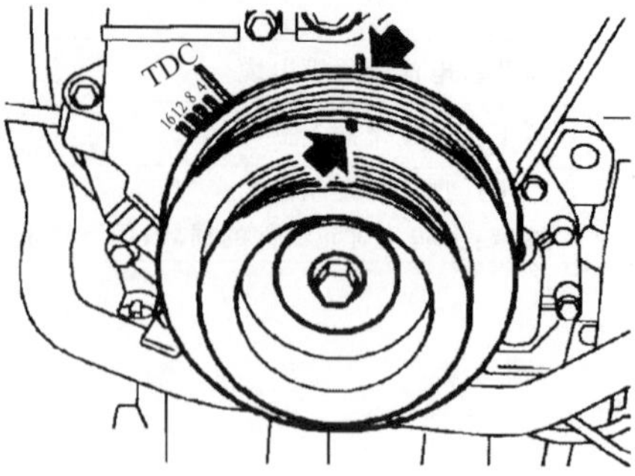 图 1-1-16　对准正时标记
10	拆下曲轴皮带轮 **注意**:拆卸曲轴皮带轮时,必须先用专用工具锁止飞轮。拆卸螺栓时不建议使用风炮,以避免产生过大的冲击
11	拧下 2 个固定动力转向泵张紧轮的螺栓并拆下张紧轮,如图 1-1-17 所示 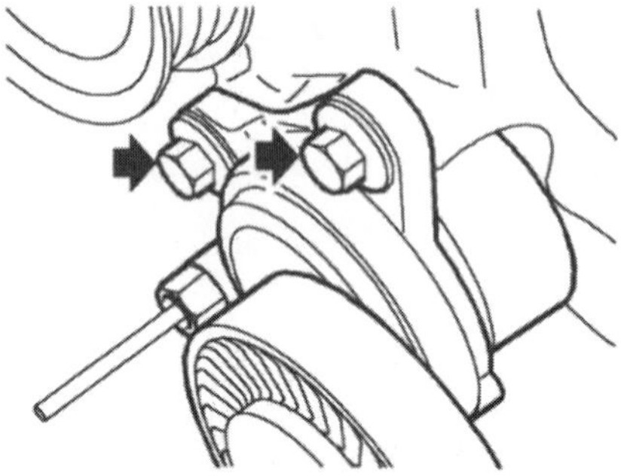 图 1-1-17　动力转向泵张紧轮螺栓识别
12	拧下 3 个螺钉并取下正时皮带前下盖和密封圈,如图 1-1-18 所示 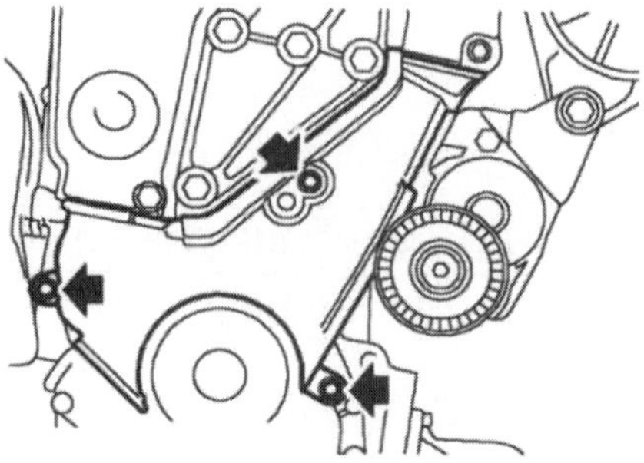 图 1-1-18　螺钉识别
13	拧下并废弃掉正时皮带张紧轮螺栓,拆下张紧轮,如图 1-1-19 所示。如果还要装原来的正时皮带,在正时皮带上把转动方向标记清楚 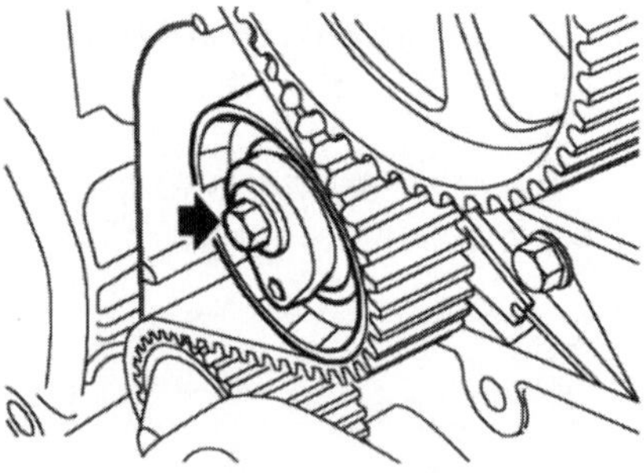 图 1-1-19　张紧轮识别

续表

步骤	操作方法
14	拆下正时皮带
15	从曲轴上拆下曲轴正时齿轮

3. 荣威550轿车1.8T发动机正时皮带安装步骤（表1-1-3）

表1-1-3　荣威550轿车1.8T发动机正时皮带安装步骤

步骤	操作方法
1	清洁正时齿轮和带轮
2	把曲轴正时齿轮装到曲轴上
3	检查曲轴齿轮上的孔和机油泵上的法兰是否对准，如图1-1-20所示 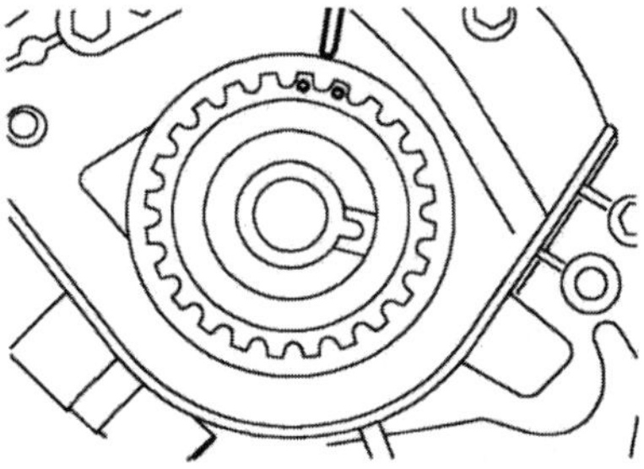 图1-1-20　曲轴齿轮上的孔与机油泵法兰对准
4	装上正时带张紧轮，固定在合适的位置，拧紧新的夹紧螺栓，直到刚好能移动张紧轮杆，如图1-1-21所示  图1-1-21　螺栓识别
5	确保凸轮轴带轮标记对准
6	只能用手指装上正时带。确保正时皮带能在曲轴齿轮间运转，而且在安装的过程中排气凸轮轴带轮是张紧的 **注意**：如果装的是原来的正时皮带，要确保旋转方向的标记对着正确的方向
7	检查并保证正时皮带装在所有齿轮和皮带轮张紧轮的中央
8	清洁正时皮带前下盖
9	把密封圈装到盖上
10	装上正时皮带前下盖并把螺钉拧紧到9N·m
11	清洁动力转向泵皮带张紧器和结合面
12	装上动力转向泵皮带张紧器并拧紧螺栓至25N·m
13	装上曲轴皮带轮
14	移开凸轮轴带轮锁止工具T10029

续表

步骤	操作方法
15	用规格为6mm的内六角扳手,逆时针方向转动张紧轮杆,并使指针和图1-1-22所示的指针线对准  图1-1-22 用内六角扳手转动张紧轮杆
16	如果要装原来的正时皮带,那么指针就必须对好,这样指针线就靠近指针的下区域,如图1-1-23所示  图1-1-23 指针识别
17	把张紧轮螺栓拧紧到22N·m 注意:指针应该从上面接近指针线
18	把扳手放到曲轴辅助皮带轮上,转动曲轴2整圈,对准凸轮轴带轮正时标记 注意:千万不要用凸轮轴带轮、凸轮轴带轮螺栓或正时皮带来转动曲轴
19	检查指针与指针线的对准情况
20	如果指针对得不准,松开螺栓直到刚好移动张紧轮杆。顺时针转动张紧轮杆直到张紧完全解除,然后逆时针转动张紧轮杆直到指针能与指针线完全对准
21	把张紧器螺栓拧紧到22N·m
22	转动曲轴2整圈,对准正时标记
23	检查指针与指针线的对准情况。如果不正确,重复调整程序
24	装上正时皮带前上盖
25	清洁发动机右液压悬置和结合面
26	将发动机右液压悬置固定到车身和发动机上,把右液压悬置固定到车身的2个螺栓,拧紧至100N·m
27	把发动机右液压悬置固定到发动机上的3个螺栓,并拧紧至100N·m
28	将动力转向储液罐固定到发动机右液压悬置上,并装上螺栓,拧紧至8N·m
29	降下车辆并拿开千斤顶
30	连上蓄电池的负极电缆

第二节　荣威 750 轿车

一、荣威 750 轿车 2.5L（25K4F）发动机正时皮带拆卸

① 断开蓄电池负极电缆。
② 拆卸发动机机油冷却器。
③ 拆卸发动机附件传动皮带。
④ 拆卸右前车轮。
⑤ 拆卸左后凸轮轴正时皮带盖。
⑥ 排放发动机机油。
⑦ 顺时针转动曲轴，使曲轴皮带轮上的凹槽与前安装面板上的标记对准，见图 1-2-1 中箭头所示，后凸轮轴齿轮上的正时标记也要对齐。
⑧ 如果是自动变速器，则将正时销 T10009 穿过曲轴箱下部的内孔；如果是手动变速器，则将正时销 T10009 穿过外孔，使正时销到达驱动盘/飞轮内，使曲轴锁止，如图 1-2-2 所示。

图 1-2-1　对齐正时标记

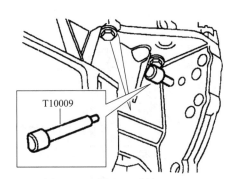

图 1-2-2　插入正时销 T10009

⑨ 拆卸 3 个固定动力转向泵皮带轮的 Torx（梅花头）螺钉，拿开皮带。
⑩ 松开 3 个固定动力转向泵的螺栓并把泵移到旁边，如图 1-2-3 所示。
⑪ 松开连接发电机和蓄电池的导线接线端的软盖，如图 1-2-4 所示。

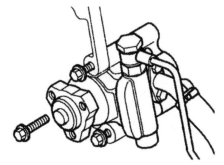

图 1-2-3　动力转向泵固定螺栓

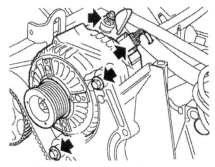

图 1-2-4　松开软盖

⑫ 松开接线端的螺母，从接线端上断开导线。
⑬ 从发电机上断开连接器。

⑭ 拧下2个固定发电机的螺栓。
⑮ 松开并取下发电机。
⑯ 拆下惰轮的Torx（梅花头）螺栓并拿开惰轮，如图1-2-5所示。
⑰ 松开3个固定驱动皮带右前盖的螺栓，如图1-2-6所示。

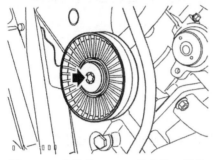 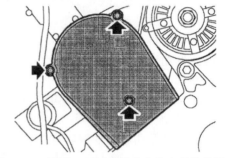

图1-2-5 惰轮的Torx（梅花头）螺栓　　图1-2-6 松开3个固定驱动皮带右前盖的螺栓

⑱ 松开3个固定驱动皮带左前盖的螺栓，如图1-2-7所示。
⑲ 拿开2个前盖。
⑳ 按图1-2-8所示，把专用工具T10008安装到专用工具T10017上。

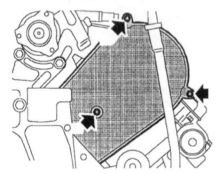 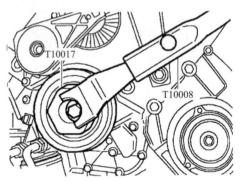

图1-2-7 松开3个固定驱动皮带左前盖的螺栓　　图1-2-8 安装专用工具

㉑ 用专用工具T10008和T10017，松开曲轴皮带轮螺栓。
㉒ 拆卸曲轴皮带轮。
㉓ 松开固定凸轮轴驱动皮带下罩盖的3个螺栓并取下下罩盖，如图1-2-9所示。
㉔ 拆卸自动张紧轮的2个固定螺栓并拆卸张紧轮，如图1-2-10所示。

 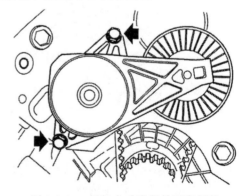

图1-2-9 拆卸固定螺栓　　图1-2-10 拆卸自动张紧轮固定螺栓

㉕ 拧下把机油油尺管固定到气缸盖上的螺栓，从发动机油底壳中拔出机油油尺管，如图 1-2-11 所示。

㉖ 拆卸固定发动机辅助支架的 3 个螺栓，见图 1-2-12。

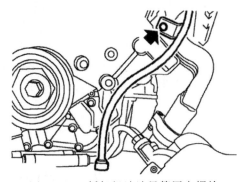

图 1-2-11　拆卸机油油尺管固定螺栓

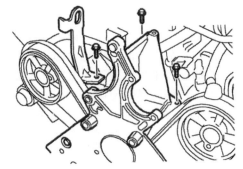

图 1-2-12　拆卸固定发动机辅助支架的 3 个螺栓

㉗ 拆卸固定空调压缩机的 3 个螺栓，将压缩机移到一旁，见图 1-2-13。

㉘ 松开固定发动机前辅助支架的 5 个螺栓和 2 个柱头螺栓，见图 1-2-14。

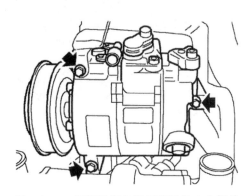

图 1-2-13　拆卸固定空调压缩机的 3 个螺栓

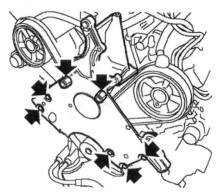

图 1-2-14　松开辅助支架固定螺栓

㉙ 拆卸发动机前辅助支架。

㉚ 从正时皮带张紧器旁取下橡胶盖，见图 1-2-15。

㉛ 把内六角扳手装到张紧轮上，按图 1-2-16 所示箭头方向转动扳手，释放正时皮带张紧器上的张力，拧下固定正时皮带张紧器的 2 个螺栓。

注意：不要松开固定张紧轮的内六角螺钉。

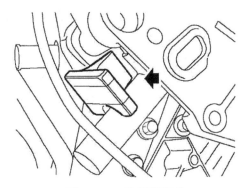

图 1-2-15　取下橡胶盖

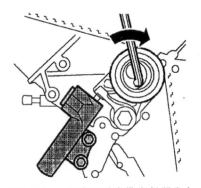

图 1-2-16　释放正时皮带张紧器张力

㉜ 拿开正时皮带张紧器。
㉝ 如果还要继续使用这条正时皮带，则应该标记正时皮带的转动方向。
㉞ 拆卸正时皮带。

注意：只能用手松开齿轮上的正时皮带，使用金属杆拆卸可能会损坏正时皮带和齿轮。

如果拆卸了缸盖或要装新的正时齿轮、正时皮带张紧器或水泵，则必须更换正时皮带。如果在正时盖上发现有碎片，而不是灰尘，说明原来的正时皮带不能继续使用，必须换用新的正时皮带；如果正时皮带与发动机卡住过，那么这样的正时皮带也不能再继续使用；如果正时皮带的运行里程超过了72000km，必须换用新的正时皮带；被机油或冷却液污染过的正时皮带也不能再继续使用。

㉟ 按图1-2-17所示，拆卸2个排气凸轮轴的前油封。
㊱ 把工具T10011装到2个前凸轮轴正时齿轮上，如图1-2-18所示。

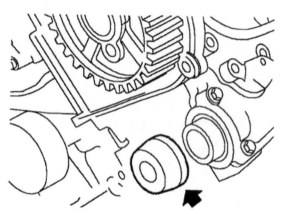

图1-2-17　拆卸排气凸轮轴前油封

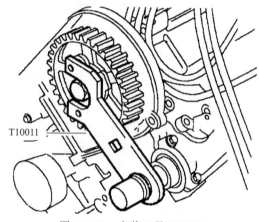

图1-2-18　安装工具T10011

㊲ 拆下固定前凸轮轴正时齿轮的螺栓并废弃。
㊳ 拆下工具T10011。
㊴ 取下凸轮轴正时齿轮和轮毂总成。

二、荣威750轿车2.5L（25K4F）发动机正时皮带安装

① 清洁凸轮轴正时齿轮、轮毂和皮带轮。
② 把轮毂装到凸轮轴正时齿轮上，把齿轮装到凸轮轴上。装上新的螺栓并拧紧，以保证齿轮能转动。
③ 把驱动皮带定位到齿轮上。如果安装的是原来的正时皮带，则要看清表示皮带转动方向的标记，确保安装正确。
④ 把工具T10011安装到2个前凸轮轴正时齿轮上，如图1-2-19所示。
⑤ 顺时针（从发动机前方看）转动2个前凸轮轴正时齿轮。
⑥ 用手把正时皮带安装到正时齿轮上，然后从曲轴正时齿轮开始，沿逆时针方向安装正时皮带。

注意：为了避免安装的时候正时皮带不能与曲轴齿轮良好啮合，可在正时皮带和机油泵带轮导向部分之间安装一个合适的楔子。

⑦ 用虎钳慢慢压下正时皮带张紧器的柱塞，插入直径为1.5mm的销钉，把柱塞固定住。如图1-2-20所示。

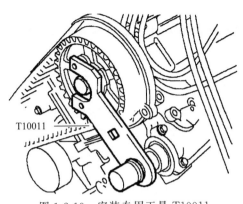

图 1-2-19 安装专用工具 T10011

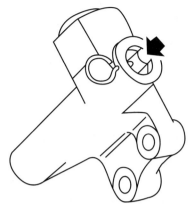

图 1-2-20 插入销钉固定柱塞

⑧ 清洁正时皮带张紧器螺栓并在螺栓上涂抹乐泰胶。
⑨ 使用内六角扳手，使正时皮带张紧轮靠住正时皮带。
⑩ 装上正时皮带张紧器，装上螺栓并拧紧到 25N·m。
⑪ 松开张紧轮并从正时皮带张紧器上拔出销钉。
⑫ 装上正时皮带张紧器旁的橡胶盖。
⑬ 将前凸轮轴齿轮螺栓拧紧到 27N·m，然后再转动 90°。
⑭ 拿开工具 T10011。
⑮ 从正时皮带和机油泵皮带导向部分之间拆下插入的楔子。
⑯ 固定发动机前辅助支架并将支架快速固定到位。
⑰ 按图 1-2-21 所示的顺序装上螺栓并拧紧，把 M10 柱头螺栓拧紧到 45N·m，将 M12 螺栓拧紧到 85N·m。
⑱ 固定发动机吊架，装上把辅助支架固定到缸体上的顶部螺栓并拧紧到 45N·m。
⑲ 把空调压缩机固定到辅助支架和缸体上，安装螺栓并拧紧至 25N·m。
⑳ 安装发动机机油冷却器。
㉑ 安装自动张紧轮，装上螺栓并拧紧到 25N·m。
㉒ 清洁下驱动皮带罩盖。
㉓ 装上盖子并将 3 个螺栓拧紧至 9N·m。
㉔ 从驱动盘/飞轮和下曲轴箱上拆下 T10009 正时销。
㉕ 清洁曲轴皮带轮。

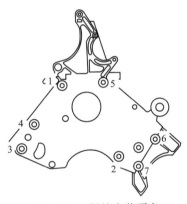

图 1-2-21 螺栓安装顺序

㉖ 把曲轴皮带轮装到曲轴正时齿轮上，确保曲轴皮带轮上的凹痕对准曲轴正时齿轮上的凸缘。
㉗ 装上曲轴皮带轮螺栓和垫圈，用专用工具 T10008 把专用工具 T10017 安到曲轴皮带轮上并把螺栓拧紧到 160N·m。
㉘ 从曲轴皮带轮上拿开 T10008 和 T10017。
㉙ 清洁排气凸轮轴前油封的安装处，装上新的油封。
㉚ 清洁辅助皮带张紧器皮带轮，装上张紧器，装上螺栓并拧紧到 25N·m。
㉛ 清洁机油尺管并将其插到油底壳上。

㉜ 把机油尺管固定到缸体上，装上螺栓并拧紧至 10N·m。
㉝ 装上右前和左前驱动皮带盖，装上螺栓并拧紧到 4N·m。
㉞ 清洁惰轮皮带轮，把惰轮皮带轮固定到发动机前辅助支架上并将内六角螺栓拧紧到 45N·m。
㉟ 安装发电机，将 M10 螺栓拧紧至 45N·m，将 M8 螺栓拧紧至 25N·m。
㊱ 连接发电机连接器。
㊲ 把蓄电池导线连到发电机上，装上螺母并拧紧到 8N·m，装上接线柱盖。
㊳ 把动力转向泵定位到辅助支架上，装上螺栓并拧紧至 25N·m。
㊴ 固定动力转向泵皮带轮并装上螺钉。
㊵ 装上左后凸轮轴正时带盖。
㊶ 将动力转向泵皮带轮 Torx（梅花头）螺钉拧紧到 9N·m。
㊷ 装上右前轮并把螺栓拧紧到 125N·m。
㊸ 放下车辆，移走千斤顶。
㊹ 连接蓄电池负极电缆。

第三节　荣威 350 轿车

一、荣威 350 轿车发动机正时链条拆卸步骤

① 举升车辆前部。
② 如图 1-3-1 所示，松开发动机机油放油螺栓，排放发动机机油。
③ 拆卸右前车轮。
④ 拆卸点火线圈。
⑤ 拆卸凸轮轴盖。
⑥ 拆下发动机机体上正时销孔安装的堵塞。
⑦ 转动飞轮，使飞轮销孔与发动机缸体销孔对齐。
⑧ 如图 1-3-2 所示，用正时销锁止专用工具 TEN00002 插入发动机缸体正时销孔和飞轮销孔，将飞轮锁死。

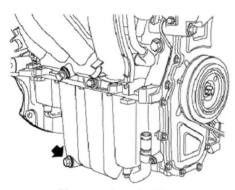

图 1-3-1　松开放油螺栓

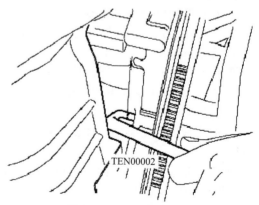

图 1-3-2　插入锁止工具

⑨ 用凸轮轴锁止专用工具 TEN00004 将凸轮轴相位锁止。
⑩ 拆卸发动机附件传动皮带。

⑪ 拆下将曲轴皮带轮固定到曲轴上的紧固螺栓，将该螺栓废弃。
⑫ 取下曲轴皮带轮。
⑬ 用皮带轮拆装专用工具 TEN00009 拆卸水泵皮带轮，如图 1-3-3 所示。

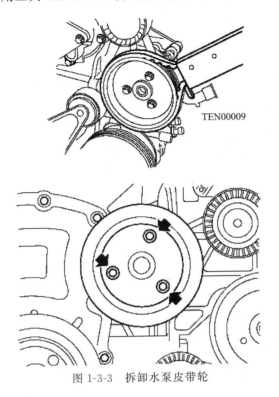

图 1-3-3　拆卸水泵皮带轮

⑭ 拆卸正时链条上盖板。
a. 如图 1-3-4 所示，松开正时链条上盖板的 8 个螺栓（2 个 M6×35，6 个 M6×20）。
b. 拆下正时链条上盖板。
⑮ 拆卸正时链条下盖板。
a. 如图 1-3-5 所示，松开正时链条下盖板的固定螺栓。

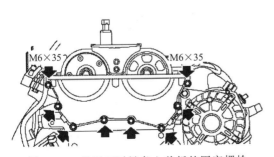

图 1-3-4　松开正时链条上盖板的固定螺栓

图 1-3-5　松开正时链条下盖板的固定螺栓

b. 拆下正时链条下盖板。

⑯ 拆下正时链条张紧器并废弃密封垫圈，如图 1-3-6 所示。

⑰ 如图 1-3-7 所示，拆卸正时链条上导轨。

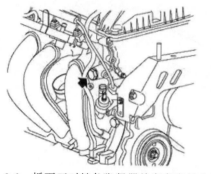 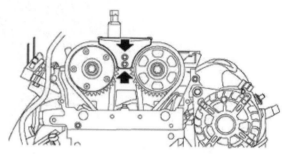

图 1-3-6　拆下正时链条张紧器并废弃密封垫圈　　　图 1-3-7　拆卸正时链条上导轨

⑱ 如图 1-3-8 所示，用机油泵链轮固定专用工具 TEN00006 拆卸机油泵链轮螺栓。

⑲ 向右张开机油泵链条张紧器，将机油泵链轮、机油泵链条和驱动机油泵的曲轴链轮同时取下。

⑳ 如图 1-3-9 所示，拆卸机油泵链条张紧器。

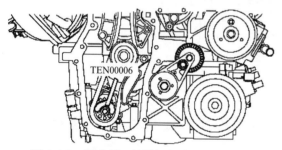 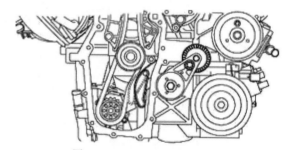

图 1-3-8　用专用工具拆卸机油泵链轮螺栓　　　图 1-3-9　机油泵链条张紧器

㉑ 拆下进气相位调节器螺栓并将其废弃。

㉒ 如图 1-3-10 所示，用凸轮轴链轮固定专用工具 TEN00005 拆卸排气凸轮轴链轮螺栓，并将螺栓废弃。

㉓ 取下进气相位调节器和排气凸轮轴链轮，如图 1-3-11 所示。

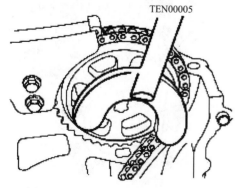 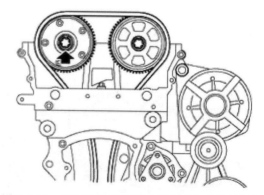

图 1-3-10　拆卸排气凸轮轴链轮螺栓　　　图 1-3-11　取下进气相位调节器和排气凸轮轴链轮

㉔ 如图 1-3-12 所示，取下曲轴链轮和正时链条。
㉕ 如图 1-3-13 所示，拆下正时链条导轨枢销，从正时链条仓上端取出张紧轨和正时链导轨。

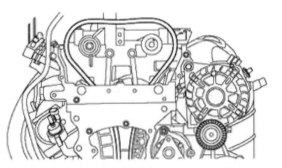

图 1-3-12 取下曲轴链轮和正时链条

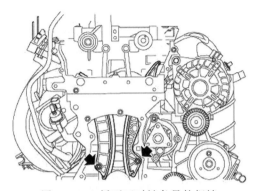

图 1-3-13 拆下正时链条导轨枢销

二、荣威 350 轿车发动机正时链条安装步骤

① 拆除发动机机体上正时销孔安装的堵塞。
② 转动飞轮，使飞轮销孔与发动机缸体销孔对齐。
③ 用正时销锁止专用工具 TEN00002 插入发动机缸体正时销孔和飞轮销孔，将飞轮锁死，见图 1-3-2。
④ 如图 1-3-14 所示，用凸轮轴锁止专用工具 TEN00004 将凸轮轴相位锁止。
⑤ 检查各个零件是否有油污、锈迹、碰伤，如果发现碰伤，则不要继续使用，如有油污，要清理干净。
⑥ 把正时链条导轨从导轨右侧上端放入，分别拧入枢销，紧固力矩为 22～28N·m，如图 1-3-15 所示。
⑦ 把正时链条张紧器导轨从导轨仓左侧上端翻入，拧入枢销，最后拧紧枢销，紧固力矩为 22～28N·m，如图 1-3-15 所示。

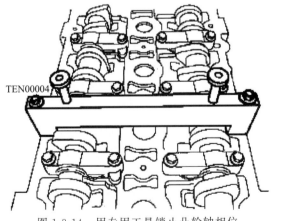

图 1-3-14 用专用工具锁止凸轮轴相位

图 1-3-15 紧固枢销

⑧ 从导轨仓上端放入正时链条，在链条下端套入曲轴链轮，把正时链条悬挂到上部导轨的安装凸台上，把进气凸轮轴安装到进气相位调节器上，将螺栓预紧。

⑨ 用凸轮轴链轮固定专用工具 TEN00005 安装凸轮轴链轮,将螺栓预紧后,把正时链条安装到 2 个链轮上。

⑩ 如图 1-3-16 所示,在凸轮轴前轴承盖上安装上导轨,并用 2 个螺栓固定,紧固力矩为 8~12N·m。

⑪ 装上新的正时液压张紧器垫圈后,在缸盖上拧入正时液压张紧器,紧固力矩为 57~63N·m,如图 1-3-17 所示。

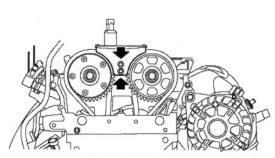 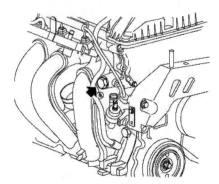

图 1-3-16　安装上导轨　　　　　　　图 1-3-17　拧入正时液压张紧器

⑫ 在凸轮轴上把进气相位调节器和排气凸轮轴链轮拧紧,排气凸轮轴链轮螺栓紧固力矩为 25N·m+45°,进气相位调节器螺栓紧固力矩为 70~80N·m。

⑬ 安装机油泵链条张紧器。

⑭ 把机油泵链条套在曲轴链轮上,然后将曲轴链轮—机油泵装入曲轴前端。

⑮ 将机油泵链条套在机油泵链轮上。

注意: 有产品标志的那面朝外。

⑯ 转动机油泵链轮,使其中心的 D 形孔对准机油泵上的 D 形轴。

⑰ 把机油泵链条张紧器下端向右侧拉动,将机油泵链轮套在机油泵轴上,将曲轴链轮推到底。

⑱ 释放机油泵链条张紧器。

⑲ 检查机油泵链条是否正确压在张紧器导板面上。

⑳ 使用专用工具 TEN00006 套上机油泵链轮,将机油泵链轮螺栓紧固到 22~28N·m。

㉑ 安装正时链条下盖板。

㉒ 安装正时链条上盖板。

㉓ 安装水泵带轮。

㉔ 安装曲轴皮带轮。

㉕ 安装发动机附件传动皮带。

㉖ 取下凸轮轴相位锁止工具。

㉗ 拆下飞轮正时销锁止工具 TEN00002。

㉘ 把拆下的堵塞装好。

㉙ 安装好凸轮轴盖。

㉚ 安装点火线圈。

㉛ 安装车轮。

㉜ 放下车辆。

㉝ 添加发动机机油。

第四节 荣威 W5 轿车

一、荣威 W5 轿车 3.2L（G32D）发动机正时链条部件识别

G32D 发动机正时链条部件组成见图 1-4-1，部件说明见表 1-4-1。

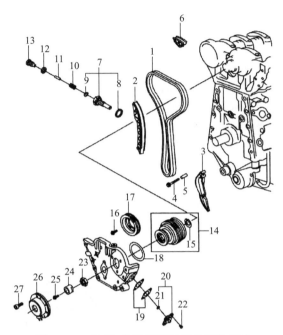

图 1-4-1　G32D 发动机正时链条部件组成

表 1-4-1　G32D 发动机正时链条部件说明

编号	部件名称	编号	部件名称
1	正时链	15	锁环
2	导轨	16	螺栓
3	滑轨	17	凸轮轴链轮
4	螺栓	18	O 形圈
5	定位销	19	垫片
6	上导轨总成	20	凸轮轴位置传感器
7	正时链条张紧器	21	O 形圈
8	密封环	22	螺栓
9	卡环	23	螺母
10	压缩弹簧	24	执行器
11	销	25	螺栓
12	密封圈	26	凸轮轴执行器磁铁
13	旋塞	27	螺栓
14	调节器		

二、荣威 W5 轿车 3.2L（G32D）发动机正时链条部件拆卸步骤（表 1-4-2）

表 1-4-2　荣威 W5 轿车 3.2L（G32D）发动机正时链条部件拆卸步骤

步骤	操作方法
1	拆卸气缸盖罩
2	拆卸发动机火花塞
3	按图 1-4-2 所示，把发动机 1 缸定位到上止点（图中 OT 所示）位置 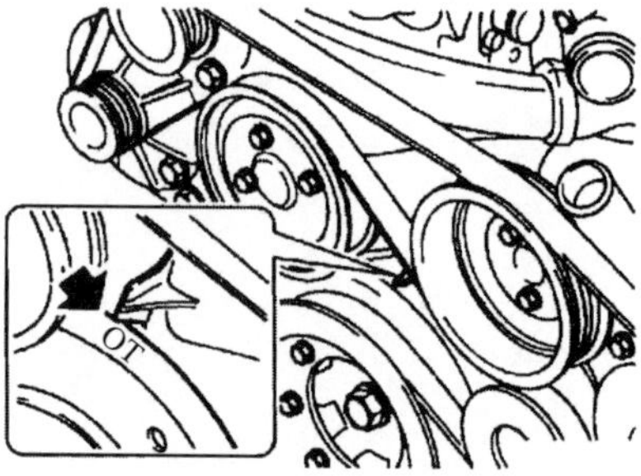
4	按图 1-4-3 所示，把定位销插入到进气凸轮轴和排气凸轮轴的凸缘内 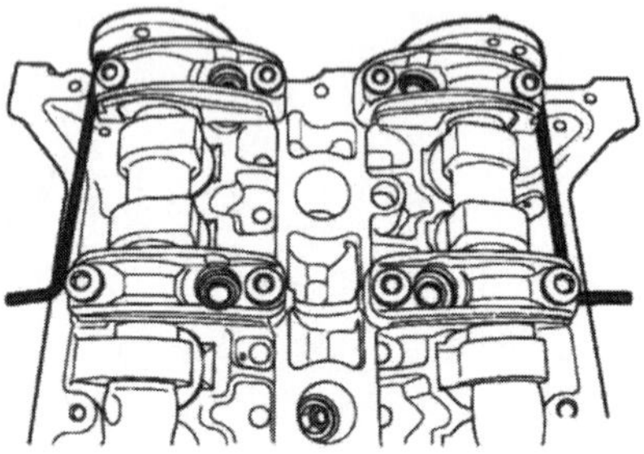
5	拆卸正时链条张紧轮
6	按图 1-4-4 所示，在凸轮轴链轮两侧嵌入楔子
7	用干净的软布包住正时链壳，按图 1-4-5 所示，用研磨机把进气凸轮轴链轮处的正时链销磨削掉

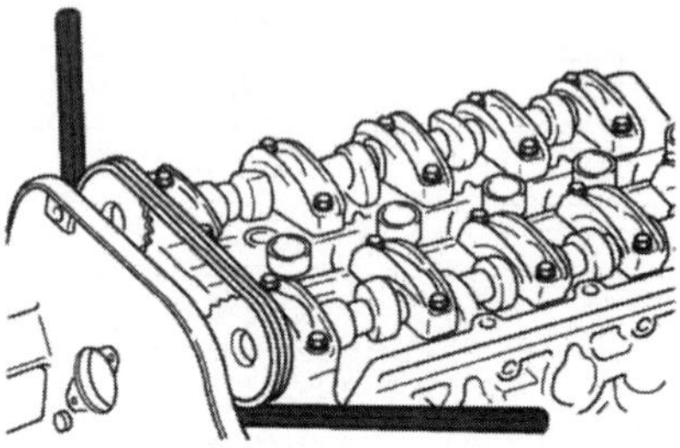

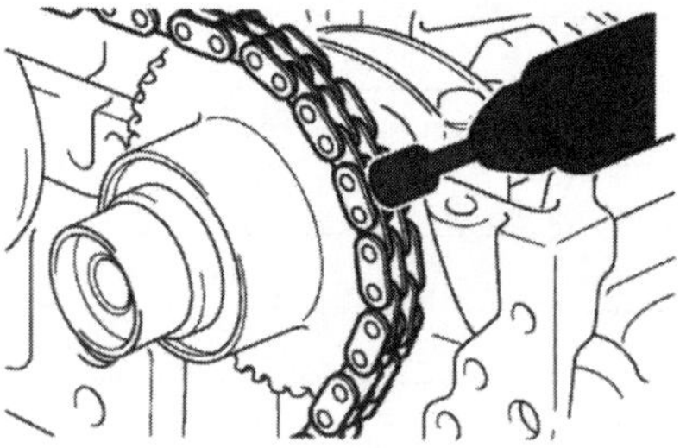

图 1-4-2　上止点位置识别

图 1-4-3　插入定位销

图 1-4-4　嵌入楔子

图 1-4-5　磨削正时链销

续表

步骤	操作方法
8	按图1-4-6所示,用螺丝刀拆卸外板,然后把连接板也拆下来 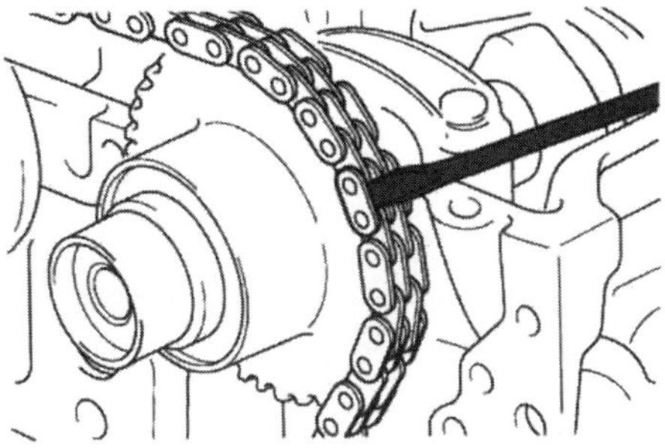 图1-4-6 拆卸外板
9	按图1-4-7所示,用连接板、中央板(厚度为1.6mm)和外板把新的正时链条连接到旧正时链条上 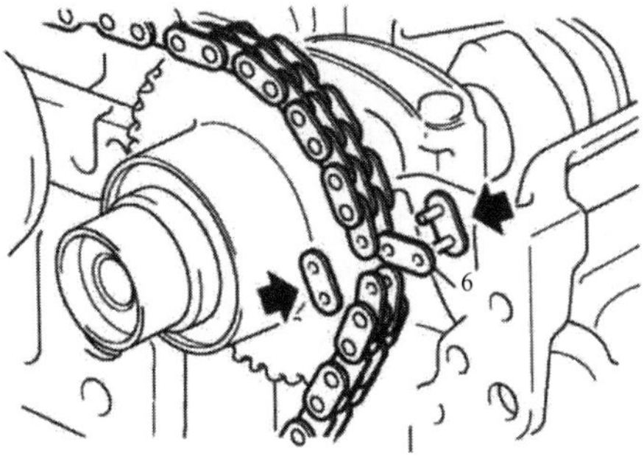 图1-4-7 连接新正时链条
10	沿远离排气凸轮轴的方向按压新正时链条,以免新正时链缠结;沿发动机旋转方向转动曲轴(转动发动机前要拆下嵌入的楔子)
11	从正时链壳中取出旧正时链
12	按图1-4-8所示,用连接板和中央板连接新正时链的2个隔板 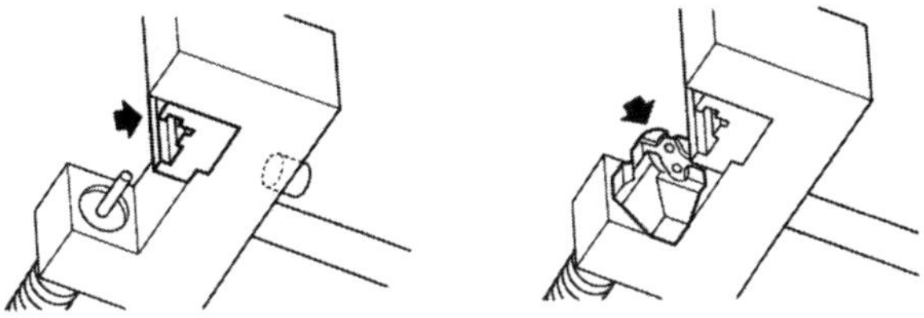 图1-4-8 连接隔板
13	按图1-4-9所示,把卡爪和推力片安装到组装工具上 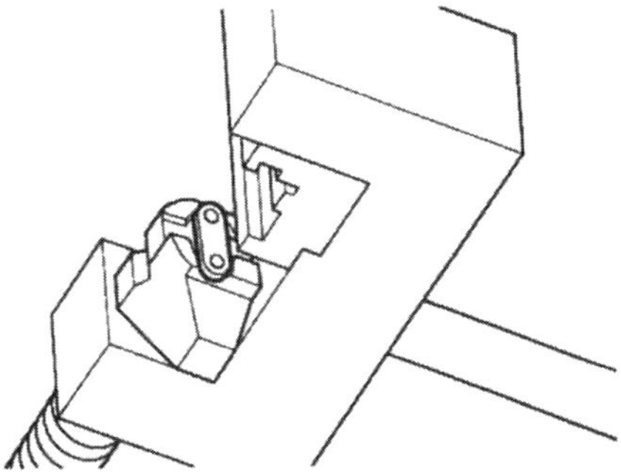 图1-4-9 安装卡爪和推力片

续表

步骤	操作方法
14	把外板(厚度为1.2mm)安装到推力片内侧
15	按图1-4-10所示,把链条总成安装到连接板上,拧紧轴销,直至感觉到受阻为止 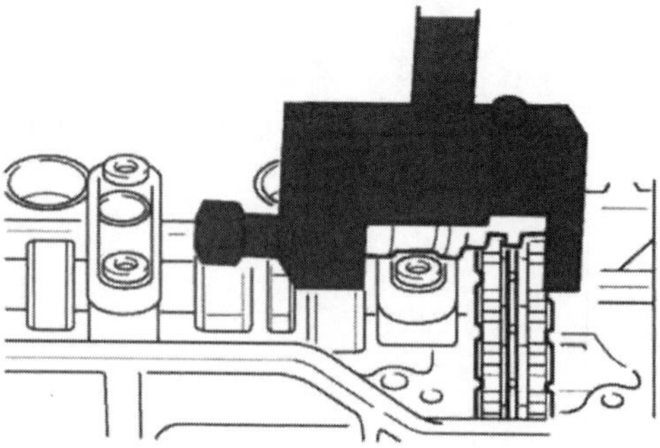 图1-4-10 安装链条总成到连接板上
16	安装链条总成
17	按图1-4-11所示,更换推力片 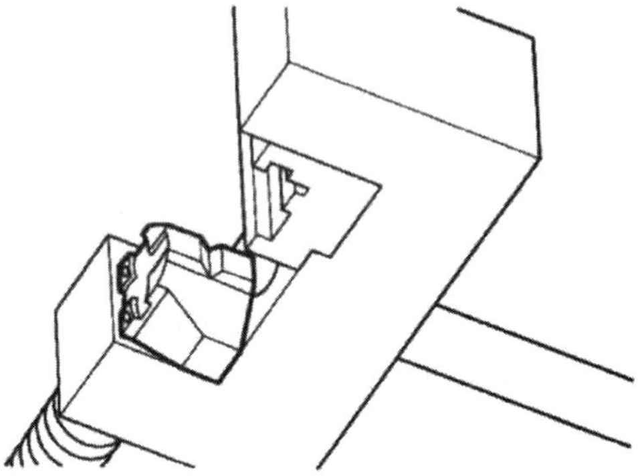 图1-4-11 更换推力片
18	把链条总成安装到连接板销上,拧紧轴销
19	按图1-4-12所示,铆接连接板销 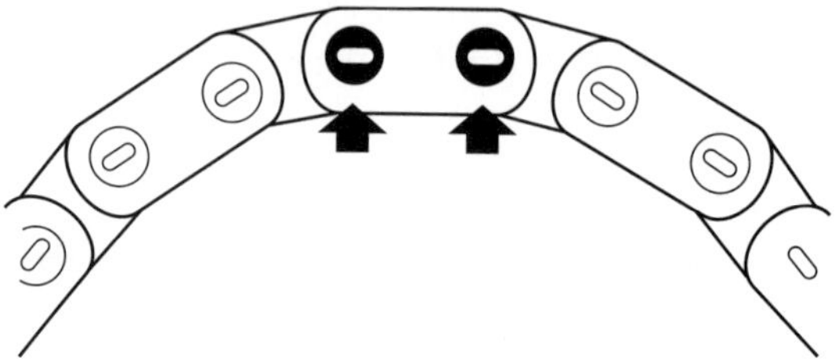 图1-4-12 铆接连接板销

第二章 比亚迪车系

第一节 比亚迪 F0 轿车

一、比亚迪 F0 轿车（BYD371QA）发动机正时链条拆卸步骤（表 2-1-1）

表 2-1-1 比亚迪 F0 轿车（BYD371QA）发动机正时链条拆卸步骤

步骤	操作方法
1	拆卸图 2-1-1 中的螺栓 A 和 B，拆卸交流发电机，拆卸发动机传动皮带 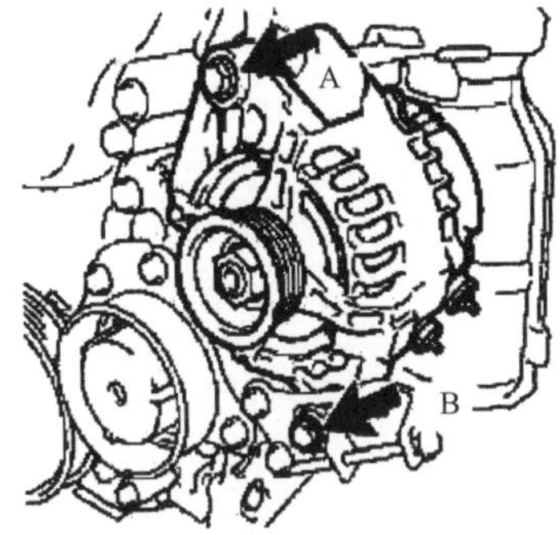 图 2-1-1 螺栓 A 和 B 识别
2	按图 2-1-2 中的顺序拆卸水泵进水软管 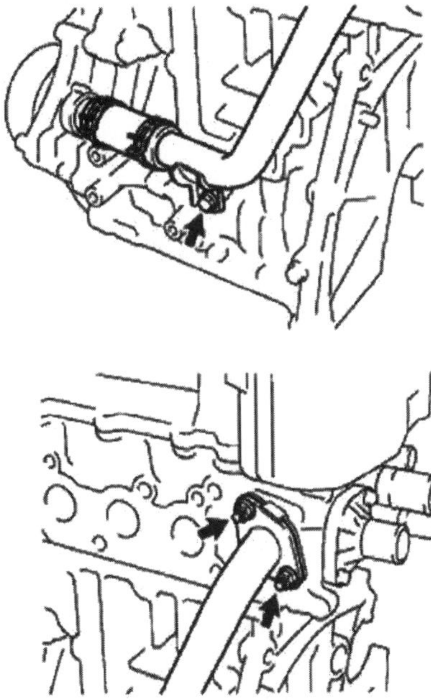 图 2-1-2 拆卸水泵进水软管

续表

步骤	操作方法
3	按图 2-1-3 所示，拆卸气缸盖罩

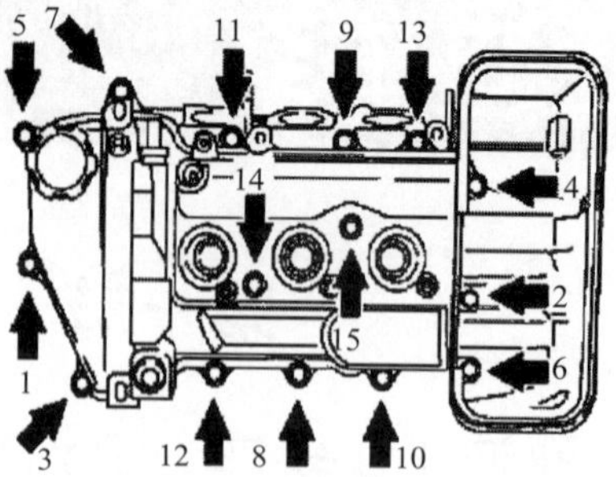

图 2-1-3　拆卸气缸盖罩

步骤	操作方法
4	按图 2-1-4 所示，拆卸曲轴位置传感器

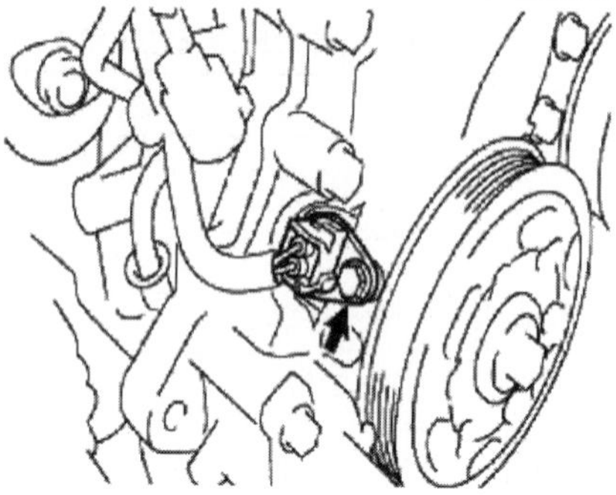

图 2-1-4　拆卸曲轴位置传感器

步骤	操作方法
5	按图 2-1-5 所示，拆卸曲轴皮带轮

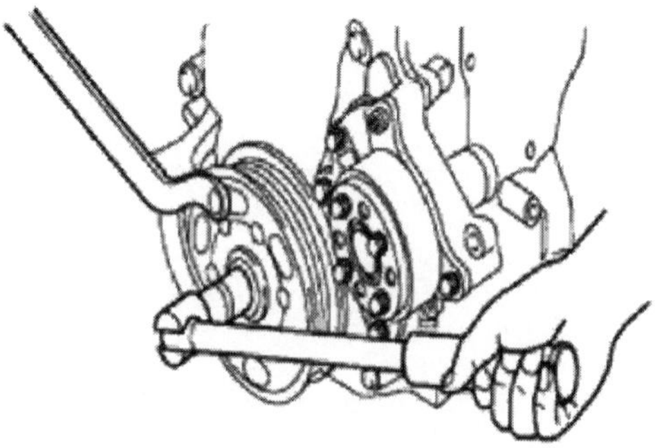

图 2-1-5　拆卸曲轴皮带轮

6	拆卸油底壳
7	拆卸机油收集器
8	拆下图 2-1-6 所示的螺栓，取下主油道上的密封圈

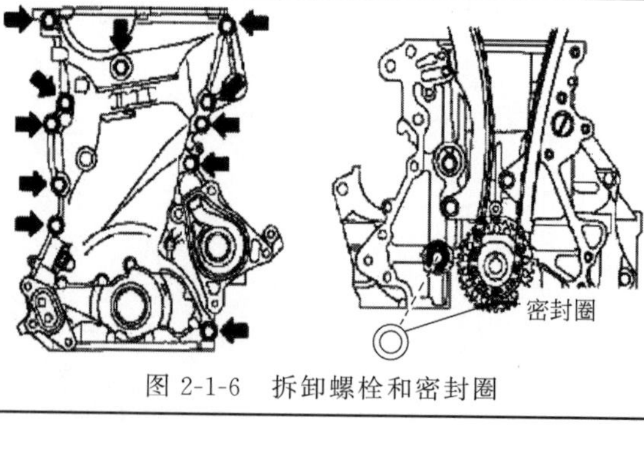

图 2-1-6　拆卸螺栓和密封圈

续表

步骤	操作方法
9	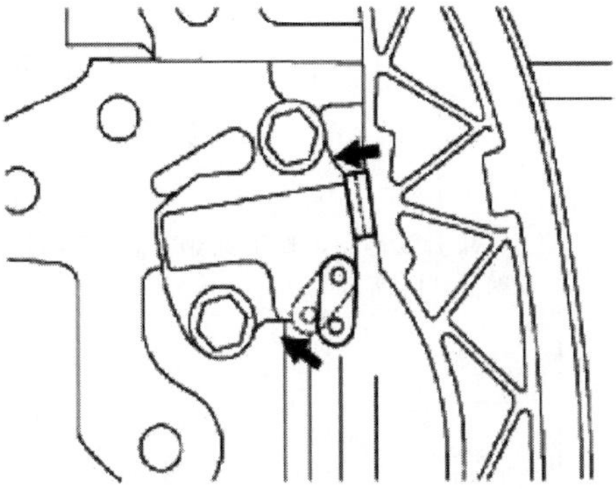 按图 2-1-7 所示,把锁片沿顺时针方向拨动,同时按下柱塞,松开张紧板 图 2-1-7 拨动锁片并按下柱塞
10	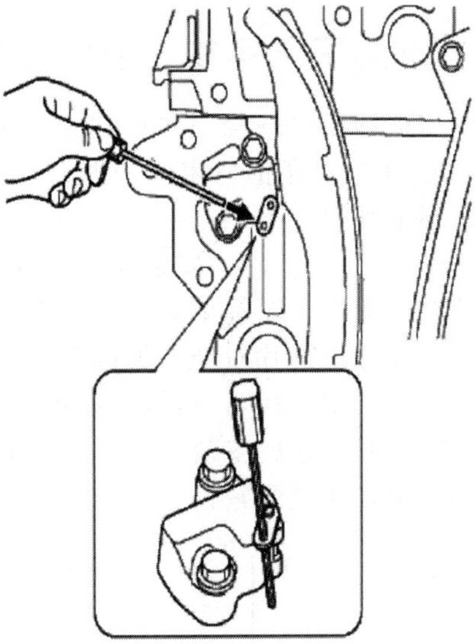 按紧柱塞的同时,把专用工具插入锁片上的小孔,固定住柱塞,不让柱塞弹出,如图 2-1-8 所示 图 2-1-8 固定柱塞
11	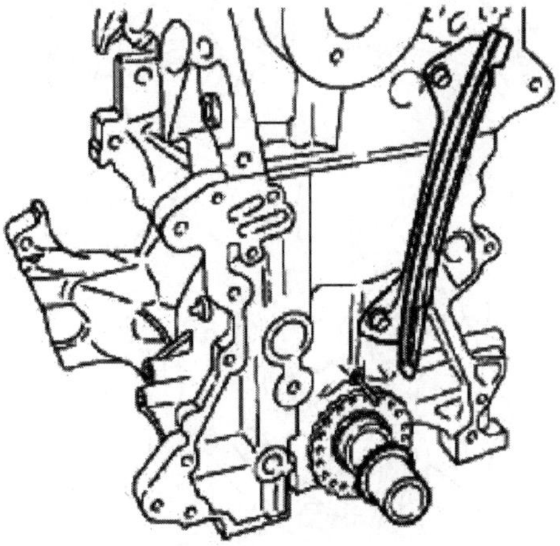 拆卸张紧板的螺栓,取出张紧板,取下正时链条,如图 2-1-9 所示 图 2-1-9 取下正时链条

续表

步骤	操作方法
12	拆卸曲轴链轮,取下曲轴上的半圆键,如图 2-1-10 所示 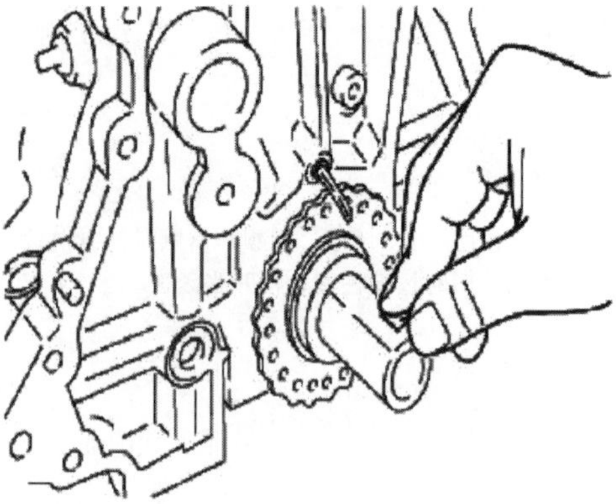

图 2-1-10 拆卸曲轴链轮

二、比亚迪 F0 轿车(BYD371QA)发动机正时链条安装

按照与拆卸相反的程序对正时链条进行安装,安装时注意以下几点。

① 安装正时链条前,也要和拆卸时一样,用专用工具插入张紧器锁片的小孔中,锁定柱塞使其不能弹出。

② 按图 2-1-11 所示,安装正时链条。正时链条上着色的链面要朝向外侧,不得反装。把凸轮轴链轮上的正时标记对准正上方,蓝色的正时链片分别对准排气凸轮轴链轮的正时标记。另外将黑色的链片对准曲轴链轮上的正时标记。

③ 按图 2-1-12 所示,略微转动进气凸轮轴,使右边的正时链条张紧,确认正时链条两侧在导向板和张紧板的安装位置,然后取下插入锁片小孔的专用工具。检查正时链条张紧器是否自动弹出,压紧张紧板。

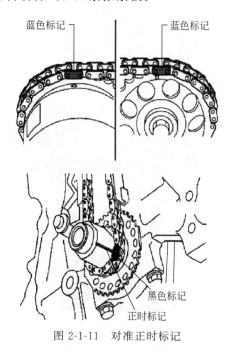

图 2-1-11 对准正时标记

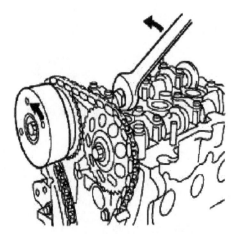

图 2-1-12 转动进气凸轮轴

④ 把导向板的螺栓紧固至 10N·m，把张紧板的螺栓紧固到 20N·m，把张紧器螺栓紧固到 10N·m。

第二节　比亚迪 F3/F3R 轿车

一、比亚迪 F3/F3R 轿车 1.5L（BYD473QE 和 BYD473QB）发动机正时皮带拆卸要点

发动机正时皮带部件组成见图 2-2-1，部件说明见表 2-2-1。

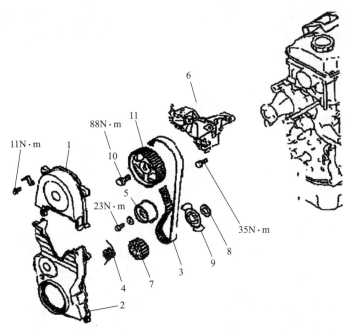

图 2-2-1　正时皮带部件

表 2-2-1　正时部件说明

编号	部件名称	编号	部件名称
1	正时皮带上罩	7	曲轴正时齿轮
2	正时皮带下罩	8	曲轴转角传感器齿型板压板
3	正时皮带	9	曲轴转角传感器齿型板
4	张紧器弹簧	10	凸轮轮正时齿轮螺栓
5	正时皮带张紧器	11	凸轮轴正时齿轮
6	发动机右支架		

1. 正时皮带、正时皮带张紧器弹簧和正时皮带张紧器的拆卸

① 用钳子夹住张紧器弹簧伸长端（图 2-2-2），将其从机油泵壳体限位块上拆下，然后拆下张紧器弹簧。

② 拆卸正时皮带张紧器。

③ 如果正时皮带还要重新使用，则要在正时皮带上用粉笔画上箭头，标示出正时皮带的旋转方向，这样即可确保在重新安装时能够正确安装。

2. 凸轮轴链轮螺栓的拆卸

① 先用图 2-2-3 中所示的专用工具把凸轮轴链轮锁定在相应的位置。

② 松开凸轮轴链轮螺栓。

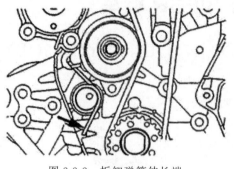

图 2-2-2 拆卸弹簧伸长端

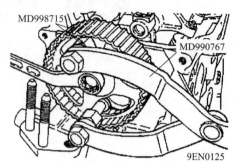

图 2-2-3 固定凸轮轴链轮

二、比亚迪 F3/F3R 轿车 1.5L（BYD473QE 和 BYD473QB）发动机正时皮带安装要点

1. 正时皮带的安装

① 如图 2-2-4 所示把凸轮轴正时标记与气缸盖上的正时标记对准。

② 如图 2-2-5 所示把曲轴正时标记与前壳体上的正时记号对准。

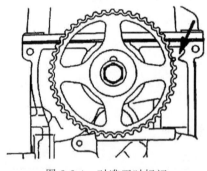

图 2-2-4 对准正时标记

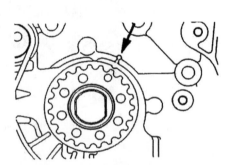

图 2-2-5 对准曲轴正时标记

③ 使正时皮带的张紧侧保持张紧，并将正时皮带依次装到曲轴正时轮、凸轮轴正时轮和张紧器皮带轮上。

④ 拧松张紧轮安装螺栓 1/4～1/2 圈，使张紧器弹簧的张力作用到正时皮带上。

⑤ 沿顺时针方向把曲轴转动 2 周，检查正时标记是否对准，如图 2-2-6 所示。

⑥ 固定张紧器皮带轮安装螺栓。

2. 凸轮轴链轮螺栓的安装

① 用图 2-2-7 中所示的专用工具把凸轮轴链轮锁定在相应的位置。

② 把凸轮轴链轮螺栓紧固到规定的力矩。

3. 正时皮带张紧器弹簧和正时皮带张紧器的安装

① 把正时皮带张紧器锁定在图 2-2-8 所示的位置上。

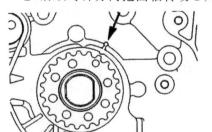

图 2-2-6 安装正时皮带

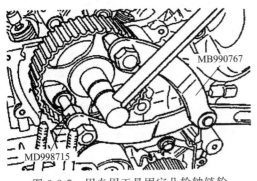
图 2-2-7 用专用工具固定凸轮轴链轮

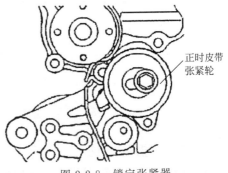
图 2-2-8 锁定张紧器

② 如图 2-2-9 所示,把张紧器弹簧的一个伸长端钩在正时皮带张紧器的钩形部。并将张紧器安装到机油泵壳体上。

③ 夹住张紧器弹簧的另一伸长端,并如图 2-2-10 所示把它钩到机油泵壳体凸耳上,并按图中所示方向移动正时皮带张紧器,临时张紧正时皮带。

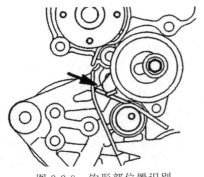
图 2-2-9 钩形部位置识别

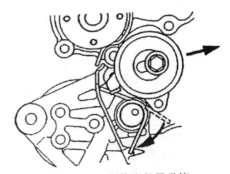
图 2-2-10 安装张紧器弹簧

三、比亚迪 F3/F3R 轿车 1.6L（DA4G18-417）发动机正时校对

（一）正时皮带部件组成

正时皮带部件组成如图 2-2-11 所示,部件说明见表 2-2-2。

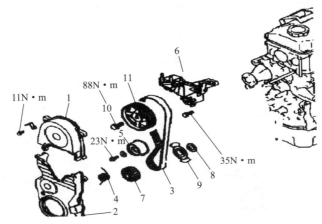
图 2-2-11 比亚迪 F3/F3R 轿车 1.6L（DA4G18-417）发动机正时部件组成

表2-2-2 比亚迪F3/F3R轿车1.6L（DA4G18-417）发动机正时部件说明

编号	部件名称	编号	部件名称
1	正时皮带上罩	7	曲轴正时齿轮
2	正时皮带下罩	8	曲轴转角传感器齿型板
3	正时皮带	9	曲轴转角传感器齿型板压板
4	张紧器弹簧	10	凸轮轮正时齿轮螺栓
5	正时皮带张紧器	11	凸轮轴正时齿轮
6	发动机右支架		

（二）拆卸方法

1. 正时皮带、张紧器弹簧、正时皮带张紧器的拆卸

① 用钳子夹住张紧器弹簧伸长端（图2-2-12），将它从机油泵壳体限位块上拆下，然后拆下张紧器弹簧。

② 拆下正时皮带张紧器。

③ 如果正时皮带还要重新使用，则应在皮带拆卸前用粉笔画上箭头来标明皮带的旋转方向。这样即可在重新使用时确保正时皮带正确安装。

2. 凸轮轴链轮螺栓的拆卸

① 使用图2-2-13所示的专用工具将凸轮轴链轮锁定在相应的位置。

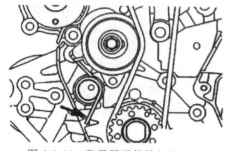

图2-2-12 张紧器弹簧伸长端识别

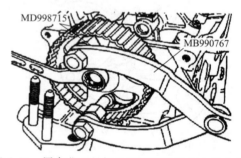

图2-2-13 用专业工具把凸轮轴链轮锁定在相应位置

② 拧松凸轮轴链轮螺栓。

（三）安装方法

1. 凸轮轴链轮螺栓的安装

① 使用图2-2-14所示的专用工具将凸轮轴链轮锁定在相应的位置。

② 拧紧凸轮轴链轮到规定的力矩。

2. 正时皮带张紧器、张紧器弹簧的安装

① 将正时皮带张紧器锁定在图2-2-15所示位置。

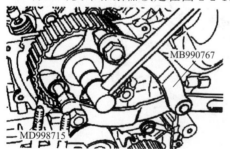

图2-2-14 用专用工具固定凸轮轴链轮

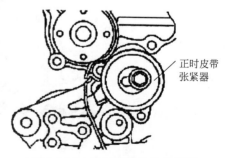

图2-2-15 固定正时皮带张紧器

② 如图 2-2-16 所示，将张紧器弹簧的一个伸长端钩在正时皮带张紧器的钩形部，并将张紧器装到机油泵壳体上。

③ 夹住张紧器弹簧的另一伸长端，并如图 2-2-17 所示将它钩到机油泵壳体凸耳上。

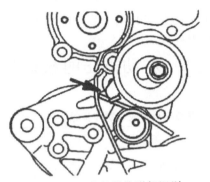 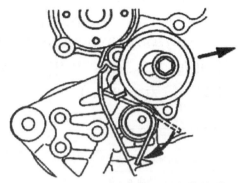

图 2-2-16　张紧器钩形部识别　　图 2-2-17　张紧器弹簧伸长端勾住凸耳

④ 按图 2-2-17 所示方向移动正时皮带张紧器，暂时张紧皮带。

3. 正时皮带的安装

① 如图 2-2-18 所示将凸轮轴正时记号与气缸盖的正时记号对准。

② 将曲轴正时记号与前壳体上的正时记号对准（图 2-2-19）。

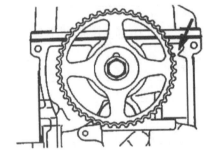 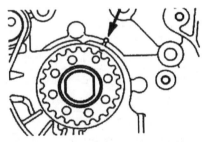

图 2-2-18　将凸轮轴正时记号与气缸盖的正时记号对准　　图 2-2-19　曲轴正时记号与前壳体上的正时记号对准

③ 使正时皮带的张紧侧保持张紧，并将正时皮带依次装入曲轴正时轮、凸轮轴正时轮和张紧器皮带轮（图 2-2-20）。

④ 如图 2-2-20 所示，拧松张紧器皮带轮安装螺栓 1/4~1/2 圈，使张紧器弹簧的张力作用到正时皮带上。

⑤ 以正常的旋转方向（顺时针）旋转曲轴 2 圈，检查正时记号是否正确对准。

⑥ 紧固张紧器皮带轮安装螺栓。

注意：这种方法利用凸轮轴驱动力矩均匀地将张紧力作用到正时皮带上。必须如上述方向旋转曲轴，不得反向旋转曲轴。

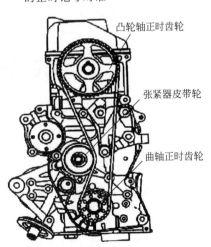

图 2-2-20　安装正时皮带

第三节　比亚迪 G3 轿车

一、比亚迪 G3 轿车 1.5L（BYD473QE）发动机正时校对

比亚迪 G3 轿车 1.5L（BYD473QE）发动机正时校对方法参见第二节比亚迪 F3/F3R 轿车 1.5L（BYD473QE 和 BYD473QB）发动机正时校对内容。

二、比亚迪 G3 轿车 1.8L（BYD483QA）发动机正时校对操作步骤（表 2-3-1）

表 2-3-1　比亚迪 G3 轿车 1.8L（BYD483QA）发动机正时校对操作步骤

步骤	操作步骤
1	安装曲轴皮带轮螺栓
2	顺时针旋转曲轴并做好正时记号
3	拆下张紧轮拉簧
4	按图 2-3-1 所示，测量张紧轮拉簧的自由长度，规范值应小于 36.2mm；如果测量值不符合规范值，应更换张紧轮拉簧 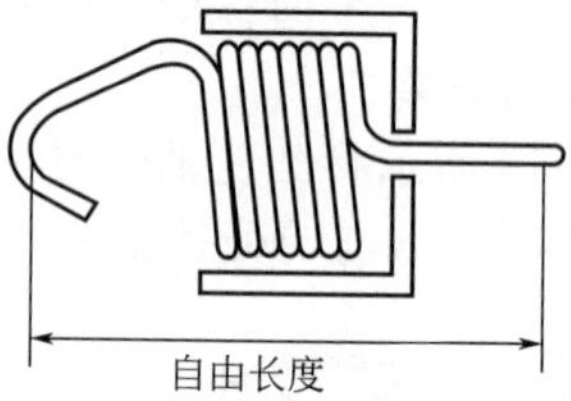
5	安装张紧轮
6	转动张紧轮，如果张紧轮没有阻力或不能旋转，要更换张紧轮
7	确定正时皮带轮的标记和凸轮轴带轮的标记对准
8	安装正时带，并使之压紧张紧轮
9	顺时针旋转正时带轮两周，对准正时标记
10	将张紧轮拉簧挂好，用扳手顺时针旋转张紧轮
11	顺时针旋转曲轴两周，确认所有正时标记完全对准。如果没有对准，拆卸正时带，从步骤 1 开始重新安装
12	拧紧凸轮轴带轮螺栓、导向轮螺栓、张紧轮螺栓力矩，力矩为 45～55N·m

图 2-3-1　测量拉簧自由长度

第四节　比亚迪 L3 轿车

一、比亚迪 L3 轿车 1.5L（BYD473QE）发动机正时校对

比亚迪 L3 轿车 1.5L（BYD473QE）发动机正时校对方法参见第二节比亚迪 F3/F3R 轿车 1.5L（BYD473QE 和 BYD473QB）发动机正时校对内容。

二、比亚迪 L3 轿车 1.8L（BYD483QA）发动机正时校对

比亚迪 L3 轿车 1.8L（BYD483QA）发动机正时校对参见第三节比亚迪 G3 轿车 1.8L（BYD483QA）发动机正时校对内容。

第五节 比亚迪速锐轿车

一、比亚迪速锐轿车 1.5L（BYD473QE）发动机正时校对

比亚迪速锐轿车 1.5L（BYD473QE）发动机正时校对方法参见第二节比亚迪 F3/F3R 轿车 1.5L（BYD473QE 和 BYD473QB）发动机正时校对内容。

二、比亚迪速锐轿车 1.5T（BYD476ZQA）发动机正时校对

1. 比亚迪锐轿车 1.5T（BYD476ZQA）发动机正时链条拆卸（表 2-5-1）

表 2-5-1 比亚迪锐轿车 1.5T（BYD476ZQA）发动机正时链条拆卸步骤

步骤	操作
1	将曲轴顺时针旋转到 1、4 缸上止点附近，再将曲轴回转 45°；从气缸体上旋下气缸体塞子组件，旋入曲轴定位工具（30N·m），顺时针旋转，固定曲轴到 1、4 缸上止点，如图 2-5-1 所示 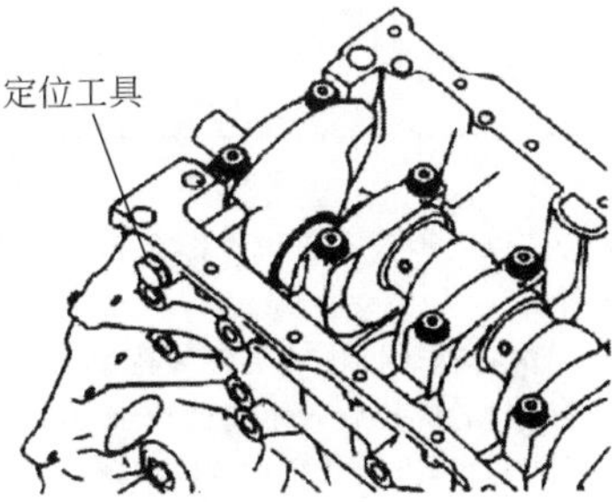 图 2-5-1 曲轴定位工具识别
2	通过定位工具固定排气凸轮轴链轮，松开排气凸轮轴链轮螺栓和 VVT 组件螺栓（左旋螺纹），如图 2-5-2 所示 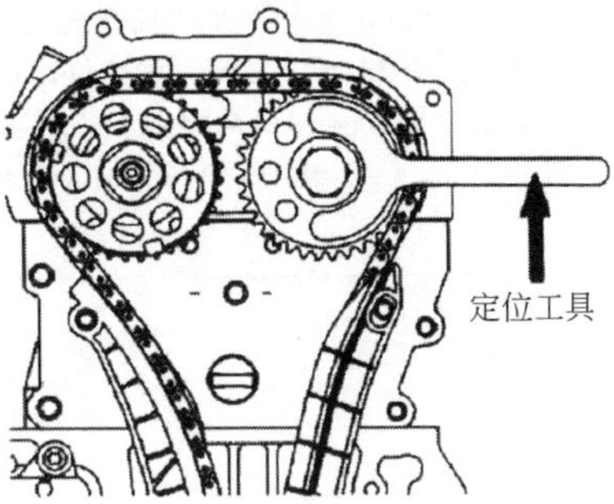 图 2-5-2 凸轮轴链轮定位工具识别
3	按图 2-5-3 所示沿 A 方向挤压柱塞，利用锁定销将张紧器锁定 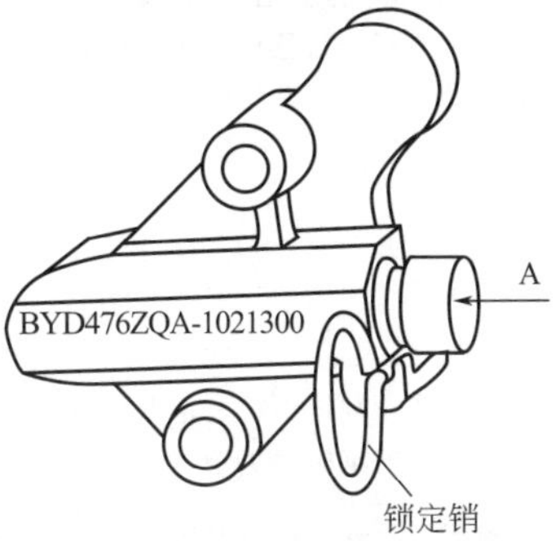 图 2-5-3 方向 A 和锁定销识别
4	取下正时链条等附件

2. 比亚迪速锐轿车 1.5T（BYD476ZQA）发动机正时链条安装（表 2-5-2）

表 2-5-2　比亚迪速锐轿车 1.5T（BYD476ZQA）发动机正时链条安装步骤

步骤	操作
1	用曲轴定位工具将曲轴定位在 1、4 缸上止点
2	安装凸轮轴箱前，需用凸轮轴定位工具将凸轮轴定位在 1 缸压缩上止点，如图 2-5-4 所示 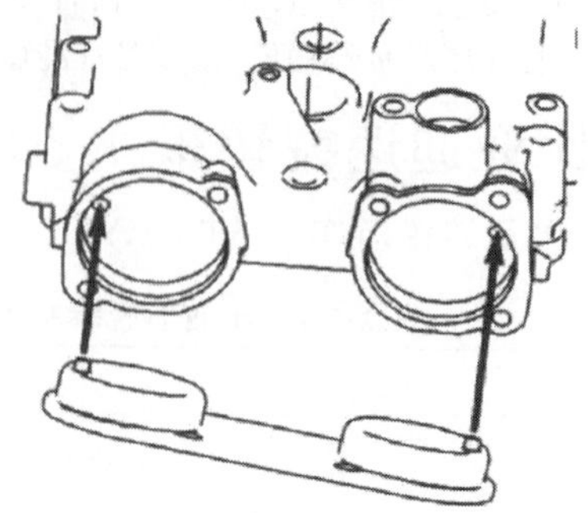
3	按以下步骤安装正时链条传动部件，如图 2-5-5 所示 ① 将排气凸轮轴链轮装配到排气凸轮轴上，将排气链轮螺栓旋入距离贴合面 2mm 的位置，保持链轮自由转动，并防止链轮掉落 ② 将可变气门正时（VVT）组件装配到进气凸轮轴上，将 VVT 组件螺栓旋入距离贴合面 2mm 的位置，保持链轮自由转动，并防止链轮掉落 ③ 将正时链条导向板挂靠到位，与链条接触部分涂适量机油，通过导向板将正时链条挂到排气凸轮轴链轮、VVT 组件链轮和曲轴链轮上 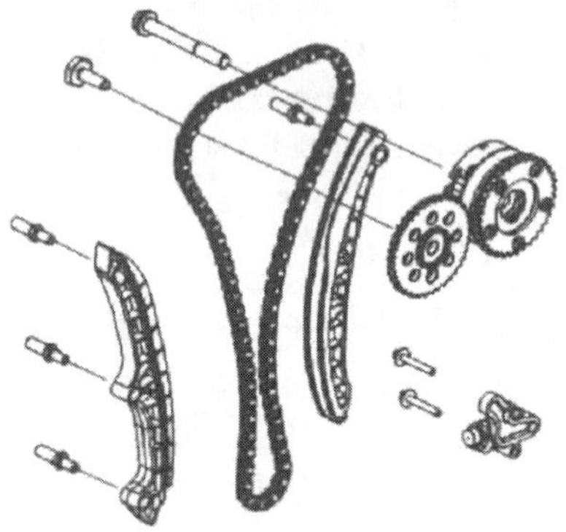
4	将张紧链板挂靠到位，与链条接触部分涂适量机油；装上链条张紧器，并在摩擦面上涂适量机油；拔下箭头所指张紧器锁定销，使链条张紧，如图 2-5-6 所示 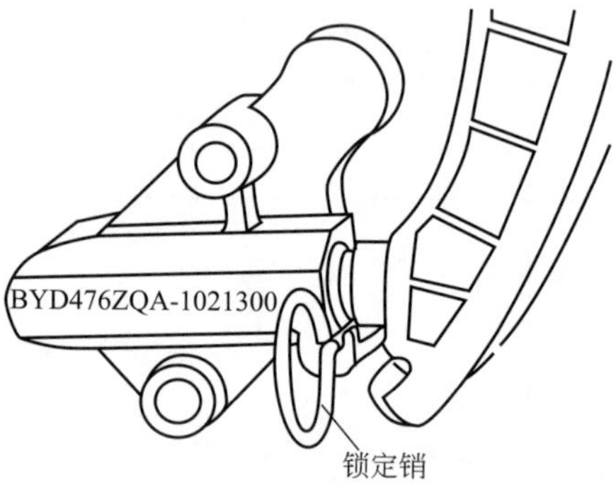
5	保持凸轮轴在 1 缸上止点位置，通过专用工具固定排气凸轮轴链轮，拧紧 VVT 组件螺栓和排气凸轮轴链轮螺栓至规定的力矩 50N·m+90°
6	卸下凸轮轴上止点专用工具，将凸轮轴后端盖装上，注意保持凸轮轴后端盖的密封圈
7	拧紧螺栓至规定力矩
8	卸下曲轴定位工具，将气缸体螺塞组件装回原位置

图 2-5-4　凸轮轴定位工具识别

图 2-5-5　正时链条传动部件

图 2-5-6　锁定销识别

第六节　比亚迪 M6 轿车

一、比亚迪 M6 轿车 2.0L（4G69）发动机正时校对

1. 比亚迪 M6 轿车 2.4L（4G69）发动机正时校对

正时皮带部件识别如图 2-6-1 和表 2-6-1 所示。

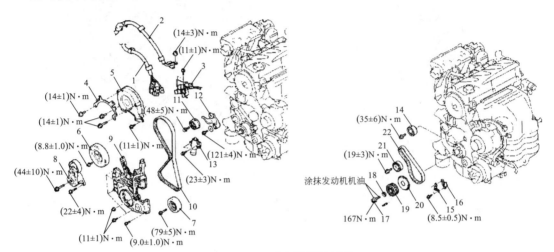

图 2-6-1　正时皮带部件识别

表 2-6-1　正时皮带部件说明

编号	部件说明	编号	部件说明
1	控制线束连接	12	正时皮带张紧器臂
2	蓄电池线束连接	13	正时皮带张紧器调整器
3	接头托架	14	正时皮带导轮皮带盘
4	线束托架	15	正时皮带下盖托架
5	正时皮带上盖	16	曲轴位置传感器
6	水泵皮带盘	17	曲轴皮带盘中心螺栓
7	导轮皮带盘	18	曲轴皮带盘垫片
8	自动张紧器	19	曲轴驱动链轮
9	正时皮带下盖	20	曲轴角度感知板
10	气门正时皮带	21	平衡轴正时皮带张紧器
11	正时皮带张紧器皮带盘	22	平衡轴正时皮带

2. 执行正时校对操作时需要的专用工具

MB991367（特殊扳手）、MB991385（销）、MD998738（调整螺栓）、MD998767（张紧器扳手）。

3. 气门正时皮带拆卸步骤

注意：绝不可沿逆时针方向旋转曲轴。

① 顺时针旋转曲轴，将各正时记号对正第 1 缸压缩行程上止点（TDC），如图 2-6-2

所示。

② 拆下正时皮带下盖橡胶塞然后设置专用工具 MD998738，如图 2-6-3 所示。

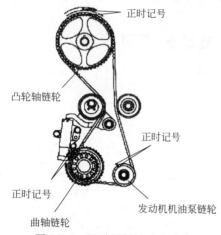

图 2-6-2　正时记号对准上止点

图 2-6-3　设置专用工具 MD998738

③ 用手旋转专用工具 MD998738 直到它接触到正时皮带张紧器臂，如图 2-6-4 所示。

④ 逐步地旋转专用工具 MD998738（转动速度应保持在 30°/s 内，分几次转动到位），然后将正时皮带张紧器调整器杆设定孔 A 与正时皮带张紧器调整器缸设定孔 B 对正，如图 2-6-5 所示。

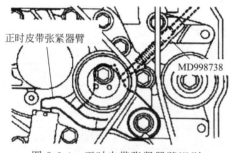

图 2-6-4　正时皮带张紧器臂识别

图 2-6-5　对准 A 和 B 设定孔

⑤ 将对正的设定孔用销插入，如图 2-6-6 所示。

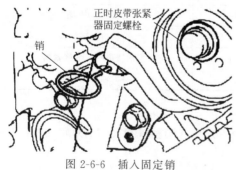

图 2-6-6　插入固定销

注意：如果要继续使用驱动皮带时，应使用粉笔在皮带背面标示皮带的旋转方向（顺时针），以便安装时不发生错装。

⑥ 在专用工具 MD998738 拆下后，松开正时皮带张紧器固定螺栓并且拆下气门正时皮带。

4. 拆卸平衡轴正时皮带

如果要继续使用平衡轴正时皮带，应使用粉笔在皮带背面标示出皮带旋转方向，以便重新安装时不发生错装。

5. 平衡轴正时皮带/平衡轴正时皮带张紧器安装

① 确认曲轴平衡轴驱动链轮正时记号与平衡轴链轮正时记号为对正状态，如图 2-6-7 所示。

② 把平衡轴正时皮带安装到曲轴平衡轴驱动链轮与平衡轴链轮上。确保皮带张紧侧没有松弛现象发生。

③ 固定平衡轴正时皮带张紧器皮带盘中心，使皮带盘中心位于组合螺栓中心的左上方，且皮带盘凸缘在发动机前侧，如图 2-6-8 所示。

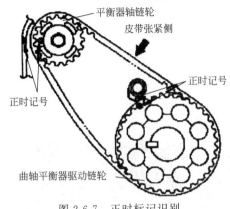

图 2-6-7　正时标记识别

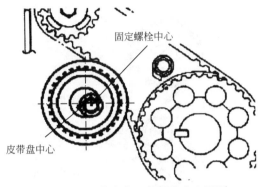

图 2-6-8　皮带盘中心与螺栓中心识别

④ 调整平衡轴正时皮带张力。

6. 气门正时皮带安装

① 在凸轮轴链轮、曲轴凸轮轴驱动链轮与发动机油泵链轮上对正正时记号，如图 2-6-9 所示。

② 调整发动机机油泵链轮的正时记号。拔下气缸体塞子，从塞孔插入一根螺栓（M6，断面宽度 10mm，公称长度 45mm），如图 2-6-10 所示。如果螺栓接触到平衡器轴，将发动机机油泵链轮旋转一圈。重新调整正时记号，然后查看螺栓配合。直到气门正时皮带组合完成，否则不可拆下螺栓。

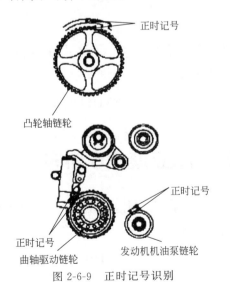

图 2-6-9　正时记号识别

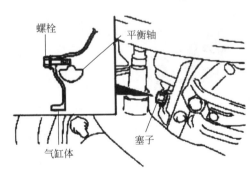

图 2-6-10　气缸体、平衡轴和塞子识别

③ 下列方法安装气门正时皮带，使得皮带张力不会松弛。

a. 把气门正时皮带放置到正时皮带张紧器皮带盘、曲轴凸轮轴驱动链轮上，然后用左手支撑它不让皮带滑动，图 2-6-11 所示。

b. 当用右手拉皮带时,将气门正时皮带放在发动机机油泵链轮上。
c. 将气门正时皮带放在正时皮带导轮皮带盘上。
d. 将气门正时皮带放在凸轮轴链轮上。

④ 使用专用工具 MD998767,如图 2-6-12 所示方向转动正时皮带张紧器皮带盘,使气门正时皮带张紧。然后暂时锁紧并且固定正时皮带张紧器皮带盘固定螺栓。

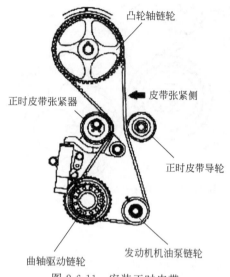

图 2-6-11 安装正时皮带

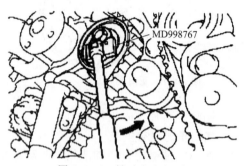

图 2-6-12 转动方向识别

⑤ 检查正时记号是否对正,如图 2-6-13 所示。

⑥ 拆下第二步插入的螺栓,然后安装气缸体塞子(图 2-6-10)。

⑦ 把气缸体塞子紧固到 (30±3) N·m。

⑧ 调整气门正时皮带张力。

二、比亚迪 M6 轿车 2.0L(BYD483QB)发动机正时校对

见第三节比亚迪 G3 轿车 1.8L(BYD483QA)发动机正时校对操作步骤。

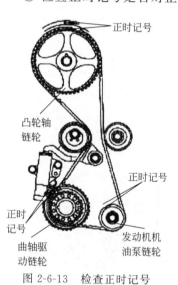

图 2-6-13 检查正时记号

第七节 比亚迪 F6 轿车

一、比亚迪 F6 轿车 1.8L(BYD483QA)发动机正时校对

见第三节比亚迪 G3 轿车 1.8L(BYD483QA)发动机正时校对操作步骤。

二、比亚迪 F6 轿车 2.0L(BYD483QB)发动机正时校对

见第三节比亚迪 G3 轿车 1.8L(BYD483QA)发动机正时校对操作步骤。

三、比亚迪 L6 轿车 2.4L（4G69）发动机正时校对

见第六节比亚迪 M6 轿车 2.4L（4G69）发动机正时校对操作步骤。

第八节　比亚迪 S6 轿车

一、比亚迪 S6 轿车 2.0L（BYD483QB）发动机正时校对

见第三节比亚迪 G3 轿车 1.8L（BYD483QA）发动机正时校对操作步骤。

二、比亚迪 S6 轿车 2.4L（4G69）发动机正时校对

见第六节比亚迪 M6 轿车 2.4L（4G69）发动机正时校对操作步骤。

第九节　比亚迪 S8 轿车

比亚迪 S8 轿车 2.0L（BYD483QB）发动机正时校对见第三节比亚迪 G3 轿车 1.8L（BYD483QA）发动机正时校对操作步骤。

第十节　比亚迪 G6 轿车

一、比亚迪 G6 轿车 2.0L（BYD483QB）发动机正时校对

见第三节比亚迪 G3 轿车 1.8L（BYD483QA）发动机正时校对操作步骤。

二、比亚迪 G6 轿车 1.5T（BYD476ZQA）发动机正时校对

见第五节比亚迪速锐轿车 1.5T（BYD476ZQA）发动机正时校对操作步骤。

第三章 奇瑞车系

第一节 奇瑞旗云轿车

旗云轿车 1.6L（TRITEC）发动机正时部件识别见图 3-1-1。

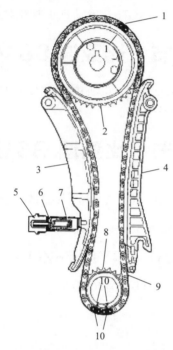

图 3-1-1 旗云轿车发动机正时部件识别
1—凸轮轴正时标记；2—凸轮轴链轮；3—右正时链条导板（移动）；4—左正时链条导板（固定）；5—密封柱塞；
6—机油腔；7—正时链条张紧器；8—曲轴链轮；9—正时链条；10—曲轴正时标记

1. 正时链条盖拆装步骤

（1）拆卸。

① 断开蓄电池负极电缆。

② 拆卸动力转向储油箱支架螺栓。

③ 排放冷却水和拆卸上水箱软管。

④ 拆卸冷却风扇。

⑤ 举升车辆。

⑥ 拆卸右前车轮。

⑦ 拆卸驱动皮带护板。

⑧ 拆卸驱动皮带。

⑨ 拆卸曲轴减振器。

⑩ 拆卸驱动皮带张紧器。
⑪ 拆卸驱动皮带中间轮。
⑫ 拆卸空气压缩机的安装螺栓。
⑬ 拆卸动力转向油泵/水泵支架螺栓。
⑭ 拆卸正时链条盖螺栓。
⑮ 拆卸曲轴皮带轮，前曲轴油封和正时链条盖，如图 3-1-2 所示。

（2）安装。

① 清洁所有的密封表面。
② 更换正时链条盖密封垫，如图 3-1-3 所示。
③ 将发动机密封材料涂到气缸体上。涂抹位置如图 3-1-4 所示。

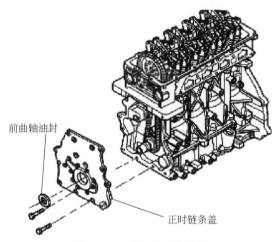

图 3-1-2　拆卸正时链条盖

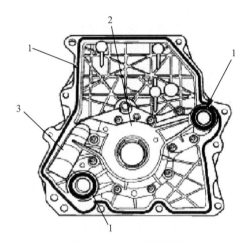

图 3-1-3　密封垫识别
1—正时链条盖密封垫；2—机油泵；3—压力安全阀

④ 在安装机油泵之前，加注 4L 的发动机机油。
⑤ 安装所有机油泵附件到曲轴，安装正时链条盖时，按图 3-1-5 所示顺序手动紧固所有的紧固件，紧固力矩为 12N·m。

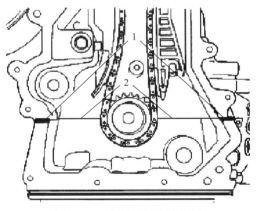

图 3-1-4　密封材料涂抹位置
1—链条盖的密封材料；2—气缸体上的直线

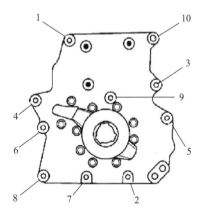

图 3-1-5　正时链条盖螺栓紧固顺序

⑥ 安装动力转向油泵/水泵，螺栓紧固力矩为 28N·m。

⑦ 安装空调压缩机，螺栓紧固力矩为28N·m。
⑧ 安装驱动皮带附件中间轮。
⑨ 安装驱动皮带张紧器。
⑩ 安装曲轴皮带轮。
⑪ 安装驱动皮带附件。
⑫ 安装驱动皮带护板。
⑬ 安装右前车轮。
⑭ 降下车辆。
⑮ 安装水箱风扇。
⑯ 连接上水箱软管。
⑰ 安装动力转向储油箱螺栓。
⑱ 连接蓄电池负极电缆。
⑲ 加注冷却液。

2. 正时链条导板和正时链轮拆装步骤

（1）拆卸。
① 断开蓄电池负极电缆。
② 拆卸气缸盖。
③ 拆卸凸轮轴位置传感器。
④ 拆卸正时链条盖。
⑤ 旋转曲轴，直到1缸到达压缩行程上止点。
⑥ 如图3-1-6所示，使用专用工具固定凸轮轴链轮，拆卸链轮螺栓。
⑦ 如图3-1-7所示，从气缸体上拆卸正时链条张紧器，取出机油腔。

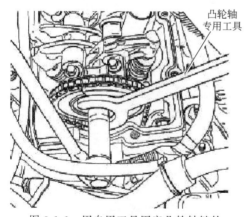

图3-1-6 用专用工具固定凸轮轴链轮

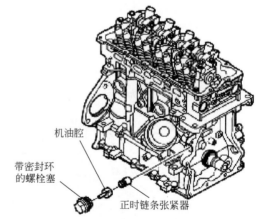

图3-1-7 张紧器和机油腔识别

⑧ 拆卸发动机右支架座。
⑨ 从凸轮轴上拆卸凸轮轴链轮，可将链条部分取出。
⑩ 拆卸气缸盖塞，取出紧固件，如图3-1-8所示拆卸导板。

（2）安装。
① 安装左正时链条导板，紧固力矩为28N·m。
② 安装右正时链条导板，紧固力矩为28N·m。
③ 拆卸气门室盖，让正时链条能自由移动。

④ 安装正时链条曲轴链轮，对准正时标记，如图 3-1-9 所示。

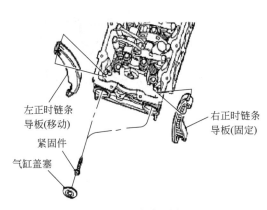

图 3-1-8　拆卸导板

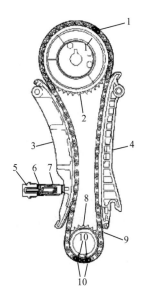

图 3-1-9　对准正时标记

1—凸轮轴正时对准单个标记；2—凸轮轴链轮；3—左正时链条导板（活动）；4—右正时链条导板（固定）；5—活塞腔；6—机油储油腔；7—正时链条张紧器；8—曲轴链轮；9—正时链条；10—曲轴正时标记应与双金属标记对准

⑤ 安装凸轮轴链轮。

⑥ 使用专用工具固定链轮，紧固力矩为 115N·m。

⑦ 重新调整正时链条张紧器。

a. 从正时链条张紧器上取出机油腔，如图 3-1-10 所示。

b. 把张紧器放置在平坦的表面上。

c. 用手压张紧器，如图 3-1-11 所示。

d. 安装机油腔到正时链条张紧器。

⑧ 安装正时链条张紧器的机油腔到张紧器。

⑨ 安装正时链条张紧器和张紧器螺栓塞，紧固力矩为 62N·m。

⑩ 如图 3-1-12 所示，压下左正时链条导板，让正时链条张紧器工作。

⑪ 安装气缸盖塞，紧固力矩为 18N·m。

⑫ 安装气门室盖。

⑬ 安装凸轮轴位置传感器，紧固力矩为 10N·m，接上插头。

⑭ 安装右发动机安装支座。

⑮ 安装正时链条盖。

⑯ 连接蓄电池负极电缆。

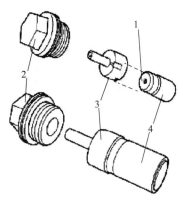

图 3-1-10　正时链条张紧器

1—单向阀；2—张紧器塞；3—机油腔；4—正时链条张紧器

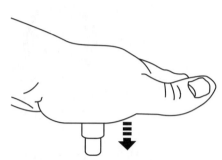
图 3-1-11 重新设置正时链条张紧器

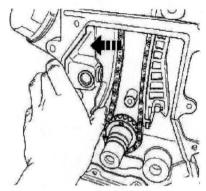
图 3-1-12 压下导板，使张紧器工作

3. 凸轮轴链轮拆装步骤

（1）拆卸。

① 断开蓄电池负极电缆。

② 拆卸气门室盖。

③ 拆卸曲轴位置传感器。

④ 拆卸凸轮轴位置传感器。

⑤ 旋转凸轮轴，对正凸轮轴链轮上的三角形正时标记。

⑥ 使用专用工具固定曲轴链轮，拆卸凸轮轴链轮螺栓。

⑦ 从气缸体侧拆卸正时链条张紧器，拆卸机油腔和正时链条张紧器。

⑧ 从凸轮轴上拆卸凸轮轴链轮。

（2）安装。

① 如图 3-1-13 所示，对准正时链轮标记，安装正时链条到凸轮轴链轮。

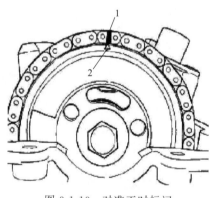
图 3-1-13 对准正时标记
1—正时标记；2—凸轮轴链轮正时标记

② 使用专用工具安装凸轮轴链轮螺栓，力矩为 115N·m。

③ 重新设定正时链条张紧器。

a. 从正时链条张紧器取出机油腔，见图 3-1-10。

b. 张紧轮置于平坦的表面。

c. 用手压住张紧器，见图 3-1-11。

④ 安装机油腔到正时链条张紧器。

⑤ 安装正时链条张紧器，紧固力矩为 62N·m。

⑥ 如图 3-1-14 所示，使用长螺丝刀，顶起右正时链条。

⑦ 安装气门室盖。

⑧ 安装凸轮轴位置传感器，紧固力矩为 10N·m。

⑨ 连接蓄电池负极电缆。

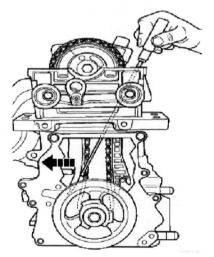
图 3-1-14 顶起右正时链条

4. 曲轴链轮拆装

（1）拆卸。

① 拆卸正时链条。

② 使用专用工具，拆卸曲轴减振器螺栓。

③ 固定曲轴，如图 3-1-15 所示，拆卸曲轴链轮。

（2）安装。

安装步骤与拆卸步骤相反，仍要借助专用工具进行安装操作，用专用工具安装曲轴链轮如图 3-1-16 所示。

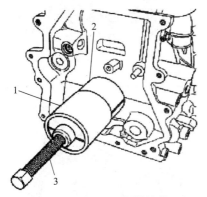
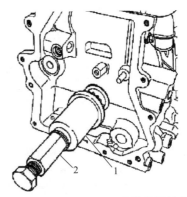

图 3-1-15　拆卸曲轴链轮　　　　　　图 3-1-16　用专用工具安装曲轴链轮

1～3—专用工具　　　　　　　　　　　1,2—专用工具

第二节　奇瑞 QQ 轿车

一、奇瑞 QQ 轿车 372 发动机正时皮带拆卸与安装

1. QQ 轿车 372 发动机正时皮带部件识别（图 3-2-1）

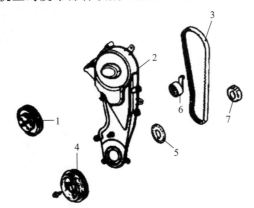

图 3-2-1　372 发动机正时皮带部件

1—水泵带轮；2—正时罩盖；3—正时皮带；4—扭转减振器；5—正时皮带挡板；
6—正时皮带张紧轮；7—曲轴带轮

2. QQ 轿车 372 发动机正时皮带拆卸（表 3-2-1）

表 3-2-1　QQ 轿车 372 发动机正时皮带拆卸操作步骤

步骤	操作方法
1	拆卸扭转减振器
2	拆卸水泵皮带轮，如图 3-2-2 所示 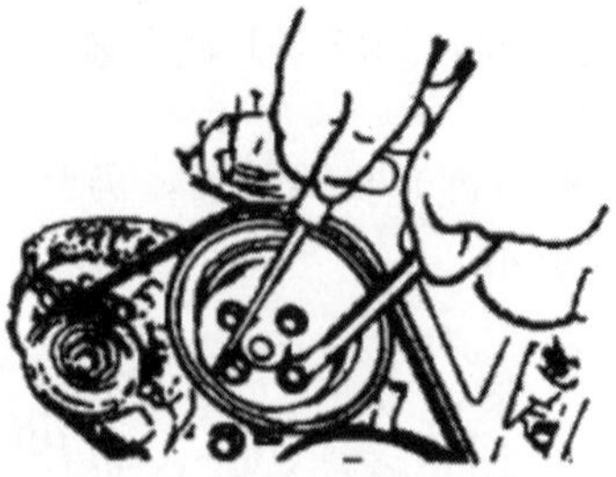
3	拆卸正时皮带罩盖和正时皮带挡板
4	拆卸正时罩盖后，用扳手顺时针扳动螺栓，旋转正时齿轮，使凸轮轴正时齿轮上的正时记号与凸轮轴罩盖上的凸起标记对齐，如图 3-2-3 所示 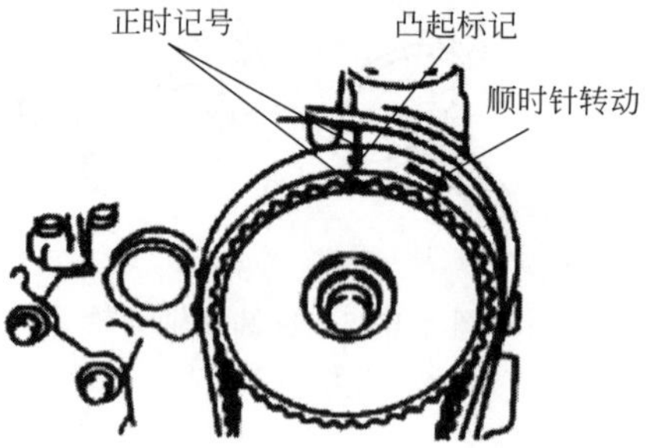
5	将曲轴皮带轮上的正时记号与机油泵上的正时标记对齐，如图 3-2-4 所示 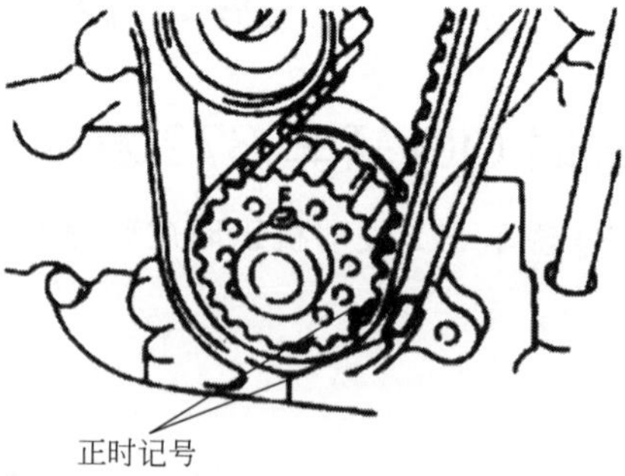
6	拆卸皮带张紧轮螺栓和张紧轮，如图 3-2-5 所示 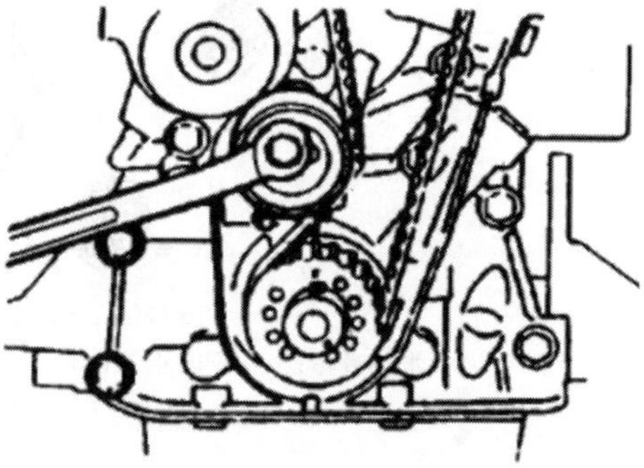
7	拆卸正时皮带

图 3-2-2　水泵皮带轮识别

图 3-2-3　对齐正时标记

图 3-2-4　曲轴皮带轮正时标记对齐

图 3-2-5　拆卸皮带张紧轮螺栓

3. QQ 轿车 372 发动机正时皮带安装（表 3-2-2）

表 3-2-2　QQ 轿车 372 发动机正时皮带安装操作步骤

步骤	操作方法
1	如图 3-2-6 所示，安装曲轴正时齿轮 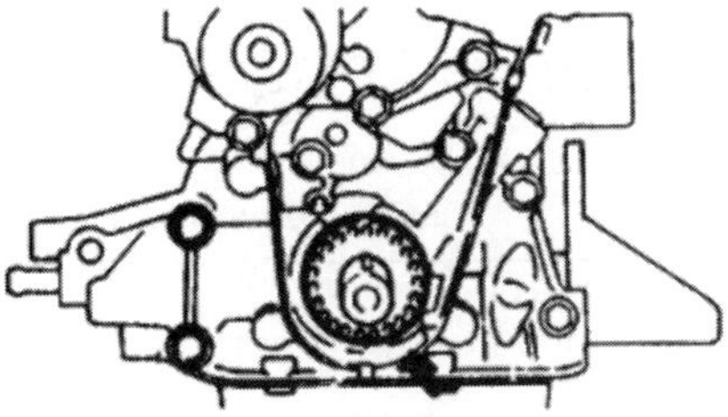 图 3-2-6　安装曲轴正时齿轮
2	将 1 缸活塞处于压缩上止点位置，将凸轮轴正时齿轮套在排气凸轮轴前端，使凸轮轴齿轮上的定位槽与排气凸轮轴端面上的定位销对齐，如图 3-2-7 所示。用螺栓定位凸轮轴正时齿轮 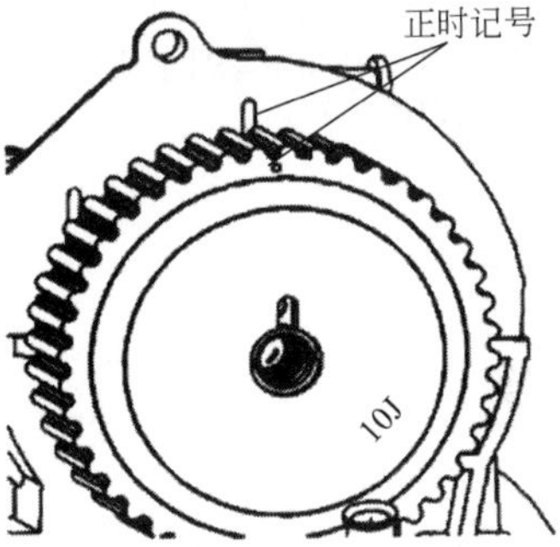 图 3-2-7　凸轮轴正时标记对齐
3	将曲轴皮带轮上的正时标记与机油泵上的正时标记对齐，如图 3-2-8 所示 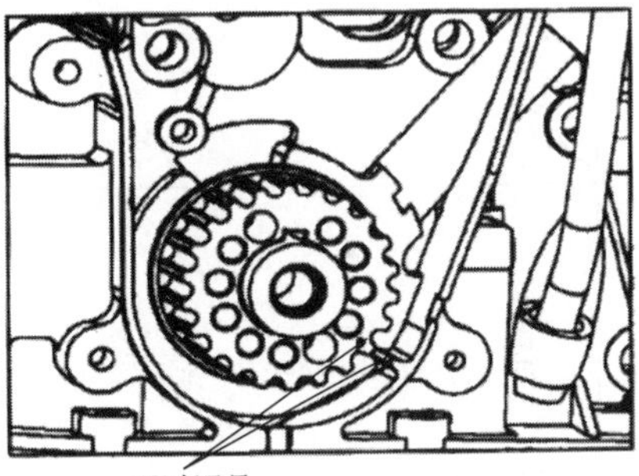 图 3-2-8　曲轴皮带轮正时标记对齐
4	安装张紧轮
5	调整正时皮带张力，用螺丝刀撬动张紧器向右摆动，使张紧轮边缘与水泵壳体距离 8mm 左右（图 3-2-9），以 25N·m 的力矩紧固张紧轮螺栓 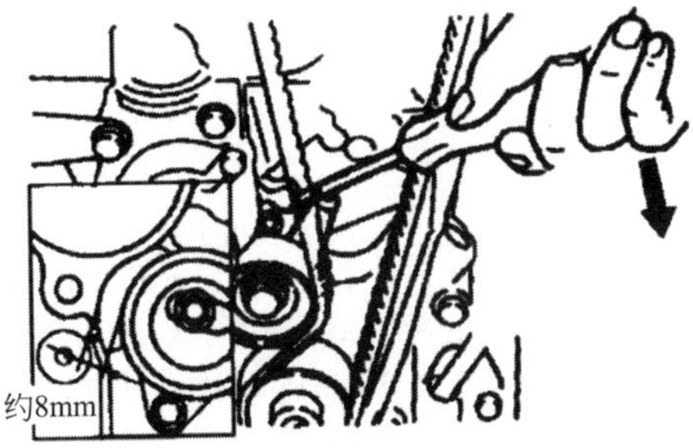 图 3-2-9　调整正时皮带张力
6	安装正时皮带挡板

续表

步骤	操作方法
7	安装正时皮带盖罩
8	安装扭转减振器和水泵皮带轮

二、QQme 轿车 SQR473F 发动机正时校对（表 3-2-3）

表 3-2-3　QQme 轿车 SQR473F 发动机正时校对操作步骤

步骤	操作
1	转动曲轴，使进气凸轮轴和排气凸轮轴后部的凹槽形成一水平线，按图 3-2-10 所示，将凸轮轴正时校对专用工具 CH-20010 的凸出部分插入凹槽并固定 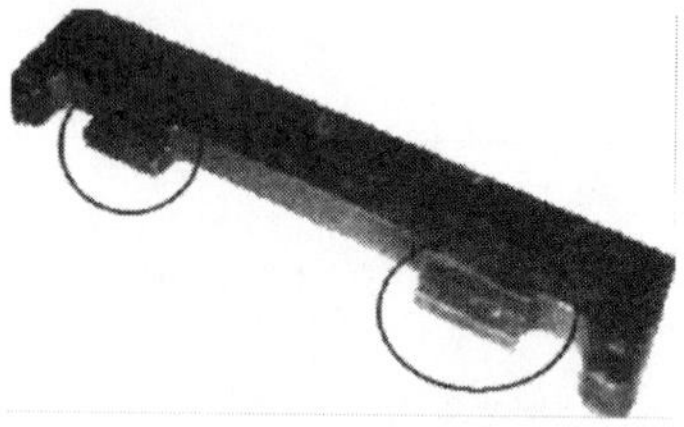 图 3-2-10　凸轮轴正时校对专用工具 CH-20010
2	按图 3-2-11 所示，调整曲轴正时  图 3-2-11　调整曲轴正时
3	按图 3-2-12 所示，使用 13 号套筒松开曲轴正时调节孔螺栓  图 3-2-12　松开曲轴正时调节孔螺栓
4	按图 3-2-13 所示，把专用工具 CH-20003 插入正时孔中拧紧，用扳手转动曲轴皮带盘的大螺母使曲轴转动，同时慢慢拧入专用工具 CH-20003，直至曲轴向前向后均转不动为止 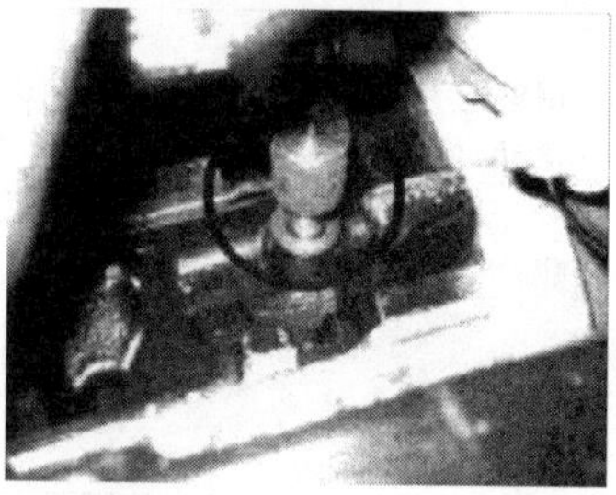 图 3-2-13　把专用工具 CH-20003 插入正时孔

三、QQ6 轿车 SQR473 发动机正时校对

1. QQ6 轿车 SQR473 发动机正时皮带拆卸（表 3-2-4）

表 3-2-4　QQ6 轿车 SQR473 发动机正时皮带拆卸步骤

步骤	操作
1	拆卸发电机和空调压缩机
2	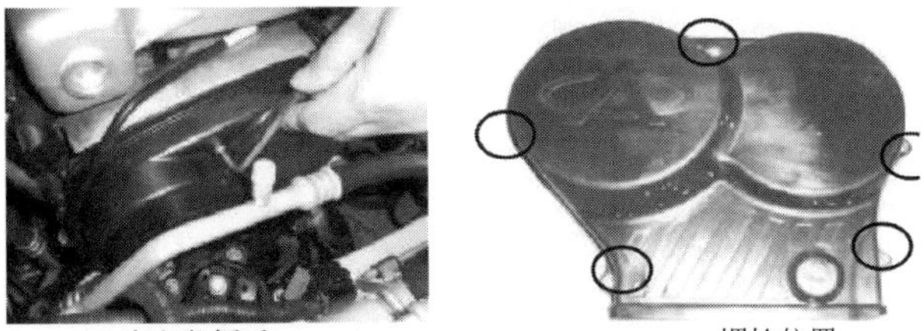 用规格为 5mm 的内六角扳手拆卸正时皮带上罩盖上的 5 个固定螺栓，见图 3-2-14 内六角扳手　　螺栓位置 图 3-2-14　拆卸固定螺栓
3	 按图 3-2-15 所示，用 13 号套筒扳手松开曲轴正时调节孔螺栓 图 3-2-15　曲轴正时调节孔螺栓
4	 按图 3-2-16 所示，把专用工具 CH-20003 插入正时孔中拧紧，用扳手转动曲轴皮带盘的大螺母使曲轴转动，同时慢慢拧入专用工具 CH-20003，直至曲轴向前向后均转不动为止 图 3-2-16　把专用工具 CH-20003 插入正时孔
5	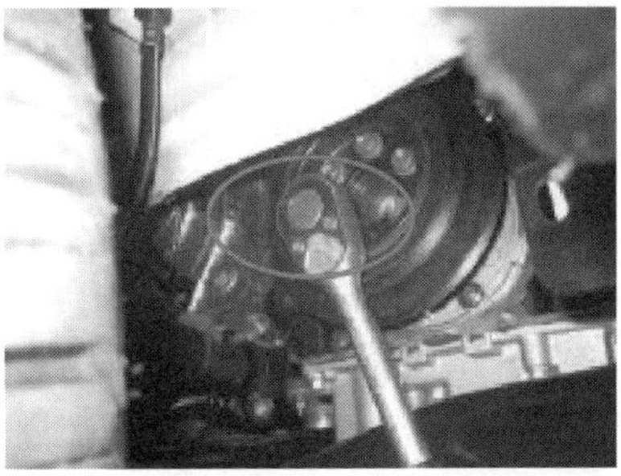 用 13 号套筒扳手拆下曲轴皮带轮的 6 个固定螺栓，取下曲轴皮带轮，见图 3-2-17 图 3-2-17　拆卸曲轴皮带轮固定螺栓

续表

步骤	操作
6	用10号套筒扳手拆下正时皮带下罩盖的6个固定螺栓,见图3-2-18 **注意**:正时皮带下罩盖左上方的固定螺栓位置比较隐蔽,拆卸时可用万向连接杆拆卸

图 3-2-18　拆卸正时皮带下罩盖的固定螺栓

步骤	操作
7	按图3-2-19所示,用10号套筒扳手松开正时皮带张紧轮螺栓,取下正时皮带

图 3-2-19　用10号套筒扳手松开正时皮带张紧轮螺栓

注:正时皮带拆卸过程中不要转动曲轴和凸轮轴,否则需要重新校对点火正时。

2. QQ6轿车SQR473发动机正时皮带安装(表3-2-5)

表 3-2-5　QQ6轿车SQR473发动机正时皮带安装步骤

步骤	操作
1	松开正时皮带张紧轮固定螺栓并转动到最小张紧位置
2	安装正时皮带
3	用规格为5mm的内六角扳手转动正时皮带张紧轮,转动到调整内六角和固定螺栓齐平为止,把固定螺栓紧固至(27±3)N·m,见图3-2-20

图 3-2-20　用内六角扳手转动正时皮带张紧轮

步骤	操作
4	安装正时皮带下盖罩
5	安装曲轴皮带轮,将曲轴皮带轮固定螺栓紧固至(55+5)N·m
6	安装其他附件并检查皮带挠度
7	安装正时皮带上罩盖

续表

步骤	操作
8	安装完毕后,对照图 3-2-21,核查正时皮带是否安装正确 

图 3-2-21　安装好的正时皮带

3. 调节正时（大修）

调节正时（大修）的操作步骤见表 3-2-6。

表 3-2-6　调节正时（大修）的操作步骤

步骤	操作
1	转动曲轴,使 4 个活塞在气缸内成一水平线,把曲轴正时专用工具 CH-20003（图 3-2-22）旋入曲轴正时调节孔,使曲轴不能左右转动（专用工具螺栓必须进入到气缸体螺丝孔平面） 
2	安装好进气和排气凸轮轴,安装凸轮轴正时齿轮,使进气和排气凸轮轴凹槽形成水平,使用凸轮轴正时专用工具（图 3-2-23）,把工具的凸出部分插入凹槽并固定 
3	固定好曲轴和凸轮轴后,安装正时皮带

图 3-2-22　曲轴正时专用工具 CH-20003

图 3-2-23　凸轮轴正时专用工具

4. 调节正时（小修）

小修类项目主要包括换气门弹簧、磨气门、换凸轮轴（不抬发动机）。调节正时（小修）的操作步骤参见表 3-2-7。

表 3-2-7　调节正时（小修）的操作步骤

步骤	操作
1	拆下气门室罩盖
2	拆下正时齿轮盖罩,转动正时齿轮
3	使进气和排气凸轮轴凹槽形成水平,使用凸轮轴正时专用工具（图 3-2-23）,把工具的凸出部分插入凹槽并固定
4	转动曲轴,把曲轴正时专用工具 CH-20003（图 3-2-22）旋入曲轴正时调节孔,使曲轴不能左右转动（如拆卸气缸盖,可以观察到此时 4 个气缸的活塞成水平位置）

第三节　奇瑞 SQR7160 轿车

一、奇瑞 SQR7160 轿车正时皮带拆卸步骤（表 3-3-1）

表 3-3-1　奇瑞 SQR7160 轿车正时皮带拆卸步骤

步骤	操作方法
1	按照以下步骤将曲轴转到 1 缸压缩上止点 ①松开并取出上正时同步齿轮盖总成上的 2 个 M6×55mm 法兰面螺栓，拆下上正时同步齿轮盖带密封垫总成，并从上正时同步齿轮盖上拆下密封垫和射钉，如图 3-3-1 所示 ②在曲轴正时同步齿轮螺栓上装一个扳手，顺时针方向（从齿轮方向看）旋转曲轴，直到曲轴正时同步齿轮上的上止点缺口标记与下正时同步齿轮盖上的上止点标记（0）对齐 注意：在转动曲轴前，为省力可将火花塞先拆掉 ③检查凸轮轴正时同步齿轮上的上止点标记是否与气缸盖前端面上的上止点标记对齐。如没有对齐，旋转曲轴一周，使凸轮轴正时同步齿轮上的上止点标记与气缸盖前端面上的上止点标记对齐，此时发动机第 1 缸活塞处于上止点位置。当曲轴正时同步齿轮和下正时同步齿轮盖拆掉后，第 1 缸活塞上止点确定如下：旋转曲轴使曲轴正时同步齿轮上的上止点标记与机油泵壳体上的上止点标记对齐。检查凸轮轴正时同步齿轮上的上止点标记是否与缸盖前端面上的上止点标记对齐，如没对齐，旋转曲轴一周，使凸轮轴正时同步齿轮上的标记与第 1 缸盖上的标记对齐 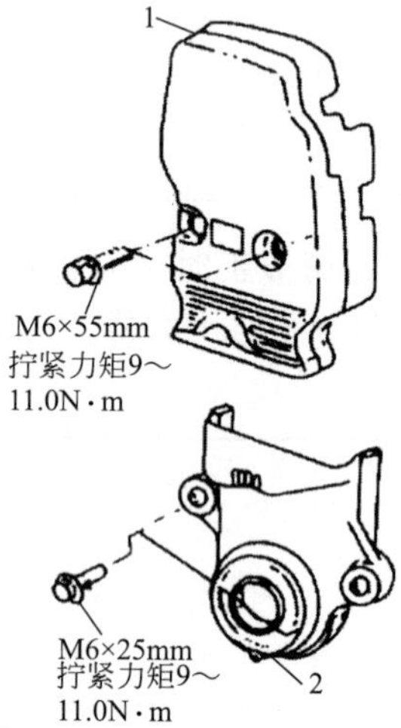
2	松开张紧轮的 2 个固定螺栓，用大螺丝刀将张紧轮推向一边
3	为减小正时皮带张力，拧紧张紧轮 2 个固定螺栓，使张紧轮保持在该位置上
4	如果原正时皮带要继续使用，要做上正时皮带运转方向标记，并在与曲轴正时同步齿轮和凸轮轴正时同步齿轮的啮合齿面上做标记，然后将正时皮带从凸轮轴齿轮、水泵齿轮和曲轴齿轮上滑下而取出

M6×55mm 拧紧力矩 9～11.0N·m

M6×25mm 拧紧力矩 9～11.0N·m

图 3-3-1　上、下正时齿轮盖
1—上正时同步齿轮盖总成；
2—下正时同步齿轮盖总成

二、奇瑞 SQR7160 轿车正时皮带安装与调整操作步骤（表 3-3-2）

表 3-3-2　正时皮带安装与调整操作步骤

步骤	操作方法
1	检查曲轴是否处在第 1 缸压缩上止点位置，如需要调整只能稍微转动曲轴，并在飞轮齿圈处锁住曲轴
2	将正时皮带的齿与曲轴齿槽啮合。然后垂直向上靠右拉动该带，使其与凸轮轴齿槽相啮合 注意：安装旧正时皮带时，要使原运转方向与原啮合配合保持不变；当正时皮带装好后，检查曲轴正时同步齿轮和凸轮轴正时同步齿轮位置应没有变化
3	小心地将正时皮带绕过张紧轮，将正时皮带的齿与水泵齿轮齿槽啮合。再次检查曲轴和凸轮轴正时齿轮的位置应没有变化
4	松开张紧轮 2 个固定螺栓，将张紧轮尽量往右侧推（从正时同步齿轮端看），拧紧张紧轮 2 个固定螺栓，并松开曲轴锁紧装置
5	顺时针旋转（从正时齿轮端看）曲轴两周直到第 1 缸处于压缩上止点位置

步骤	操作方法
6	用拇指和食指抓住右侧正时皮带距曲轴齿轮和凸轮轴齿轮中间位置处。如果正时皮带张紧力合格,在这点上正时皮带可以被扭转90°(图3-3-2) 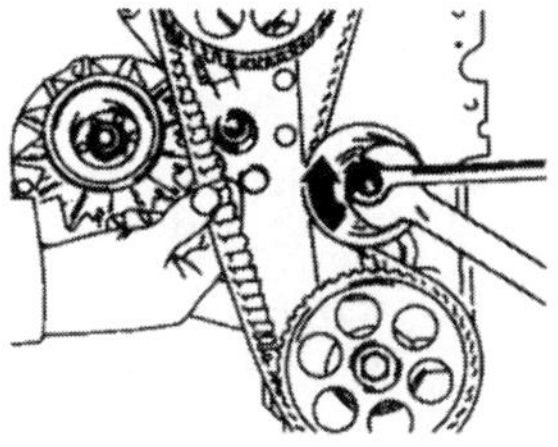
7	正时皮带张紧力的调整:为调整正时皮带张力,先松开张紧轮2个固定螺栓,用螺丝刀作为顶杆,将张紧轮往右推,然后拧紧固定螺栓,旋转曲轴,再检查张力,可能需要经过2~3次调整才能达到合适的张力。调整结束后将张紧轮固定螺栓拧紧,拧紧力矩为16~20N·m

图3-3-2 检查正时皮带张紧力

第四节 奇瑞东方之子轿车

一、奇瑞东方之子轿车 4G63/4G64 发动机正时部件拆卸要点

4G63/4G64 发动机正时部件识别如图3-4-1所示。

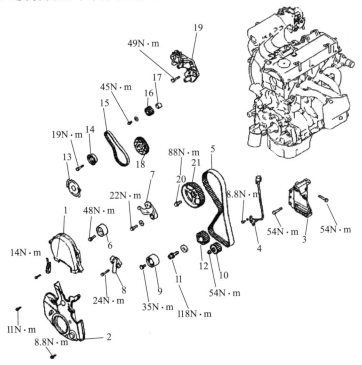

图3-4-1 发动机正时部件识别

1—正时齿带前上盖;2—正时齿带前下盖;3—动力转向托架;4—曲轴位置传感器;5—正时齿带;6—张紧轮;7—张紧器臂;8—自动张紧器;9—惰轮;10—机油泵齿带轮;11—曲轴螺栓;12—曲轴正时齿带轮;13—法兰;14—张紧器B;15—正时齿带B;16—平衡轴齿带轮;17—衬套;18—曲轴正时齿带轮B;19—发动机右支架组件;20—凸轮轴齿带轮螺栓;21—凸轮轴正时齿带轮

1. 正时皮带拆卸要点

① 如图 3-4-2 所示,拆卸正时皮带时应标记好正时皮带的旋转方向,以便安装时参考。

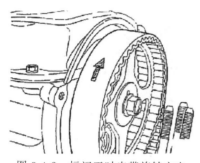

图 3-4-2 标记正时皮带旋转方向

② 正时皮带上如果粘附水或油脂会急剧减少正时皮带的使用寿命。因此拆卸正时皮带后,正时皮带、张紧器等部件要注意不要受到水和油脂的附着和污染,如果污染严重,应更换新件。

③ 如果在上述部件上发现水或油脂,应检查前盖油封、凸轮轴油封和水泵有无泄漏。

2. 机油泵皮带轮的拆卸要点

① 拆卸气缸体侧面的旋塞。

② 插入直径为 8mm 的十字螺丝刀,固定左侧平衡轴。

③ 拆卸机油盘皮带轮螺母。

④ 如图 3-4-3 所示,拆卸机油泵皮带轮。

3. 曲轴螺栓的拆卸要点

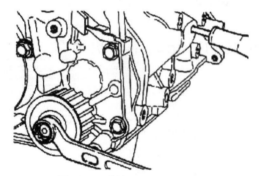

图 3-4-3 拆卸机油泵皮带轮

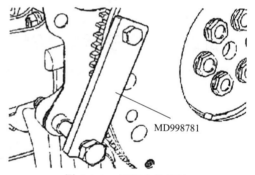

图 3-4-4 拆卸曲轴螺栓

① 如图 3-4-4 所示,使用专用工具,固定驱动板或飞轮。

② 拆卸曲轴螺栓。

4. 曲轴齿带轮的拆卸要点

如图 3-4-5 所示,用专用工具拆卸曲轴齿带轮。

5. 正时齿带 B 拆卸要点

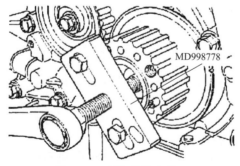

图 3-4-5 拆卸曲轴齿带轮

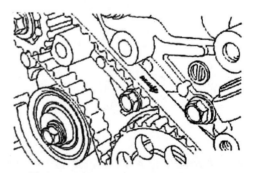

图 3-4-6 标记正时齿带 B 的转动方向

① 如图 3-4-6 所示,拆卸正时齿带 B 时应标记好正时皮带的旋转方向,以便安装时参考。

② 正时皮带上如果粘附水或油脂会急剧减少正时皮带的使用寿命。因此拆卸正时皮带后，正时皮带、张紧器等部件要注意不要受到水和油脂的附着和污染，如果污染严重，应更换新件。

③ 如果在上述部件上发现水或油脂，应检查前盖油封、凸轮轴油封和水泵有无泄漏。

6. 平衡轴齿带轮拆卸要点

先用图 3-4-7 中所示的专用工具固定住平衡轴齿带轮，然后再将其拆下。

7. 曲轴齿带轮 B 拆卸要点

如图 3-4-8 所示，用专用工具拆卸。

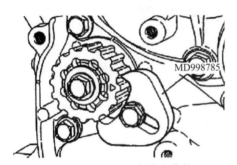

图 3-4-7　拆卸平衡轴齿带轮

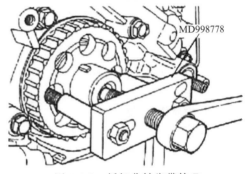

图 3-4-8　拆卸曲轴齿带轮 B

8. 凸轮轴齿带轮螺栓拆卸

使用专用工具，固定住凸轮轴正时齿带轮，然后再拆卸齿带轮螺栓，如图 3-4-9 所示。

二、奇瑞东方之子轿车 4G63/4G64 发动机正时部件安装要点

1. 凸轮轴齿带轮螺栓安装

使用专用工具，固定凸轮轴齿带轮，然后把凸轮轴齿带轮螺栓紧固到规定的力矩，如图 3-4-10 所示。

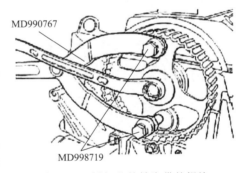

图 3-4-9　拆卸凸轮轴齿带轮螺栓

2. 发动机支架托座安装

紧固螺栓前，要在图 3-4-11 中所示的螺栓部位涂抹密封胶，密封胶规格：3M ATD NO.8660 或等同物。

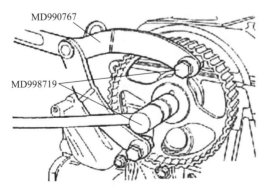

图 3-4-10　紧固凸轮轴齿带轮螺栓

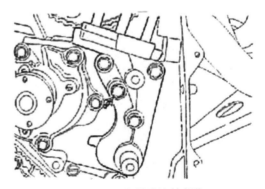

图 3-4-11　密封胶涂抹部位

3. 衬套安装

如图 3-4-12 所示，安装衬套时，要把有倒角的一侧朝向油封。

4. 平衡轴齿带轮安装

先用图 3-4-13 中所示的专用工具固定平衡轴齿带轮，然后将螺栓紧固到规定的力矩。

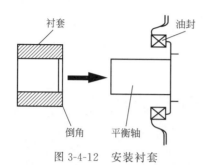

图 3-4-12 安装衬套　　　　图 3-4-13 用专用工具固定平衡轴齿带轮

5. 正时齿带 B 安装

① 把曲轴齿带轮 B 和平衡轴齿带轮的标记分别与前盖上的标记对齐，如图 3-4-14 所示。
② 然后在曲折齿带轮 B 和平衡轴齿带轮上安装正时齿带 B。
③ 确认张紧器轮中心与螺栓中心的位置如图 3-4-15 所示。

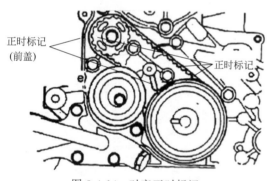
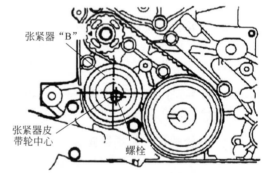

图 3-4-14 对齐正时标记　　　　图 3-4-15 张紧器轮中心与螺栓中心的位置

④ 用手指按压正时齿带张紧器一侧，如图 3-4-16 所示向箭头方向移动张紧器 B，此时拧紧螺栓使张紧器 B 固定。
⑤ 确认齿带轮与前盖上的标记对齐，如图 3-4-17 所示。

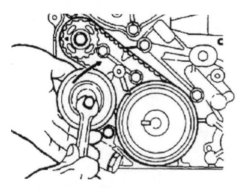
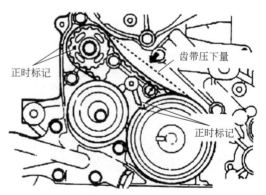

图 3-4-16 向箭头方向移动张紧器 B　　　　图 3-4-17 对齐正时标记

⑥ 用食指压下正时齿带 B 的张紧侧的中央部分，齿带压下量应为 5～7mm。

6. 曲轴螺栓的拧紧

先用专用工具固定住驱动板或飞轮，然后安装曲轴螺栓，如图 3-4-18 所示。

7. 机油泵齿带轮安装

① 把十字螺丝刀插入气缸体左侧塞孔，使平衡轴不能转动，如图 3-4-19 所示。

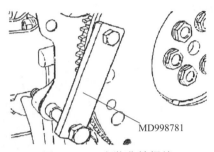
图 3-4-18 安装曲轴螺栓

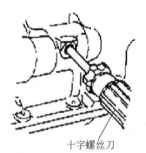
图 3-4-19 插入十字螺丝刀

② 安装机油泵齿带轮。
③ 在机油泵齿带轮的螺母和轴承结合面涂抹机油，安装规定的力矩紧固螺母。

8. 张紧皮带轮安装

安装张紧皮带轮，使两个小孔排成一条垂直线，如图 3-4-20 所示。

9. 安装正时齿带

① 如图 3-4-21 所示，使凸轮轴齿带轮上的正时记号与气缸盖上的记号对齐。

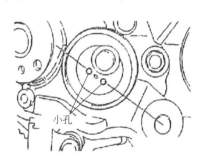
图 3-4-20 安装张紧皮带轮

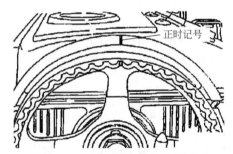
图 3-4-21 凸轮轴齿带轮上的正时记号与气缸盖上的记号对齐

② 如图 3-4-22 所示，使曲轴齿带轮上的正时记号与前盖上的记号对齐。
③ 如图 3-4-23 所示，使机油泵齿带轮上的正时记号对齐。

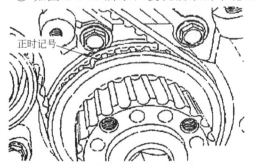
图 3-4-22 曲轴齿带轮上的正时记号与前盖上的记号对齐

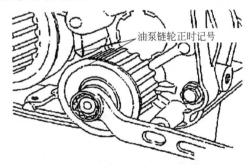
图 3-4-23 对齐机油泵齿带轮的正时记号

④ 如图 3-4-24 所示，从气缸体上拆下塞子，然后把直径 8mm 的十字螺丝刀插入孔中，如果插入的深度为 60mm，则表示正时标记对齐，如果插入的深度不足 20~25mm，应把机油泵齿带轮转动 1 周，然后对齐正时标记，再次检查螺丝刀是否能插入 60mm。把螺丝刀保持在插入位置，直至正时皮带彻底安装完毕。

⑤ 把正时皮带依次安装到曲轴皮带轮、中间带轮、凸轮轴齿带轮和张紧皮带轮上。

⑥ 沿图 3-4-25 中的箭头方向抬起张紧器皮带轮，然后拧紧中心螺栓。

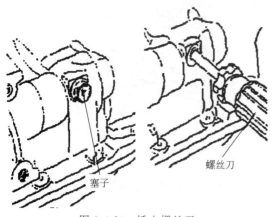

图 3-4-24 插入螺丝刀

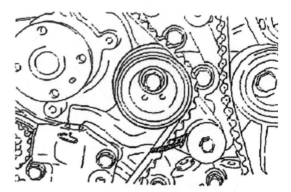

图 3-4-25 沿箭头方向抬起张紧器皮带轮

⑦ 检查各个正时标记是否对齐。

⑧ 拆下插入的螺丝刀，装上塞子。

⑨ 把曲轴逆时针转动 1/4 周，然后顺时针旋转，直至所有正时记号再次对齐。

⑩ 用套筒扳手和扭矩扳手把专用工具装配在张紧器皮带轮上，如图 3-4-26 所示，然后拧松张紧器皮带轮中心螺栓。用专用工具和扭矩扳手保持住张紧器皮带轮，然后把中心螺栓紧固至规范的力矩。

⑪ 测量张紧器臂与自动张紧器壳体之间的距离 A（图 3-4-27），规范值为 3.8~4.5mm。

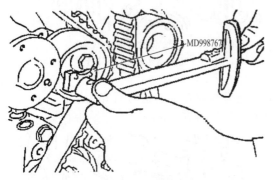

图 3-4-26 在张紧器皮带轮上安装专用工具

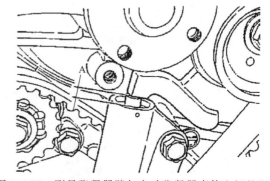

图 3-4-27 测量张紧器臂与自动张紧器壳体之间的距离

第五节 奇瑞 A520 轿车

1. 奇瑞 A520 轿车 2.0L（SQR484F）发动机正时部件识别（图 3-5-1，表 3-5-1）

2. 奇瑞 A520 轿车正时校对操作步骤（表 3-5-2）

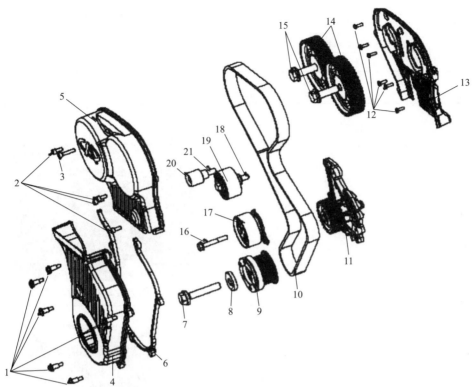

图 3-5-1　奇瑞 A520 轿车 2.0L（SQR484F）发动机正时部件识别

表 3-5-1　奇瑞 A520 轿车 2.0L（SQR484F）发动机正时部件说明

编号	部件名称	紧固力矩/(N·m)	再拧紧角度/(°)
1	正时前盖下体螺栓	8＋3	
2	正时前盖上体螺栓	8＋3	
3	正时前盖上体螺栓	8＋3	
4	正时前盖下体		
5	正时前盖上体		
6	正时前盖下体垫片		
7	曲轴正时齿轮螺栓	130＋10	65＋5
8	曲轴正时齿轮垫片		
9	曲轴正时齿轮		
10	正时皮带		
11	水泵		
12	正时齿轮后盖螺栓	5＋1.5	
13	正时齿轮后盖		
14	凸轮轴正时齿轮		
15	凸轮轴正时齿轮螺栓	120±5	
16	张紧器螺栓	27±2.7	
17	正时张紧器		
18	螺栓(正时惰轮)		
19	正时惰轮		

续表

编号	部件名称	紧固力矩/(N·m)	再拧紧角度/(°)
20	接触惰轮		
21	螺栓（接触惰轮）		

表 3-5-2　正时校对操作步骤

步骤	操作
1	拆下发动机正时皮带上罩盖，如图 3-5-2 所示  图 3-5-2　拆卸发动机正时皮带上罩盖
2	拆下发动机正时皮带下罩盖，如图 3-5-3 所示 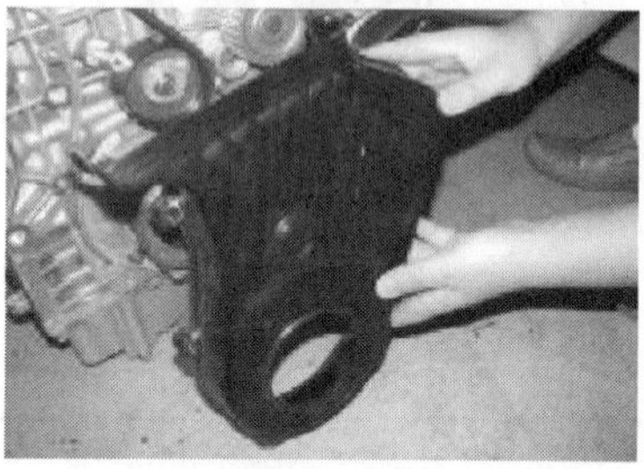 图 3-5-3　拆卸发动机正时皮带下罩盖
3	松开正时皮带张紧轮中心螺栓，取下正时皮带，如图 3-5-4 所示  图 3-5-4　松开正时皮带张紧轮中心螺栓
4	拔掉高压分缸线，如图 3-5-5 所示  图 3-5-5　拔掉高压分缸线

续表

步骤	操作
5	松开气门室罩盖螺栓,取下气门室罩盖,如图3-5-6所示  图3-5-6　气门室罩盖螺栓
6	转动凸轮轴,将专用工具(凸轮轴正时工具)卡入凸轮轴后端的卡槽内,如图3-5-7所示  图3-5-7　把专用工具卡入卡槽
7	用扭矩扳手松开进、排气凸轮轴带轮螺栓,如图3-5-8所示 **注意**:松开即可,不要拆下螺栓  图3-5-8　松开进、排气凸轮轴带轮螺栓
8	边转动曲轴,边将曲轴正时校对专用工具旋入,直到曲轴正、反都不能转动为止,如图3-5-9所示 **注意**:此过程应小心去做,并且旋转曲轴的运作要轻柔,以免弄伤曲轴 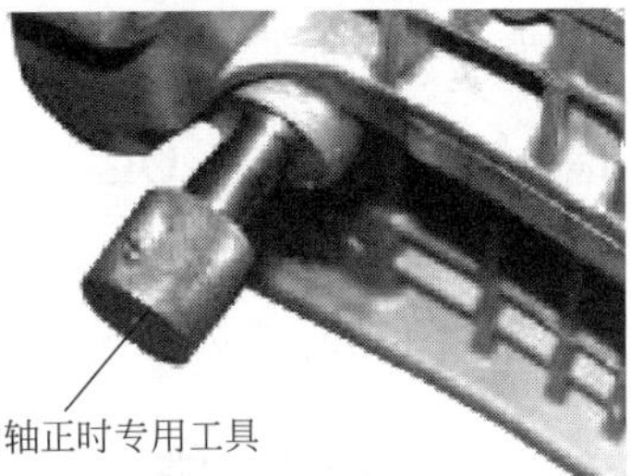 曲轴正时专用工具 图3-5-9　旋入曲轴正时校对专用工具

续表

步骤	操作
9	装上正时皮带,用内六角扳手转动张紧轮使皮带张紧,使张紧器上指针位于U形槽豁口中间位置,如图3-5-10所示 图3-5-10 指针位于U形槽豁口中间位置
10	拧紧张紧轮螺栓,紧固进、排气凸轮轴带轮与凸轮轴的紧固螺栓,紧固力矩为(120±5)N·m
11	取下正时专用工具,装上气门室罩盖、高压分缸线及正时皮带罩盖

第六节 奇瑞 A3 轿车

奇瑞 A3 轿车 2.0L（SQR484F）发动机正时校对见第五节奇瑞 A520 轿车 2.0L（SQR484F）发动机正时校对内容。

第七节 奇瑞 A5 轿车

一、奇瑞 A5 轿车 1.6L（SQR481F）发动机正时校对

奇瑞 A5 轿车 1.6L（SQR481F）发动机正时校对见第五节奇瑞 A520 轿车 2.0L（SQR484F）发动机正时校对内容。

二、奇瑞 A5 轿车 2.0L（SQR484F）发动机正时校对

奇瑞 A5 轿车 2.0L（SQR484F）发动机正时校对见第五节奇瑞 A520 轿车 2.0L（SQR484F）发动机正时校对内容。

第八节 奇瑞瑞麟 G5/G6 轿车

奇瑞瑞麟 G5/G6 轿车 2.0T（SQR484B）发动机正时校对见表 3-8-1。

表 3-8-1 奇瑞瑞麟 G5/G6 轿车 2.0T（SQR484B）发动机正时校对操作步骤

步骤	操作
1	 按图 3-8-1 所示，用内六角螺栓松开罩盖上的 5 个螺栓［紧固力矩为(8＋3)N·m］，拆下正时皮带上罩盖 图 3-8-1　拆下正时皮带上罩盖螺栓
2	 按图 3-8-2 所示，用专用工具卡住飞轮 图 3-8-2　用专用工具卡住飞轮
3	 按图 3-8-3 所示，用 13mm 的套筒扳手拆下曲轴皮带轮的 6 个螺栓［紧固力矩为(25±5)N·m，再拧紧到(30±5)°］，拆下皮带轮 图 3-8-3　曲轴皮带轮螺栓识别
4	 按图 3-8-4 所示，用 10mm 的套筒扳手拆下正时皮带下罩盖的 6 个螺栓［紧固力矩为(8＋3)N·m］ **注意**：安装正时皮带上罩盖和下罩盖时，要先安装下罩盖，然后再安装上罩盖 图 3-8-4　正时皮带下罩盖螺栓识别
5	 按图 3-8-5 所示，松开正时皮带张紧轮中心螺栓［紧固力矩为(27±3)N·m］，拆下正时皮带 图 3-8-5　正时皮带张紧轮中心螺栓

续表

步骤	操作
6	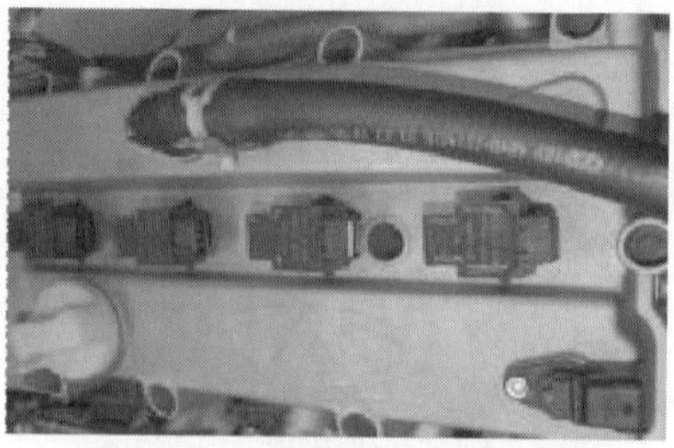 按图 3-8-6 所示,拔掉点火线圈和曲轴箱通风软管 图 3-8-6　曲轴箱通风软管
7	 按图 3-8-7 所示,松开气门室罩盖螺栓[紧固力矩为(8+3)N·m],拆下气门室罩盖 图 3-8-7　气门室罩盖螺栓识别
8	 按图 3-8-8 所示,转动凸轮轴,将凸轮轴正时专用工具卡入进气凸轮轴和排气凸轮轴后端的卡槽内 图 3-8-8　凸轮轴正时专用工具
9	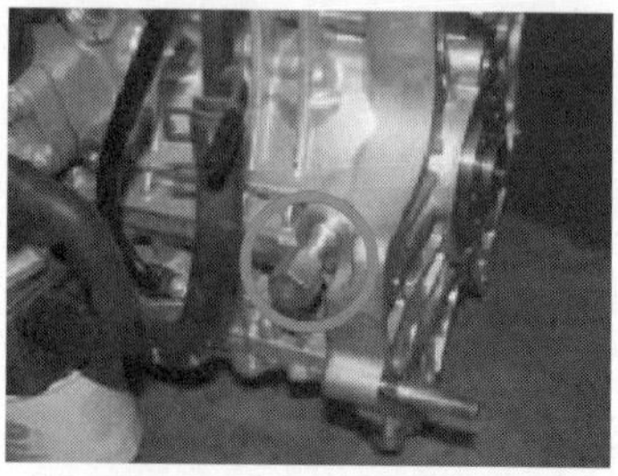 拆下图 3-8-9 所示的螺栓,一边转动曲轴,一边把曲轴正时专用工具 CH-20003 旋入,直至曲轴向前、向后均无法转动为止,此时气缸的 4 个活塞应处于同一高度。转动曲轴时动作要轻柔 图 3-8-9　曲轴螺栓位置
10	 安装正时皮带,按图 3-8-10 所示的方向用内六角扳手转动张紧轮使正时皮带张紧,直至张紧器上的指针位于 U 形槽豁口中间位置。紧固正时皮带张紧轮螺栓。将进气和排气凸轮轴带轮的螺栓紧固至(120±5)N·m 图 3-8-10　转动方向识别

续表

步骤	操作
11	把曲轴正时专用工具 CH-20003 和凸轮轴正时专用工具取下,安装气门室盖罩、安装点火线圈、正时皮带下部和上部盖罩

第九节　奇瑞威麟轿车

奇瑞威麟 X5 轿车 2.0T（SQR484B）发动机正时校对见第八节奇瑞瑞麟 2.0T（SQR484B）发动机正时校对内容。

奇瑞威麟 H5 汽车 2.0T（SQR484B）发动机正时校对见第八节奇瑞瑞麟 2.0T（SQR484B）发动机正时校对内容。

第十节　奇瑞 E5 轿车

1. 奇瑞 E5 轿车 1.5L（SQR477F）发动机曲轴正时齿轮的安装

先确认缸盖总成上凸轮轴半圆键方向朝下。将曲轴转至 1 缸上止点，此时曲轴半圆键在上部，把曲轴正时齿轮垫片套入曲轴上，套入时凸面朝前。然后将曲轴正时齿轮套入曲轴上，注意安装时有"FRONT"字样的朝前，齿轮上的上止点记号朝上。

2. 奇瑞 E5 轿车 1.5L（SQR477F）发动机凸轮轴正时齿轮的安装

图 3-10-1　安装凸轮轴正时齿轮

按图 3-10-1 所示方向安装凸轮轴正时齿轮，检查齿轮上的上止点位置，应与缸盖第一轴承盖上正时点记号对上（缸盖第一轴承盖上正时记号不在正上方位置）。安装齿轮垫和螺栓，用手拧入螺栓后，用扭矩扳手紧固至(95±5)N·m，拧紧时须锁住凸轮轴。

3. 奇瑞 E5 轿车 1.5L（SQR477F）发动机正时皮带和张紧轮的安装（表 3-10-1）

注意：在正时皮带张紧之前不容许转动曲轴和凸轮轴。

表 3-10-1　正时皮带和张紧轮安装步骤

步骤	操作
1	用扳手拧紧张紧轮固定螺栓,拧紧力矩为 16～20N·m
2	确认曲轴置于 1 缸上止点,确认凸轮轴正时齿轮上止点标记与缸盖前端标记对准,如图 3-10-2 所示 

图 3-10-2　对准标记

续表

步骤	操作
3	安装正时皮带,用15号开口扳手将张紧轮扳起,把正时皮带放入张紧轮下方,缓慢松开张紧轮 **注意**:该张紧轮为自动张紧
4	旋转曲轴2周,检查凸轮轴正时标记、曲轴正时标记

第十一节　奇瑞风云2轿车

奇瑞风云2轿车1.5L(SQR477F)发动机正时校对见第十节奇瑞E5轿车1.5L(SQR477F)发动机正时校对内容。

第十二节　奇瑞艾瑞泽7轿车

1. 奇瑞艾瑞泽7轿车1.6L(SQRE4G16)发动机正时链条拆卸步骤(表3-12-1)

表3-12-1　奇瑞艾瑞泽7轿车1.6L(SQRE4G16)发动机正时链条拆卸步骤

步骤	操作
1	按图3-12-1所示,拆卸正时链条罩盖 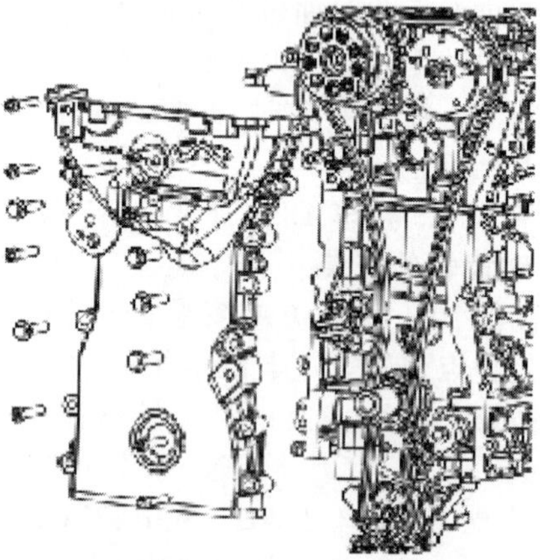 图3-12-1　拆卸正时链条罩盖
2	按图3-12-2所示,推动活动导轨,把正时链条液压张紧器柱塞推入到最大压缩位置,然后用卡销将柱塞固定在最大压缩位置 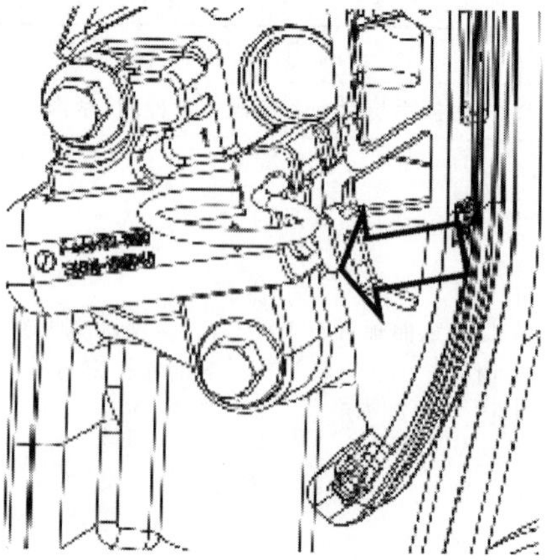 图3-12-2　压缩张紧器柱塞

续表

步骤	操作
3	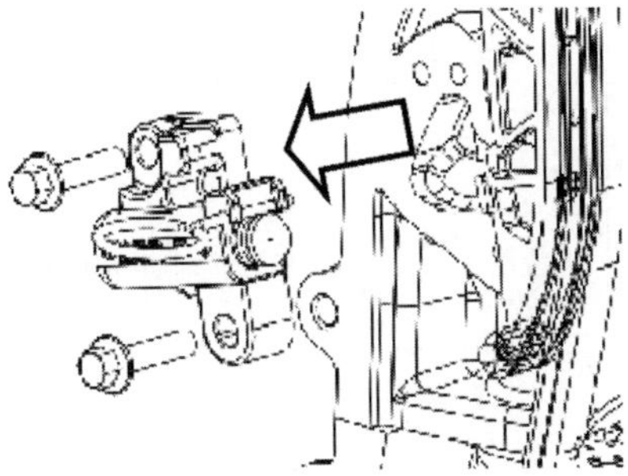 按图 3-12-3 所示,拆下正时链条液压张紧器 图 3-12-3 拆下张紧器
4	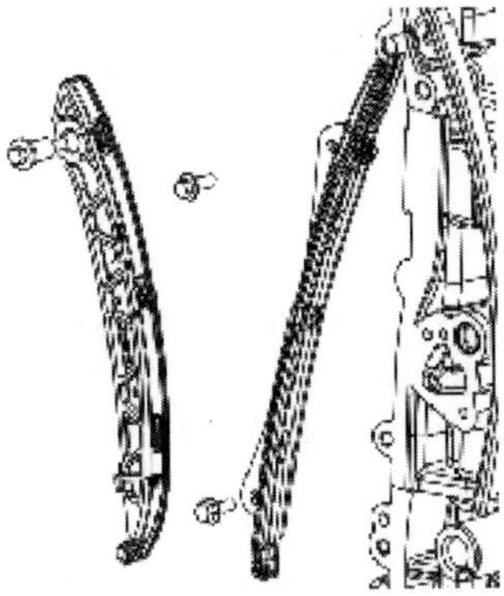 拆下正时链条活动导轨和固定导轨,如图 3-12-4 所示 图 3-12-4 拆下正时链条导轨
5	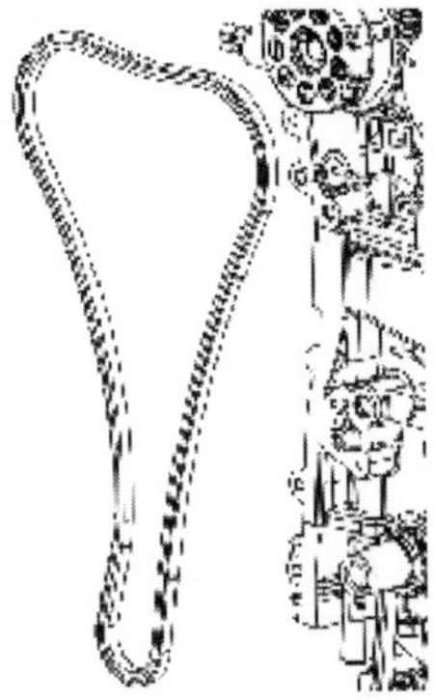 松开正时链条上导轨螺栓,取下正时链条,如图 3-12-5 所示。用记号笔把正时链条的正反面标记清楚,以便重新安装时不发生错误 图 3-12-5 取下正时链条
6	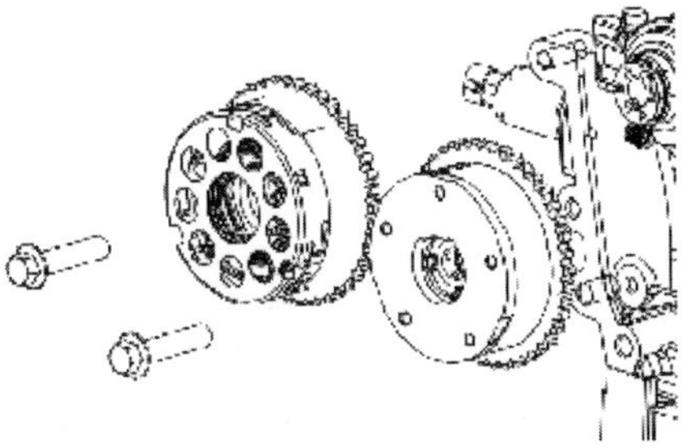 用 30 号扳手固定住凸轮轴,用力矩扳手把 VVT(相位器)螺栓拆下,取下进气和排气 VVT,如图 3-12-6 所示 图 3-12-6 VVT(相位器)螺栓识别

续表

步骤	操作
7	按图 3-12-7 所示,拆卸正时链条上部导轨
8	按图 3-12-8 所示,拆卸机油泵链轮,把机油泵链轮和链条一起拆下。用记号笔把链条正反面标记清楚,以便重新安装时不发生错误
9	按图 3-12-9 所示,拆卸机油泵活动导轨
10	对拆卸的部件逐一核查,如果正时链条齿面没有严重磨损,可以继续使用,如果磨损严重,则要把正时链条、链轮和导轨一同更换

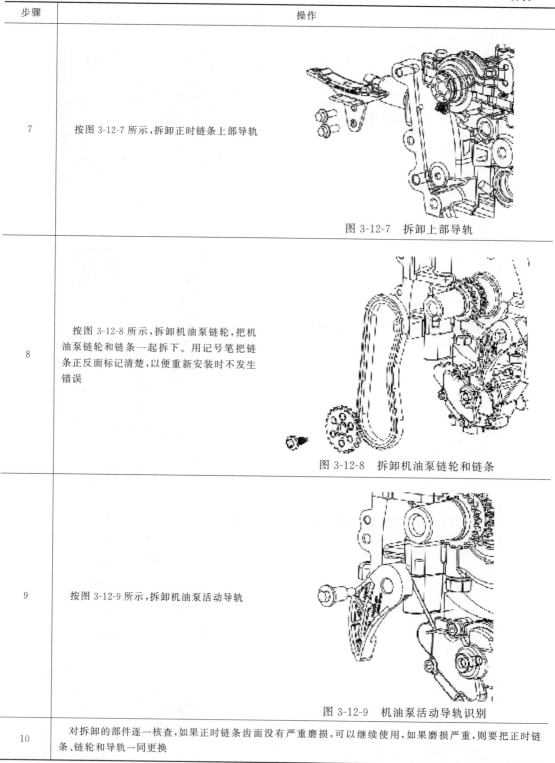

图 3-12-7 拆卸上部导轨

图 3-12-8 拆卸机油泵链轮和链条

图 3-12-9 机油泵活动导轨识别

2. 奇瑞艾瑞泽 7 轿车 1.6L(SQRE4G16)发动机正时链条安装步骤(表 3-12-2)

表 3-12-2 奇瑞艾瑞泽 7 轿车 1.6L（SQRE4G16）发动机正时链条拆卸步骤

步骤	操作
1	按图 3-12-10 所示，把气缸体进气侧用于正时校对的螺栓拆下 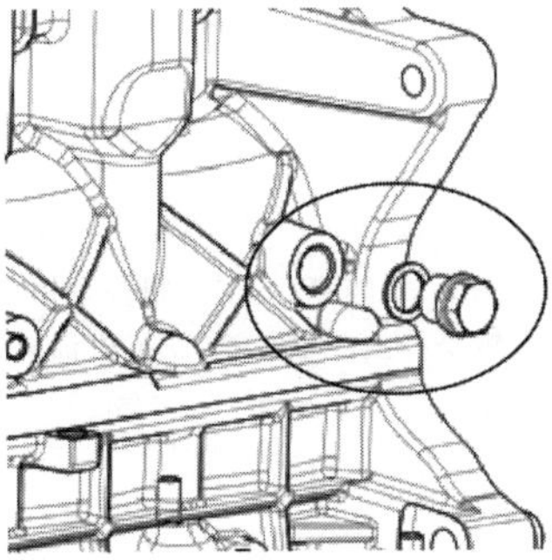 图 3-12-10 拆下气缸体进气侧正时校对用螺栓
2	转动曲轴，使曲轴正时定位销孔与气缸体进气侧正时螺纹孔对齐
3	如图 3-12-11 所示，销孔与螺纹孔对齐后，把曲轴定位销拧入正时螺纹孔内 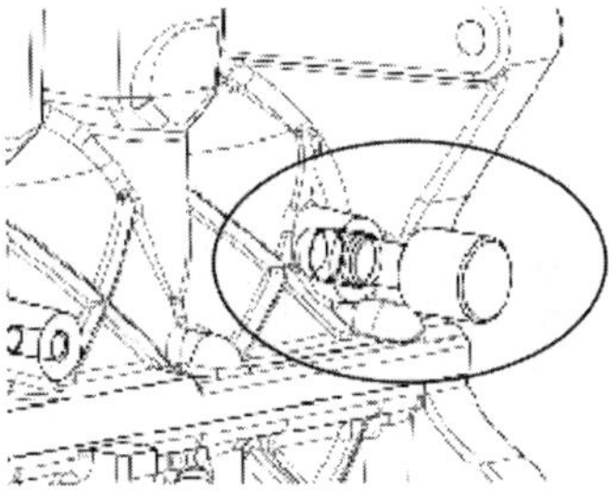 图 3-12-11 拧入曲轴定位销
4	按图 3-12-12 所示，用开口扳手固定住凸轮轴，把凸轮轴正时专用工具水平卡入两个凸轮轴后端的卡槽中 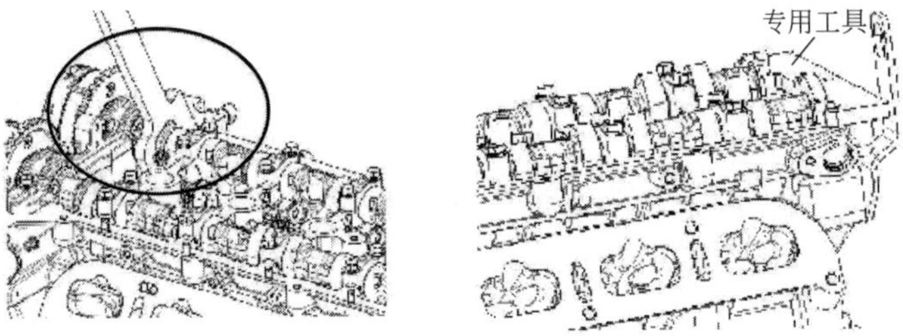 用开口扳手固定住凸轮轴　　安装凸轮轴正时专用工具 图 3-12-12 安装凸轮轴正时专用工具
5	按图 3-12-13 所示，安装机油泵活动导轨，紧固至 9～12N·m；用手推动活动导轨，使导轨处于最大压缩状态 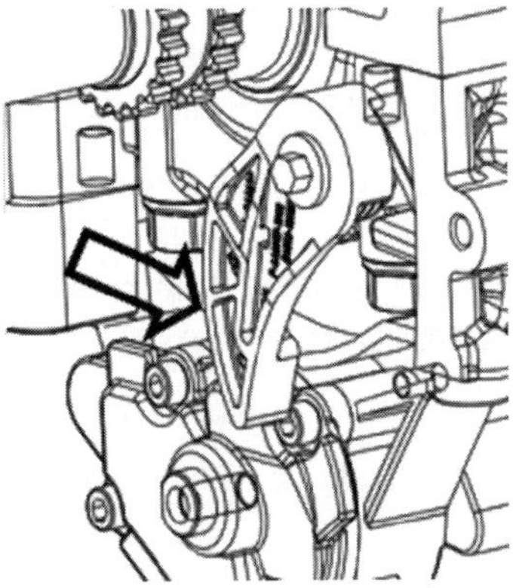 图 3-12-13 安装机油泵活动导轨

续表

步骤	操作
6	按图 3-12-14 所示,安装机油泵链条,将机油泵链条挂上曲轴链轮,安装机油泵链轮并紧固至 20~25N·m 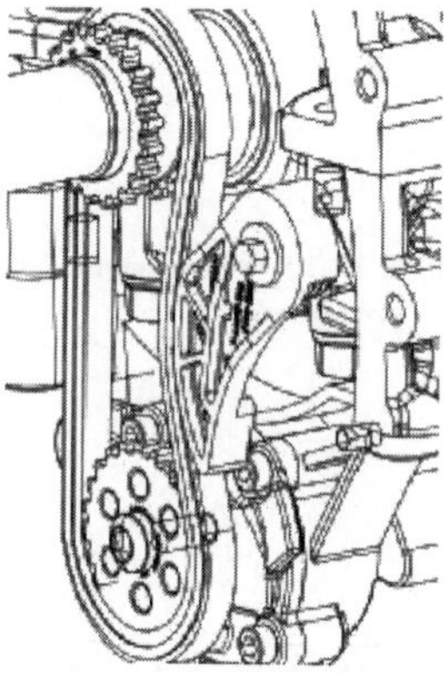 图 3-12-14 安装机油泵链条
7	按图 3-12-15 所示,安装进气和排气 VVT(相位器),先不要紧固相位器螺栓 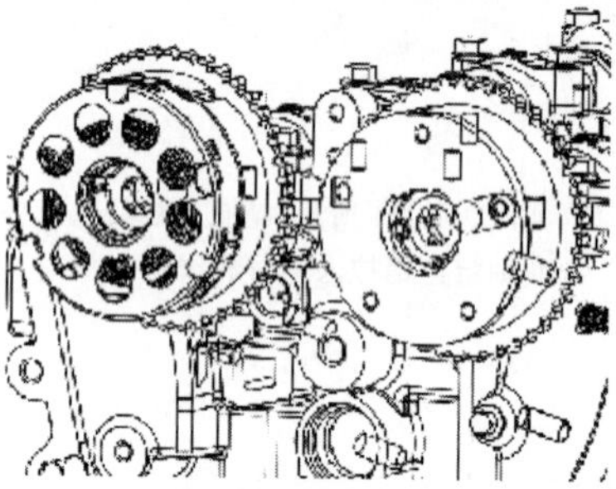 图 3-12-15 安装进气和排气 VVT(相位器)
8	按图 3-12-16 所示,安装正时链条和上导轨总成 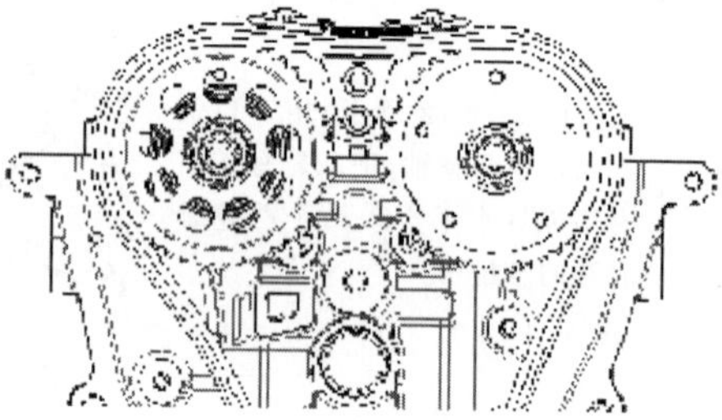 图 3-12-16 安装正时链条和上导轨总成
9	按图 3-12-17 所示,安装正时链条固定导轨总成并紧固至 9~12N·m 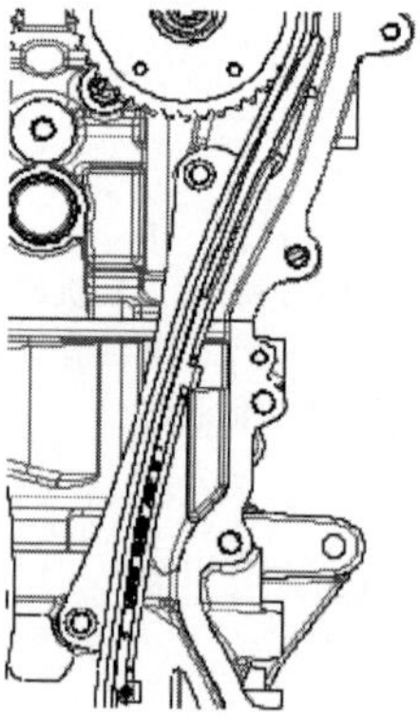 图 3-12-17 安装固定导轨

续表

步骤	操作
10	按图 3-12-18 所示,安装正时链条活动导轨总成并紧固至 9~12N·m 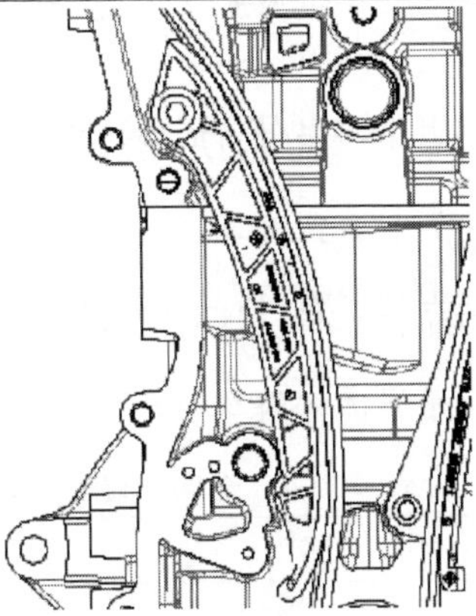 图 3-12-18 安装活动导轨
11	安装正时链条液压张紧器(图 3-12-19) (1)把液压张紧器紧固到气缸体上,紧固力矩为 9~12N·m。扳动正时链条活动导轨,压紧张紧器柱塞,拔出插入的柱塞锁销,使正时链条张紧 (2)正时链条张紧后,依次转动进气和排气相位器,确认进气和排气相位器之间的链条张紧,保持上导轨水平,将上导轨螺栓紧固至 9~12N·m (3)按图 3-12-20 所示,将进气和排气凸轮轴螺栓紧固至(105+5)N·m (4)取下曲轴定位销和凸轮轴正时专用工具,顺时针转动曲轴两周,检查正时链条运转 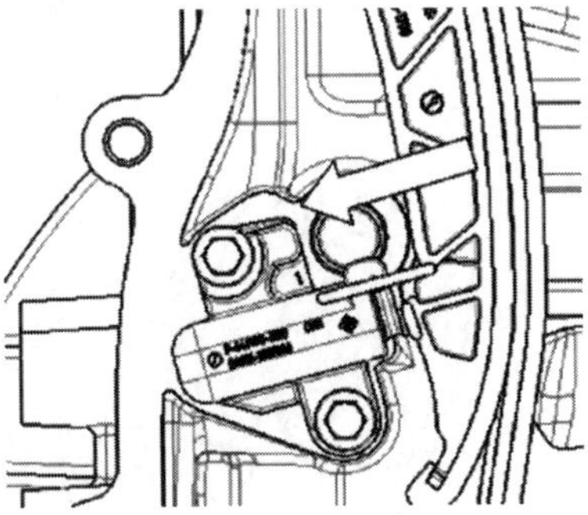 图 3-12-19 安装液压张紧器 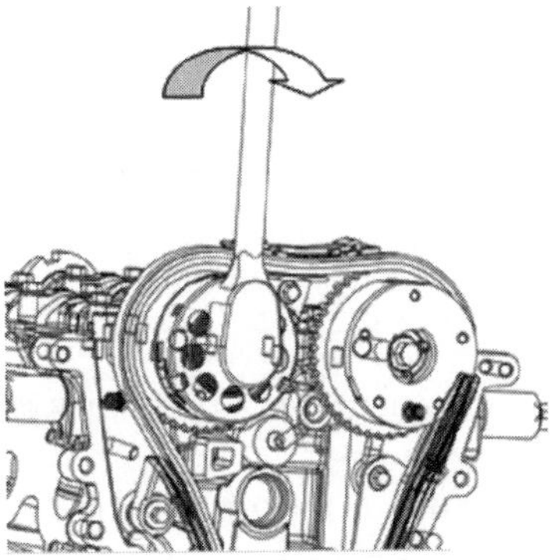　　图 3-12-20 紧固螺栓
12	按图 3-12-21 所示,在正时链条盖罩内侧边缘涂抹乐泰 5910 密封胶,安装盖罩螺栓,将规格为 M10 的螺栓紧固至 40~45N·m,将规格为 M8 的螺栓紧固至 20~25N·m 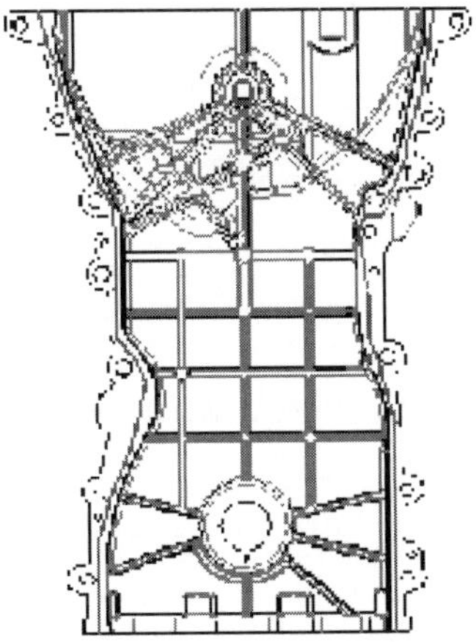 图 3-12-21 密封胶涂抹位置

第十三节　奇瑞开瑞优优轿车

一、奇瑞开瑞优优轿车（SQR473F）发动机正时校对

见第二节 QQme 轿车（SQR473F）发动机正时校对操作内容。

二、奇瑞开瑞优优轿车（SQR472WF/C）发动机正时校对

1. 奇瑞开瑞优优轿车（SQR472WF/C）发动机正时皮带拆卸（表 3-13-1）

表 3-13-1　奇瑞开瑞优优轿车（SQR472WF/C）发动机正时拆卸操作步骤

步骤	操作
1	按图 3-13-1 所示，拆卸正时皮带外罩 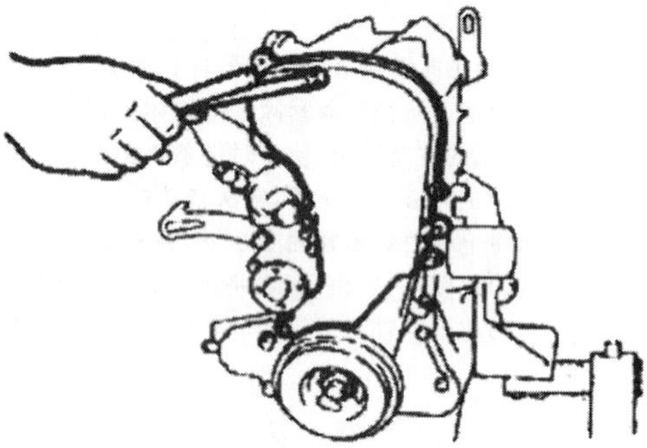 图 3-13-1　拆卸正时皮带外罩
2	拆卸扭转减振器，使用专用工具防止齿圈旋转，按图 3-13-2 所示，拆卸扭转减振器固定螺栓，此时要确认曲轴正时皮带记号与机油泵上的正时标记对准 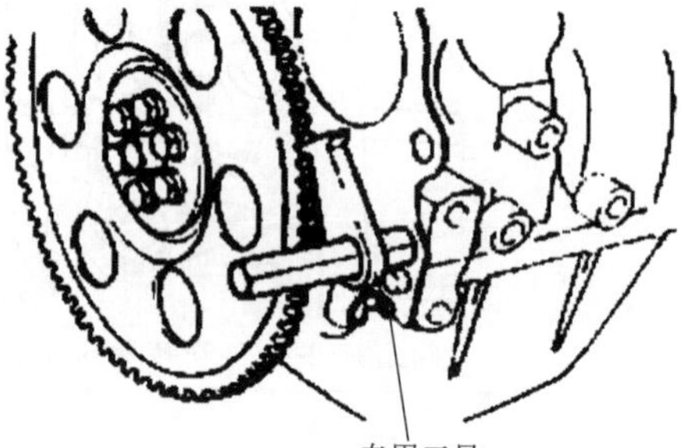 专用工具 图 3-13-2　拆卸扭转减振器固定螺栓
3	按图 3-13-3 所示，拆卸正时皮带挡板 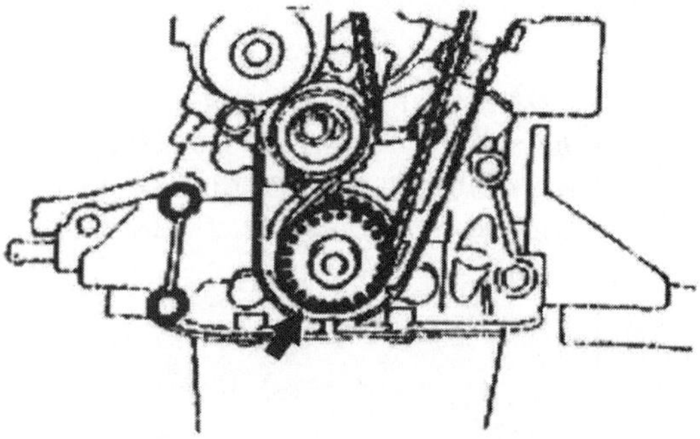 图 3-13-3　拆卸正时皮带挡板

续表

步骤	操作
4	拆卸正时皮带张紧轮 (1)使1缸活塞处于压缩行程上止点位置。拆卸正时罩盖,用扳手沿顺时针方向扳动螺栓旋转正时齿轮,使凸轮轴正时齿轮上的正时记号与气缸盖上的凸起标记对齐,如图3-13-4所示 (2)拆卸正时皮带张紧轮螺栓,如图3-13-5所示 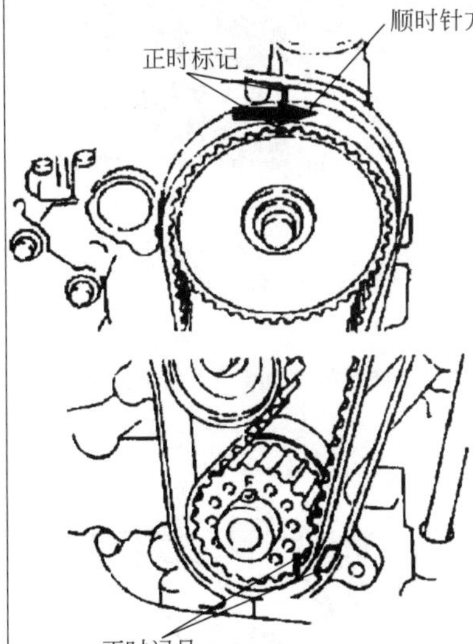 图3-13-4 对准标记 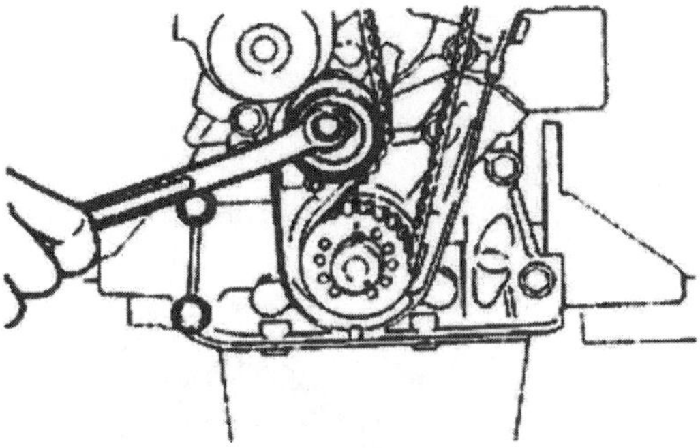　　图3-13-5 拆卸正时皮带张紧轮螺栓
5	拆下正时皮带
6	按图3-13-6所示,拆下曲轴正时齿轮 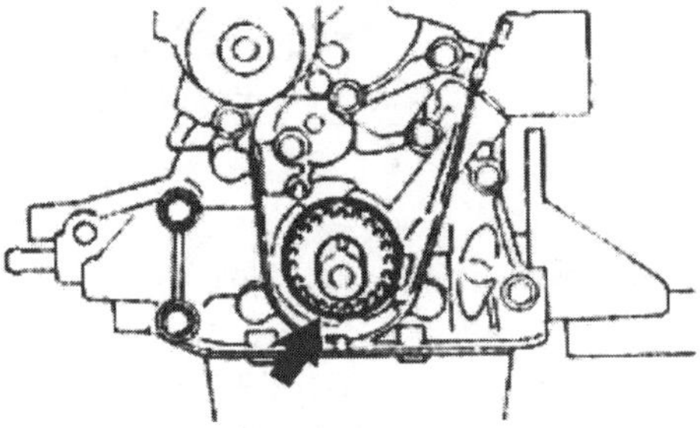 图3-13-6 拆下曲轴正时齿轮
7	按图3-13-7所示,仔细检查正时皮带,如果发现正时皮带有磨损、龟裂、脱齿、带芯脱落或皮带上沾染油污等现象,要更换新的正时皮带 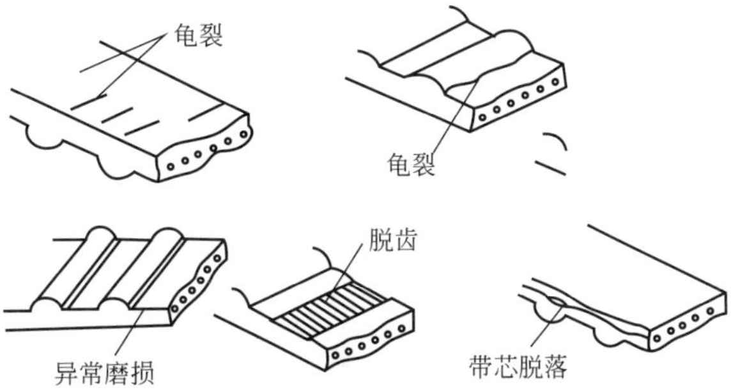 图3-13-7 检查正时皮带状况

2. 奇瑞开瑞优优轿车（SQR472WF/C）发动机正时皮带安装（表 3-13-2）

表 3-13-2　奇瑞开瑞优优轿车（SQR472WF/C）发动机正时安装操作步骤

步骤	操作
1	按图 3-13-8 所示，安装曲轴正时齿轮 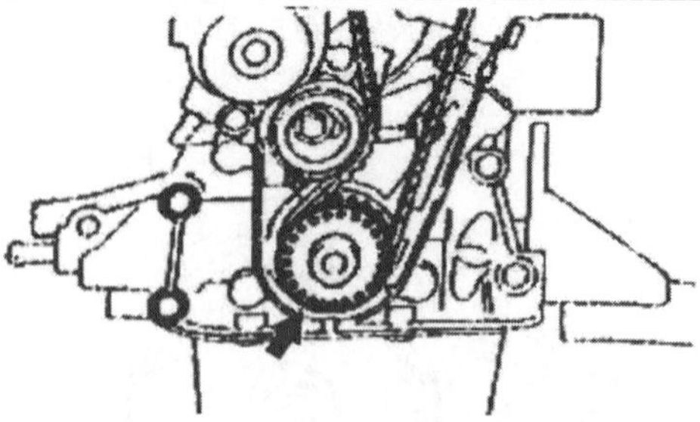 图 3-13-8　安装曲轴正时齿轮
2	安装正时皮带 (1) 使 1 缸活塞处于压缩行程上止点位置 (2) 把凸轮轴正时齿轮套在排气凸轮轴前端，使齿轮上的定位槽与凸轮轴端面上的定位销对齐，如图 3-13-9 所示，用螺栓固定正时齿轮 (3) 按图 3-13-10 所示，确认曲轴正时齿轮的冲印标记与油泵的标记对齐 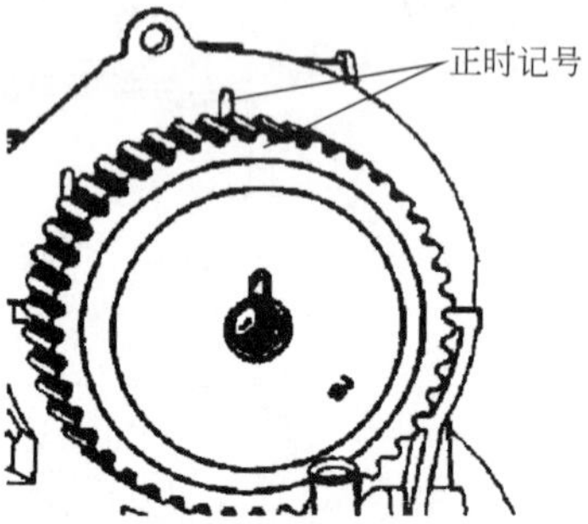 图 3-13-9　定位槽对准定位销 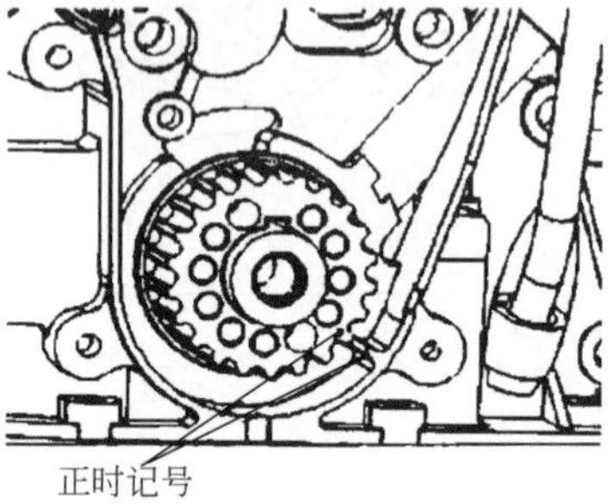　　图 3-13-10　冲印标记对齐油泵标记
3	安装正时皮带张紧轮 (1) 按图 3-13-11 所示，用螺丝刀使张紧器向右侧摆动，使张紧轮边缘与水泵壳体圆弧距离达到 8mm 左右，拧紧张紧轮螺栓 (2) 沿顺时针方向将曲轴转动 2 周，确认凸轮轴正时齿轮和曲轴正时齿轮都各自对齐正时标记，拧紧曲轴皮带轮螺栓 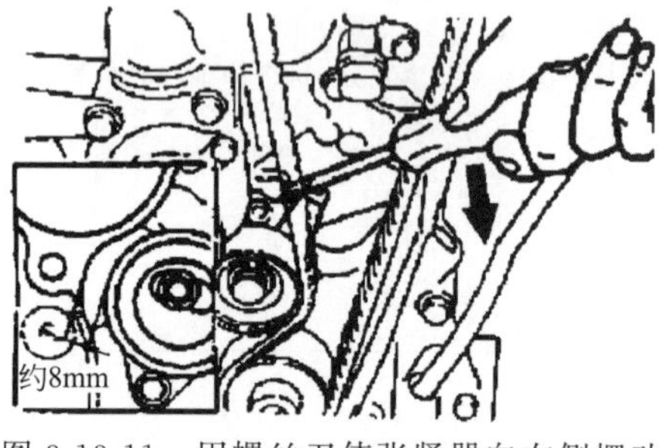 图 3-13-11　用螺丝刀使张紧器向右侧摆动
4	按图 3-13-12 所示方向，安装正时齿带挡板 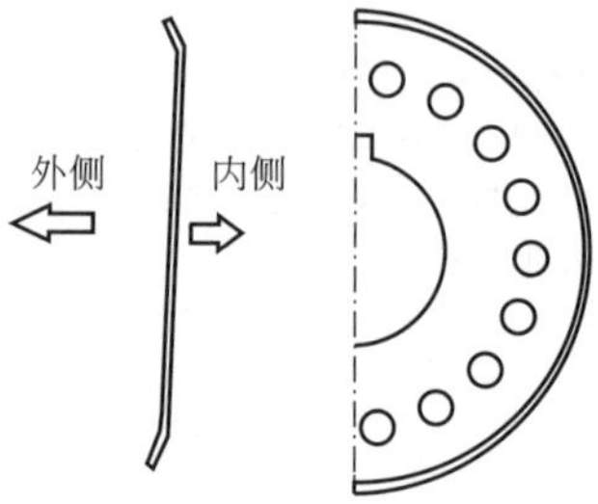 图 3-13-12　安装正时齿带挡板

续表

步骤	操作
5	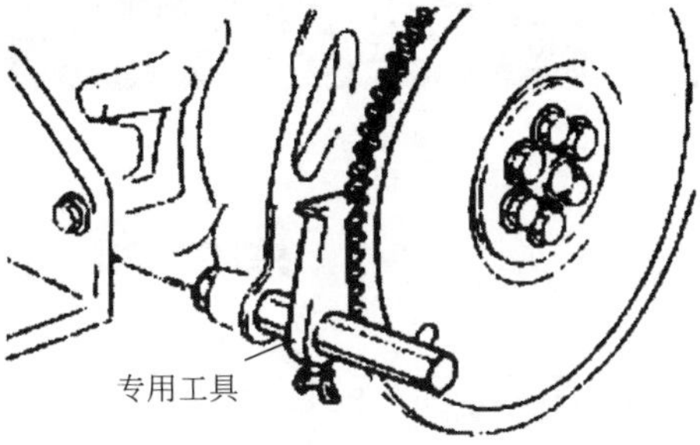 使用图 3-13-13 所示的专用工具来防止齿圈转动,安装扭转减振器 图 3-13-13　使用专用工具防止齿圈转动
6	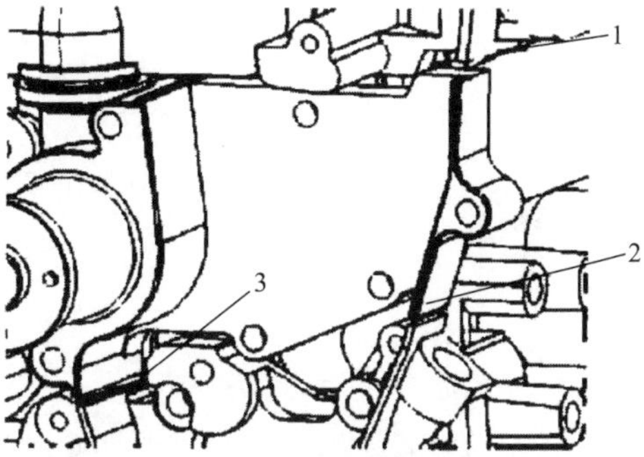 按图 3-13-14 所示的位置安装正时盖罩密封条,图中位置 1 和位置 2 处的密封条在装配气缸盖总成前安装;位置 3 处的密封条在水泵拧紧前安装;密封条安装完毕后,再装好正时罩盖并拧紧螺栓 图 3-13-14　密封条安装位置识别
7	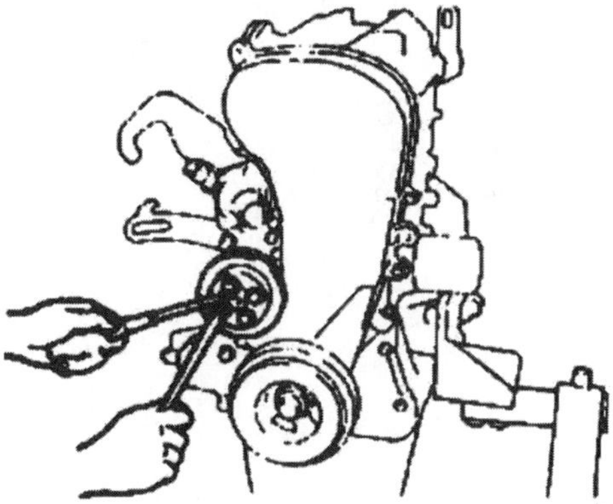 按图 3-13-15 所示,安装水泵带轮 图 3-13-15　安装水泵带轮

第四章 陆风车系

第一节 陆风风尚轿车

一、陆风风尚轿车 1.8L（4G93D）发动机正时校对

1. 4G93D 发动机正时系统部件识别（图 4-1-1，表 4-1-1）

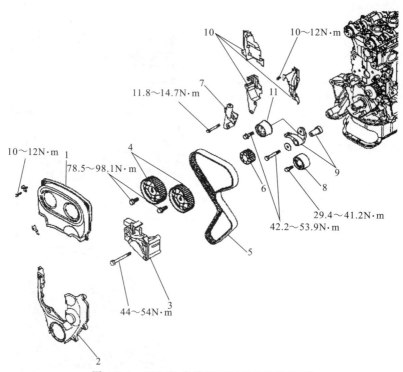

图 4-1-1　4G93D 发动机正时系统部件识别

表 4-1-1　4G93D 发动机正时系统部件说明

编号	部件名称	编号	部件名称
1	正时皮带上罩	7	自动张紧器总成
2	正时皮带下罩	8	惰轮
3	发动机右支架	9	张紧臂总成
4	凸轮轴正时齿轮	10	正时皮带后盖罩
5	正时皮带	11	滑轮
6	曲轴正时齿轮		

2. 4G93D 发动机正时皮带拆装步骤（表 4-1-2）

表 4-1-2　4G93D 发动机正时皮带拆装步骤

拆卸	
步骤	操作
1	转动曲轴，使 1 缸活塞抵达压缩行程上止点位置
2	松开滑轮安装螺栓
3	拆下滑轮
4	拆卸正时皮带
5	如果要继续使用拆下的正时皮带，要用记号笔在正时皮带上标明皮带的旋转方向，以便重新安装时不发生错误

安装	
步骤	操作
1	按图 4-1-2 所示，把凸轮轴正时齿轮上的正时记号与气缸盖上的正时记号对准 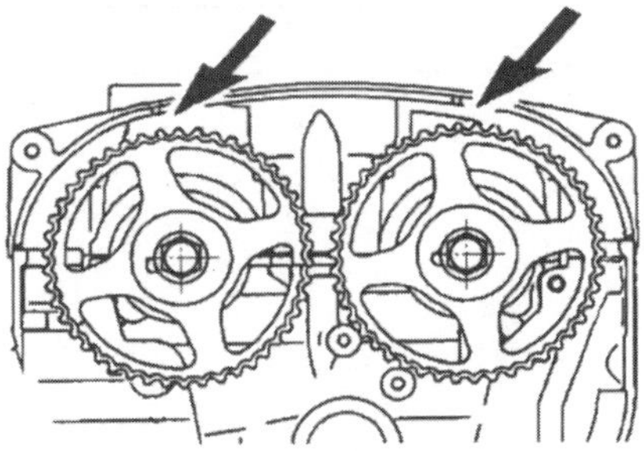
2	按图 4-1-3 所示，把曲轴正时齿轮上的正时记号与前壳体上的正时记号对准
3	把正时皮带按照曲轴正时齿轮→水泵皮带轮→惰轮→凸轮轴正时齿轮→张紧轮的顺序套装好，如图 4-1-4 所示 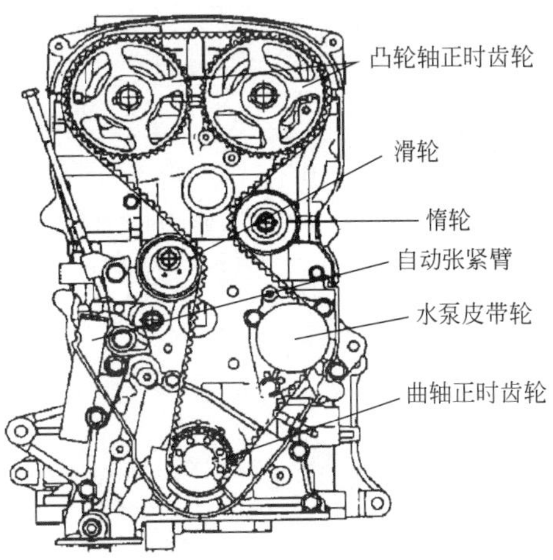

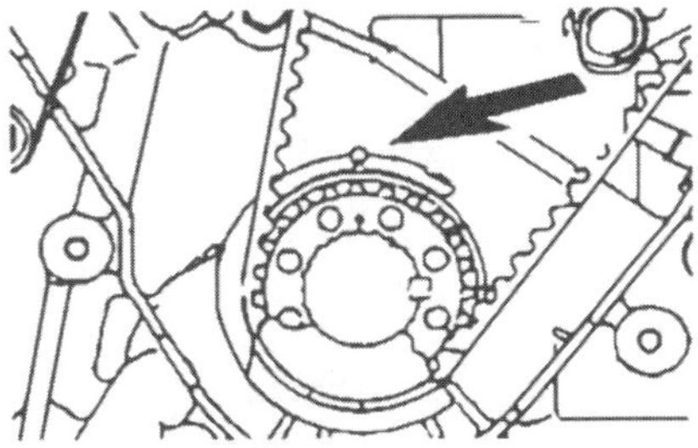

图 4-1-2　凸轮轴正时记号对准气缸盖正时记号

图 4-1-3　曲轴齿轮正时记号与前壳体正时记号对准

图 4-1-4　安装正时皮带

续表

步骤	操作
	拆卸
4	把滑轮安装螺栓松开1/4~1/2圈,正时皮带自动张紧臂杆压缩到最低位置,插入销子,把张紧臂杆固定好,力矩扳手插入滑轮调节孔内,转动滑轮,使滑轮与正时皮带贴紧,拧紧滑轮安装螺栓,拔出插在张紧臂上的销子
5	沿顺时针方向转动曲轴2周,确认正时记号均正确对准

二、陆风风尚轿车 1.5L（JL475）发动机正时校对

1.5L（JL475）发动机正时皮带拆装如表4-1-3所示。

表 4-1-3　1.5L（JL475）发动机正时皮带拆装操作步骤

步骤	操作
1	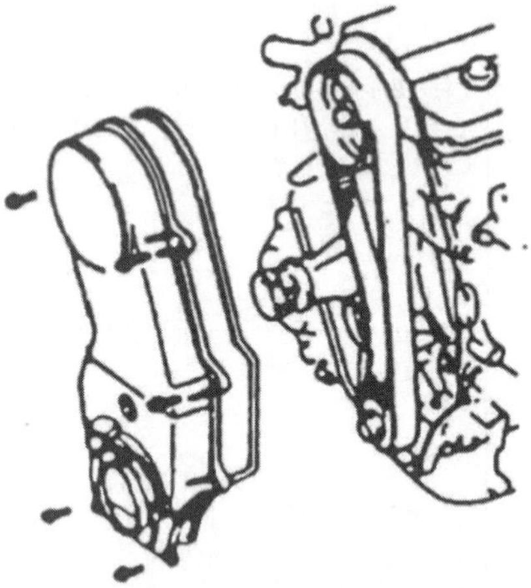 按图4-1-5所示,拆卸正时皮带前罩盖 图4-1-5　拆卸正时皮带前罩盖
2	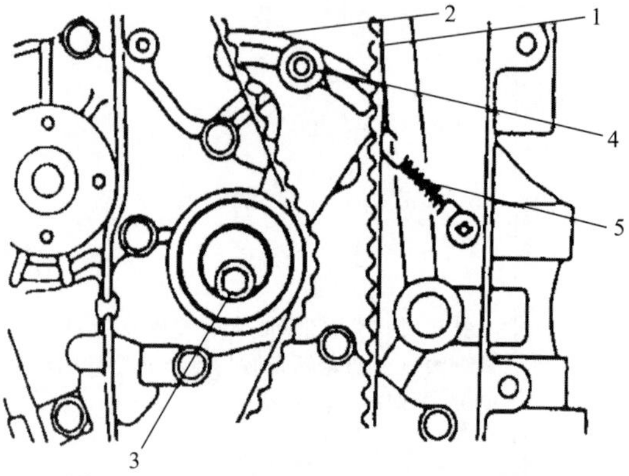 按图4-1-6所示,拆卸正时皮带张紧轮、张紧轮板、张紧轮弹簧和正时皮带 图4-1-6　张紧轮、张紧轮板、张紧轮弹簧和正时皮带识别 1—正时皮带;2—张紧轮板;3—张紧轮螺栓;4—张紧轮螺柱;5—弹簧

续表

步骤	操作
3	检查正时皮带是否磨损或有裂纹,如果有,应更换新的正时皮带
4	检查正时皮带张紧轮,确认张紧轮转动顺畅灵活
5	按图 4-1-7 所示,把张紧轮板安装到张紧轮上,使张紧轮板上的凸齿插到张紧轮孔中

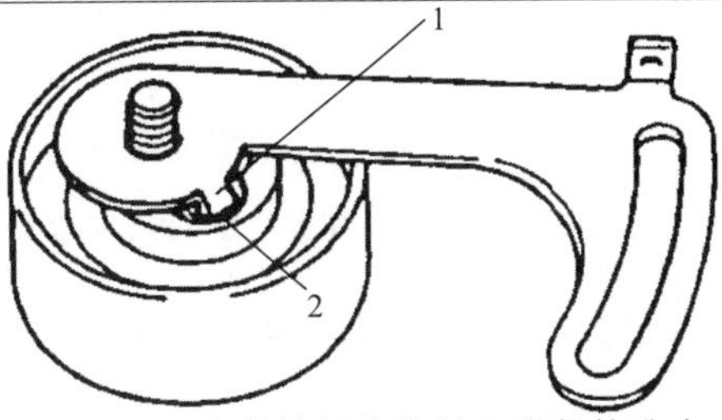

图 4-1-7 张紧轮板凸齿插入张紧轮孔中
1—凸轮;2—孔

6	按图 4-1-8 所示,安装张紧轮和张紧轮板

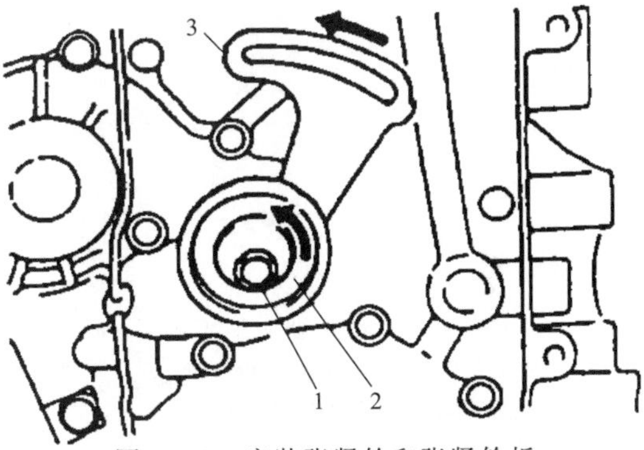

图 4-1-8 安装张紧轮和张紧轮板
1—张紧轮螺栓;2—张紧轮;3—张紧轮板

7	按图 4-1-9 所示,把凸轮轴正时带轮上的正时标记 E 对准气缸盖罩上的 V 形缺口

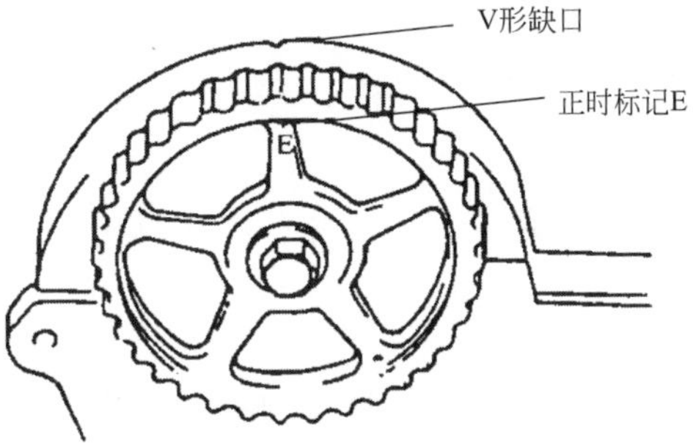

图 4-1-9 正时标记 E 对准 V 形缺口

8	按图 4-1-10 所示,把曲轴带轮上的冲印标记与油泵壳上的箭头对准

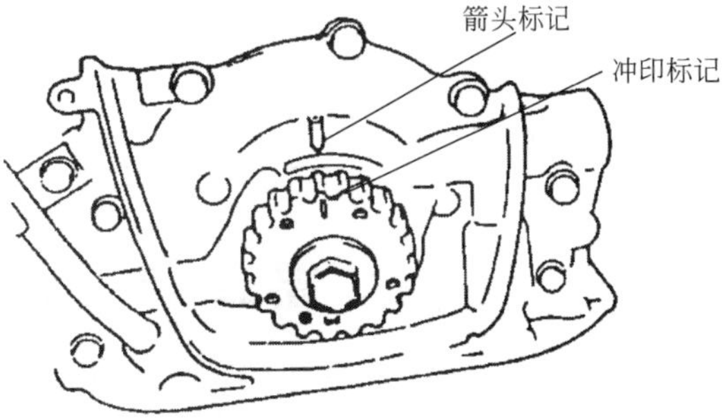

图 4-1-10 曲轴带轮上的冲印标记与油泵壳上的箭头对准

续表

步骤	操作
9	按图 4-1-11 所示,安装正时皮带和张紧轮弹簧,确认各正时标记均对准。使正时皮带的驱动侧张紧,拧紧张紧轮弹簧螺栓
10	沿顺时针方向转动曲轴 2 周,确认正时皮带张紧后,先紧固张紧轮板螺栓,然后紧固张紧轮螺栓,如图 4-1-12 所示
11	按图 4-1-13 所示,安装正时皮带前罩盖

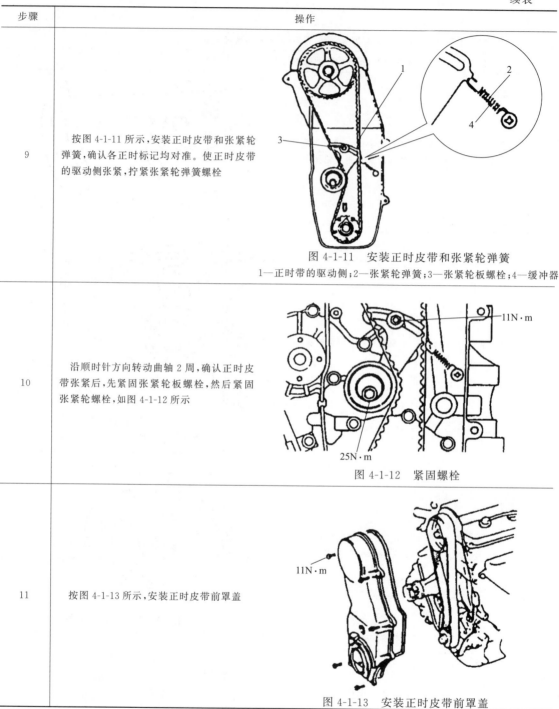

图 4-1-11 安装正时皮带和张紧轮弹簧
1—正时带的驱动侧;2—张紧轮弹簧;3—张紧轮板螺栓;4—缓冲器

图 4-1-12 紧固螺栓

图 4-1-13 安装正时皮带前罩盖

第二节 陆风风华轿车

陆风风华轿车 1.5L(JL475)发动机正时校对见第一节陆风风尚轿车 1.5L(JL475)发动机正时校对内容。

第五章 一汽奔腾车系

第一节 一汽奔腾 B70 轿车

一、奔腾 B70 轿车 2.3L 发动机正时链条拆装（图 5-1-1，表 5-1-1）

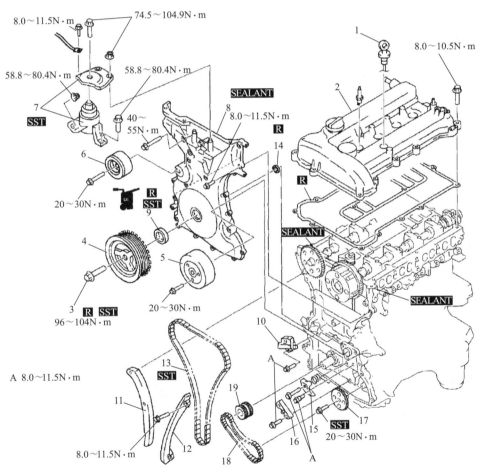

图 5-1-1 B70 轿车 2.3L 发动机正时链条部件识别

表 5-1-1 B70 轿车 2.3L 发动机正时链条部件识别

编号	部件	编号	部件
1	机油油尺	4	曲轴皮带轮
2	气缸盖	5	水泵皮带轮
3	曲轴皮带轮锁紧螺栓	6	发动机传动皮带惰轮

续表

编号	部件	编号	部件
7	No.3 发动机橡胶底座以及 No.3 发动机连接支架	13	正时链
		14	密封
8	发动机前盖	15	油泵链条张紧器
9	前部油封	16	油泵链条导轨
10	正时链张紧器	17	机油泵链轮
11	正时链张紧器臂	18	机油泵链条
12	正时链导轨	19	曲轴链轮

1. 正时链条拆卸程序

（1）断开蓄电池负极电缆。

（2）拆下机油油尺。

（3）拆卸火花塞。

（4）拆卸右前轮。

（5）拆卸发动机下护板。

（6）松开水泵皮带轮螺栓，拆下发动机传动皮带。

（7）拆卸曲轴位置传感器。

（8）排放发动机机油。

（9）拆卸动力转向油泵，但不要断开机油软管。

（10）从联轴节上拆下右前驱动轴。

（11）拆下气缸盖。

（12）拆卸曲轴皮带轮锁紧螺栓。

① 拆下气缸底部的油堵，安装专用工具，如图 5-1-2 所示。

② 沿着顺时针方向，将曲轴轴旋转到 1 缸上止点位置。

③ 用专用工具固定住曲轴皮带轮，拆卸皮带轮螺栓，如图 5-1-3 所示。

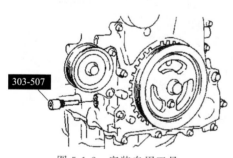

图 5-1-2 安装专用工具

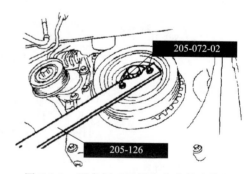

图 5-1-3 用专用工具固定住曲轴皮带轮

（13）拆卸水泵皮带轮。

（14）拆卸发动机传动皮带惰轮。

（15）如图 5-1-4 所示，用专用工具吊起发动机，拆卸 No.3 发动机橡胶底座以及 No.3 发动机连接支架。

（16）拆卸发动机前盖。

（17）拆卸前部油封，如图 5-1-5 所示。

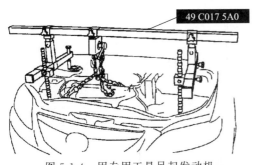
图 5-1-4　用专用工具吊起发动机

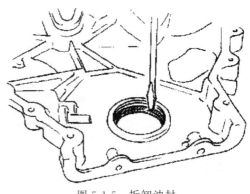
图 5-1-5　拆卸油封

（18）拆卸正时链条张紧器（图 5-1-6）。
① 用小螺丝刀把正时链条张紧器棘爪锁止机构从棘爪处移开。
② 慢慢压下正时链条张紧器柱塞。
③ 用一根直径 1.5mm 的钢丝或回形针之类的物体固定住正时链条张紧器柱塞，拆下张紧器。
（19）拆卸正时链条张紧器臂。
（20）拆卸正时链条导轨。
（21）拆卸正时链条。
（22）拆卸机油泵链条张紧器。
（23）拆卸机油泵链条导轨。
（24）借助专用工具，拆卸机油泵链轮，如图 5-1-7 所示。

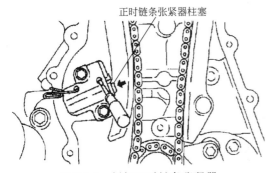
图 5-1-6　拆卸正时链条张紧器

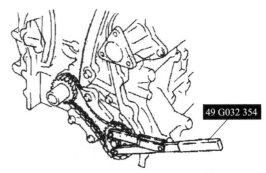
图 5-1-7　用专用工具拆卸机油泵链轮

（25）拆卸机油泵链条。
（26）拆卸曲轴链轮。

2. 正时链条安装程序

安装时按照与拆卸相反的步骤操作，但要注意以下几个部件的安装注意事项。
（1）正时链条的安装注意事项。
① 把专用工具安装到凸轮轴上，如图 5-1-8 所示。
② 安装正时链条。
③ 从正时链条自动张紧器上拆下固定用的导线或回形针，使自动张紧器张紧正时链条。
（2）发动机前盖安装注意事项。

① 安装发动机前盖前,要在指定区域涂抹密封剂,涂抹密封剂后 10min 内安装部件,如图 5-1-9 所示。

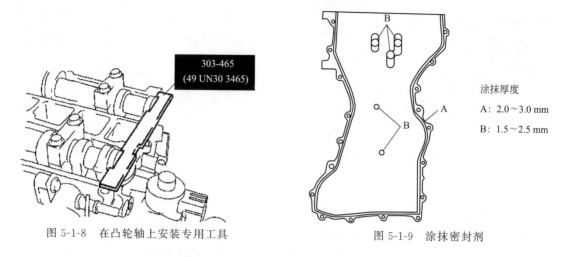

图 5-1-8　在凸轮轴上安装专用工具　　　　图 5-1-9　涂抹密封剂

② 按图 5-1-10 中的螺栓紧固顺序和紧固力矩紧固螺栓。

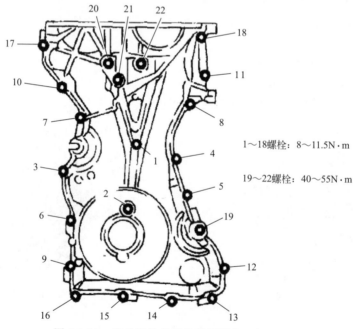

图 5-1-10　发动机前盖螺栓紧固顺序和紧固力矩

(3) 安装前油封注意事项。
① 先用干净的发动机机油涂抹到油封上。
② 用手把油封轻轻推入。
③ 用专用工具和锤子将油封压入,如图 5-1-11 所示。
(4) No.3 发动机橡胶底座以及 No.3 发动机连接支架安装注意事项。
① 按图 5-1-12 所示,紧固 No.3 发动机连接支架上的双头螺栓,紧固力矩为 7~13N·m。
② 按图 5-1-13 所示顺序,紧固螺栓和螺母。

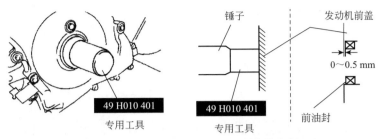

图 5-1-11 用专用工具和锤子安装前油封

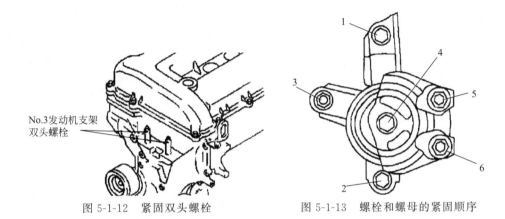

图 5-1-12 紧固双头螺栓　　　　图 5-1-13 螺栓和螺母的紧固顺序

(5) 曲轴皮带轮安装注意事项。

① 按图 5-1-8 所示，在凸轮轴上安装专用工具。

② 按图 5-1-14 所示，安装 M6×1.0 螺栓。

③ 顺时针转动曲轴直至达到 1 缸上止点位置。

④ 用专用工具固定住曲轴皮带轮，如图 5-1-15 所示。

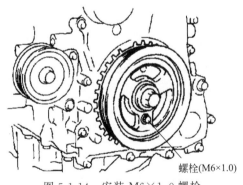

图 5-1-14 安装 M6×1.0 螺栓

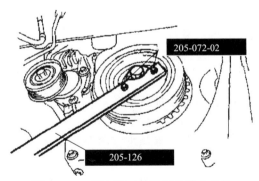

图 5-1-15 用专用工具固定曲轴皮带轮

⑤ 用专用工具 49 D032 316 分两次紧固曲轴皮带轮锁紧螺栓：首先把螺栓紧固到 96～104N·m，然后再紧固 87°～93°。

⑥ 拆下 M6×1.0 螺栓。

⑦ 把专业工具从凸轮轴上拆下。

⑧ 从气缸底部油堵上拆下专用工具。

⑨ 将曲轴顺时针转动 2 周，直至达到 1 缸上止点位置，重新把专用工具安装到凸轮轴

和气缸体上，检查气门正时。

⑩ 如图 5-1-16 所示，安装气缸底部油堵。

（6）气缸盖罩安装注意事项。

① 按图 5-1-17 所示，把密封胶涂抹到接合面上。

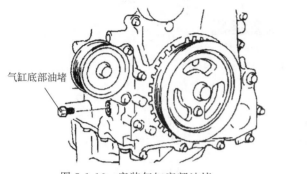

图 5-1-16　安装气缸底部油堵

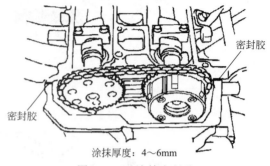

图 5-1-17　涂抹密封胶

② 用新衬垫安装气缸盖罩。

③ 按图 5-1-18 所示的紧固顺序，紧固螺栓至 8~10.5N·m。

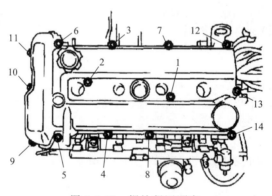

图 5-1-18　螺栓紧固顺序

二、一汽奔腾 B70 轿车 2.0L（LF）发动机正时链条拆装

1. 正时链条拆卸程序

（1）把正时链条张紧器固定在缩进位置。

① 松开张紧器棘爪（图 5-1-19 中的 1）。

② 压下张紧器叶片（图 5-1-19 中的 2）。

③ 用直径 1.5mm 的钢丝夹（图 5-1-19 中的 3）把张紧器固定在缩进位置。

（2）用专用工具（图 5-1-19 中的 4）把凸轮轴固定住。

（3）拆卸凸轮轴链轮和正时链条。

2. 正时链条安装程序

（1）用专用工具（图 5-1-19 中的 4）把凸轮轴固定住。

（2）安装凸轮轴链轮和正时链条。

（3）确保凸轮轴调节器指针对齐（图 5-1-19 中的 5）。

（4）从气缸体上拆下油堵（图 5-1-19 中的 6）。

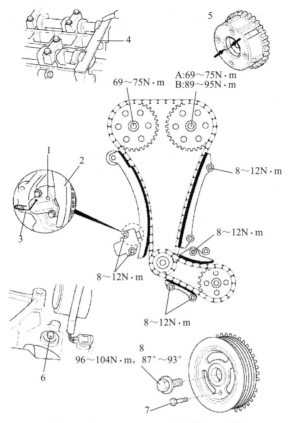

图 5-1-19　2.0L（LF）发动机正时图

（5）安装曲轴正时销。
（6）沿顺时针方向慢慢转动曲轴，直至抵住正时销。
（7）用手拧紧凸轮轴链轮上的各个螺栓。
（8）拆下正时链条张紧器上的钢丝夹（图 5-1-19 中的 3）。
（9）把排气凸轮轴链轮螺栓紧固至 69～75N·m。
（10）紧固进气凸轮轴链轮螺栓：A 螺栓紧固至 69～75N·m；B 螺栓紧固至 89～95N·m。
（11）在曲轴皮带轮上安装 M6 螺栓（图 5-1-19 中的 7）。
（12）安装新的曲轴皮带轮中央螺栓（图 5-1-19 中的 8）。
（13）把中央螺栓紧固至 96～104N·m、87°～93°。
（14）拆卸 M6 螺栓（图 5-1-19 中的 7）。
（15）拆卸凸轮轴固定专用工具（图 5-1-19 中的 4）。
（16）拆卸曲轴锁止工具。
（17）把曲轴沿顺时针转动 2 周。
（18）安装曲轴锁止工具。
（19）沿顺时针方向慢慢转动曲轴，直至抵住正时销。
（20）确保 M6 螺栓可以安装到曲轴皮带轮上（图 5-1-19 中的 7），否则应重新执行正时链条安装程序。
（21）确保凸轮轴固定工具（图 5-1-19 中的 4）可以正确安装到凸轮轴上，否则应重新执行正时链条安装程序。

第二节　一汽奔腾 B50 轿车

一、一汽奔腾 B50 轿车 1.6L（BWH）发动机正时皮带拆卸

(1) 拆卸发动机罩。

(2) 拆卸多楔皮带并取下定位芯棒 T10060A（图 5-2-1）。

所需要的专用工具和维修设备
- 支撑工装-10-222A
- 双孔螺母扳手-T10020
- 扭矩扳手-V.A.G1331
- 扭矩扳手-V.A.G1332
- 定位芯棒-T10060A
- 适配接头-10-222A/13

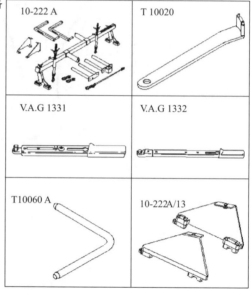

图 5-2-1　正时皮带拆装所需专用工具

(3) 将上部软管从冷却液补偿罐上拔下。

(4) 拆卸冷却液补偿器并将其放置在连接软管一侧。

(5) 如图 5-2-2 所示，拆卸正时皮带上部护罩。

(6) 如图 5-2-3 所示，用专用工具 10-222A 支撑住发动机。

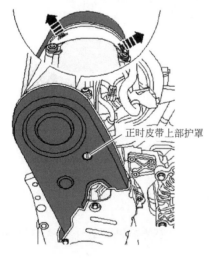

图 5-2-2　拆卸正时皮带上部护罩

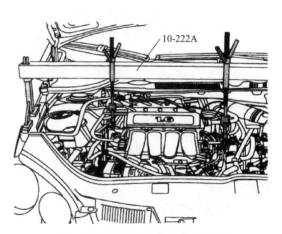

图 5-2-3　用专用工具支撑发动机

(7) 如图 5-2-4 所示，拆卸曲轴正时皮带轮。
(8) 拆卸正时皮带护罩的中段和下段。
(9) 将下部螺栓（图 5-2-5）从发动机支架上拆下。

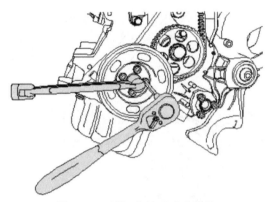

图 5-2-4　拆卸曲轴正时皮带轮

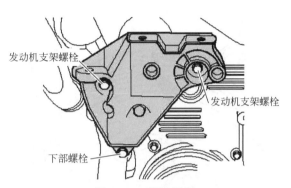

图 5-2-5　螺栓识别

(10) 拆卸总成支承/发动机支架的紧固螺栓（图 5-2-6），并将整个机组支架拆下。
(11) 用支撑工装 10-222A 将发动机举升起来，直至能将发动机支架上部的 2 个螺栓（图 5-2-5）松开并旋出为止。
(12) 向上取出发动机支架。
(13) 转动凸轮轴正时齿轮至气缸 1 达到上止点位置，凸轮轴正时齿轮的标记必须与正时齿轮皮带罩上的箭头标记对齐，如图 5-2-7 所示。

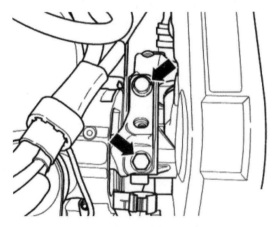

图 5-2-6　发动机支架紧固螺栓

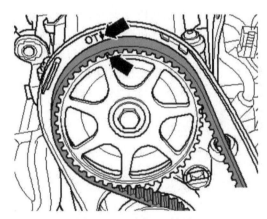

图 5-2-7　对齐正时标记

(14) 标记正时齿轮的转动方向。
(15) 松开张紧轮并拆卸正时皮带。
(16) 将曲轴略微朝反方向转动。

二、一汽奔腾 B50 轿车 1.6L（BWH）发动机正时皮带安装

(1) 将正时皮带安装到曲轴齿轮和冷却液泵上。
(2) 将凸轮轴正时齿轮上的标记与正时皮带护罩上的标记对齐，见图 5-2-7。
(3) 用新螺栓安装上皮带盘/曲轴。螺栓紧固力矩为 10N·m，然后再旋转 90°。

(4) 将减振器上的曲轴皮带轮置于气缸 1 上止点位置，箭头必须对齐（图 5-2-8）。

(5) 如图 5-2-9 所示，张紧正时皮带。用双孔螺母扳手 T10020 向左转动凸轮，直至指针 2 位于缺口 1 上。

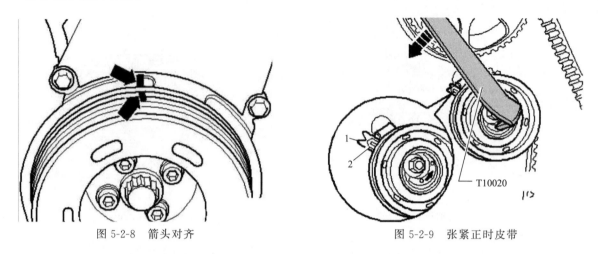

图 5-2-8　箭头对齐　　　　　　　图 5-2-9　张紧正时皮带

(6) 重复皮带张紧步骤 5 次，直至正时皮带张紧到位。
(7) 然后松开正时皮带，直至缺口 1 和指针 2 对准（图 5-2-9）。
(8) 将固定螺母紧固至 20N·m。
(9) 将曲轴沿发动机旋转方向继续转动 2 圈，直至发动机再次达到气缸 1 的上止点位置。
(10) 确认缺口 1 和指针 2 对准后，再次检查曲轴和凸轮轴是否在气缸 1 上止点位置。
(11) 将发动机支架安装到气缸体上并将发动机支架上部的 2 个螺栓紧固至 45N·m。
(12) 将发动机降下，直至达到安装位置。
(13) 安装发动机支架下部螺栓并紧固至 45N·m。
(14) 安装发动机侧总成支承。
(15) 取下支撑工具 10-222A。
(16) 安装正时皮带护罩。
(17) 安装多楔皮带。
(18) 安装冷却液补偿罐。
(19) 安装隔音垫。
(20) 安装发动机罩。

第六章 吉利车系

第一节 吉利帝豪 EC7 轿车

一、吉利帝豪 EC7 轿车 1.8L（4G18D）发动机正时链条拆卸步骤（表 6-1-1）

表 6-1-1 吉利帝豪 EC7 轿车 1.8L（4G18D）发动机正时链条拆卸步骤

步骤	操作	
1	旋转曲轴，使第 1 缸处于压缩上止点，拆卸正时链条罩盖，如图 6-1-1 所示	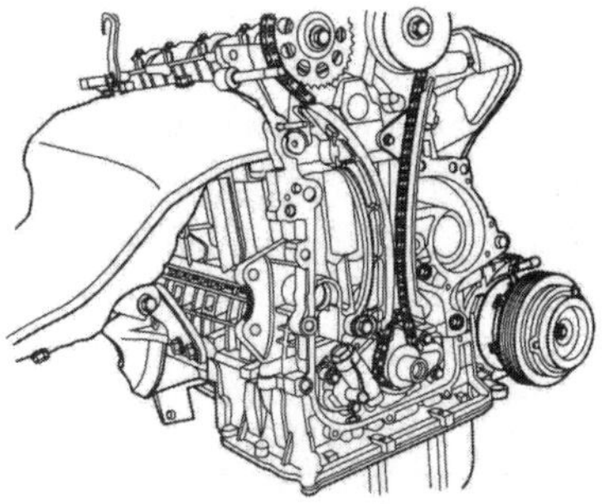 图 6-1-1 拆卸正时链条罩盖
2	拆卸正时链条张紧导轨组件固定螺栓，如图 6-1-2 中箭头所示	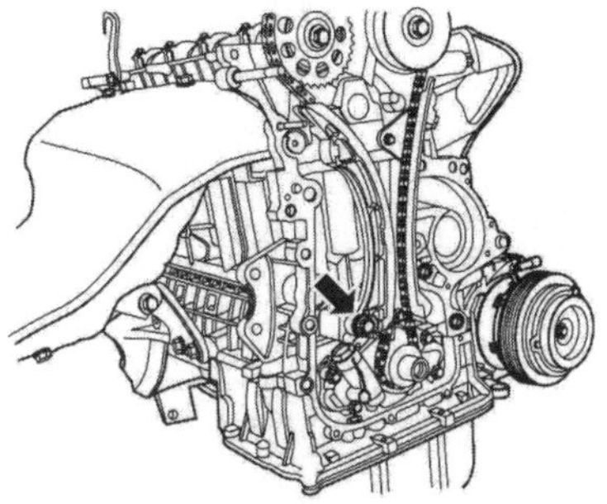 图 6-1-2 拆卸张紧导轨组件固定螺栓
3	取出正时链条张紧导轨组件，如图 6-1-3 所示 注意：取出过程中张紧器蹄块不要掉落，否则容易造成张紧器蹄块损坏	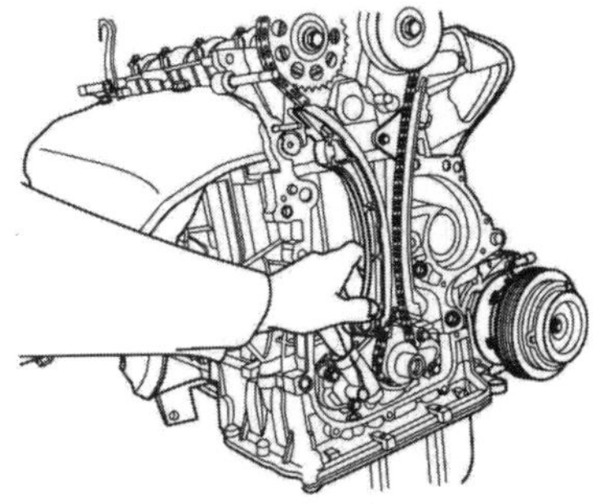 图 6-1-3 取出正时链条张紧导轨组件

续表

步骤	操作
4	取出曲轴链轮挡圈,如图 6-1-4 所示

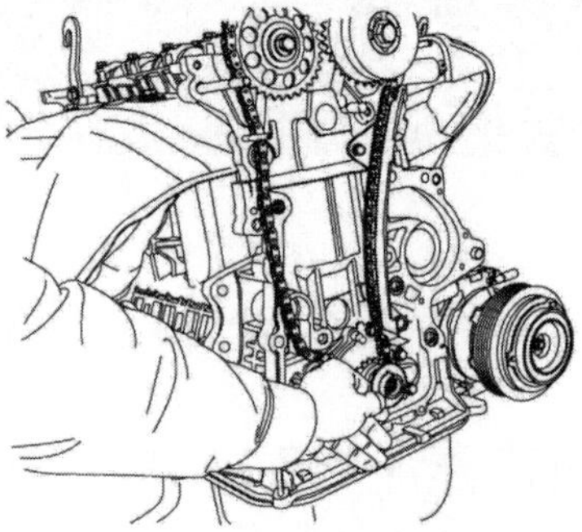

图 6-1-4　取出曲轴链轮挡圈

| 5 | 拆卸正时链条导向轨下固定螺栓,如图 6-1-5 所示 |

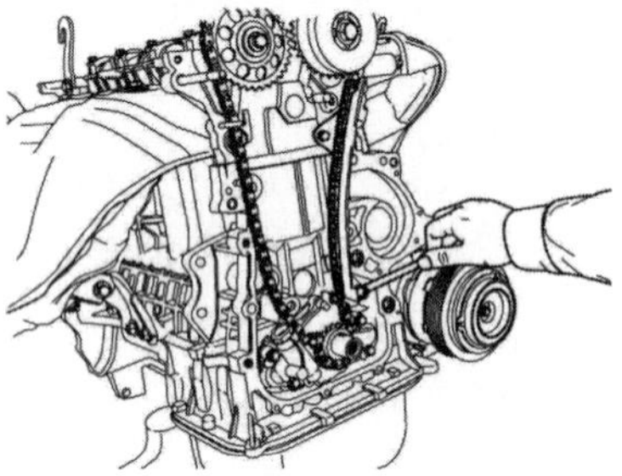

图 6-1-5　拆卸正时链条导向轨下固定螺栓

| 6 | 拆卸正时链条导向轨上固定螺栓,如图 6-1-6 所示 |

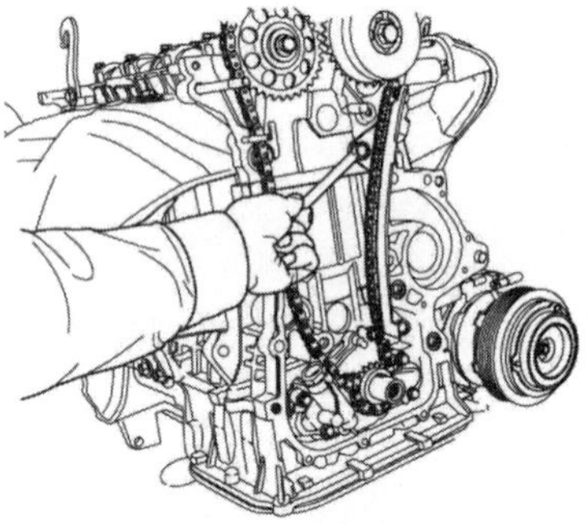

图 6-1-6　拆卸正时链条导向轨上固定螺栓

| 7 | 拆卸正时链条向导轨,如图 6-1-7 所示 |

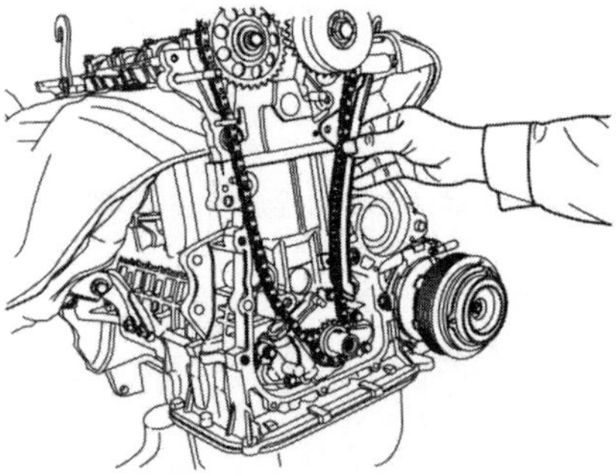

图 6-1-7　拆卸正时链条向导轨

续表

步骤	操作
8	拆卸正时链条及曲轴链轮,如图 6-1-8 所示 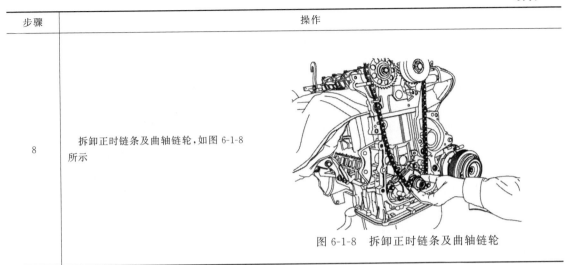 图 6-1-8　拆卸正时链条及曲轴链轮

二、吉利帝豪 EC7 轿车 1.8L（4G18D）发动机正时链条安装步骤（表 6-1-2）

表 6-1-2　吉利帝豪 EC7 轿车 1.8L（4G18D）发动机正时链条安装步骤

步骤	操作
1	确认正时链条上的 3 个黄色链节 1、2、3，如图 6-1-9 所示 图 6-1-9　正时链条上的 3 个黄色链节
2	安装正时链条及曲轴链轮,第 1 个黄色链节对正曲轴链轮正时标记,如图 6-1-10 所示 注意:正时链条上共有 3 个黄色链节,其中 2 个黄色链节(之间相差 6 个链节)与进排气凸轮链轮正时标记对齐 图 6-1-10　安装正时链条及曲轴链轮

续表

步骤	操作
3	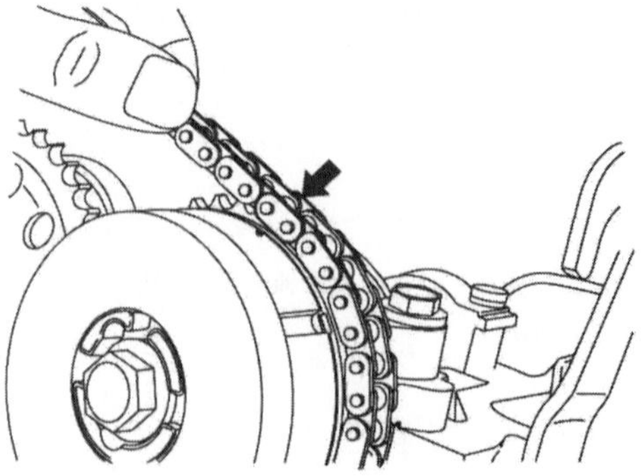 使链条的第 2 个黄色链节对正进气凸轮 VVT 执行器链轮正时标记,如图 6-1-11 所示 图 6-1-11 对准正时标记
4	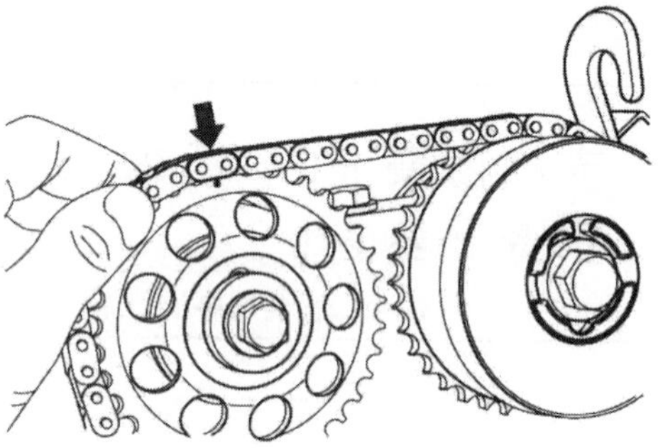 使链条的第 3 个黄色链节对正排气凸轮轴链轮正时标记,如图 6-1-12 所示 图 6-1-12 对准正时标记
5	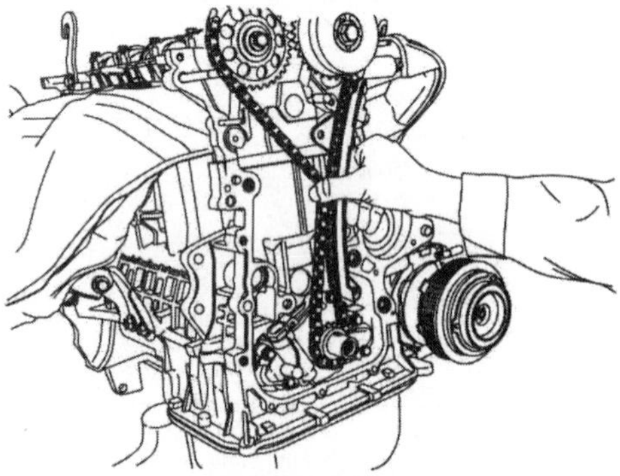 安装正时链条导向轨组件,如图 6-1-13 所示 图 6-1-13 安装正时链条导向轨组件
6	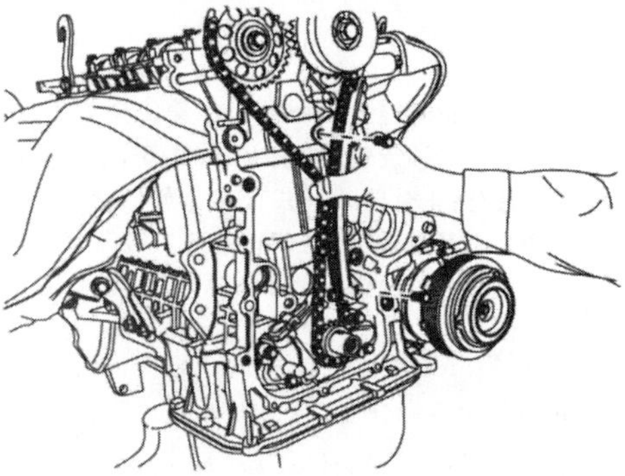 安装正时链条导向轨组件固定螺栓,如图 6-1-14 所示 图 6-1-14 安装正时链条导向轨组件固定螺栓

续表

步骤	操作
7	安装张紧导轨组件,如图 6-1-15 所示 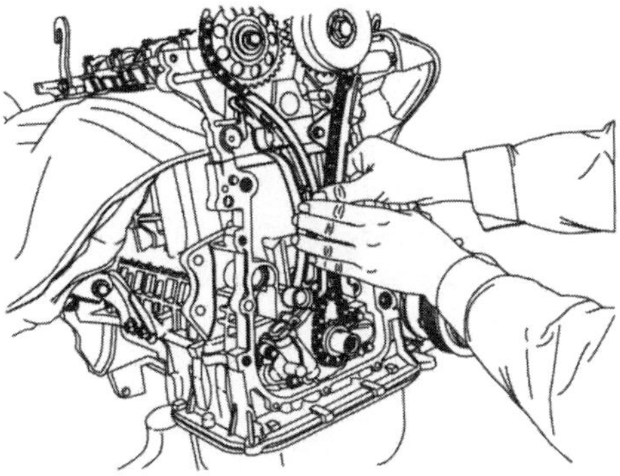 图 6-1-15　安装张紧导轨组件
8	安装张紧导轨组件固定螺栓,如图 6-1-16 所示 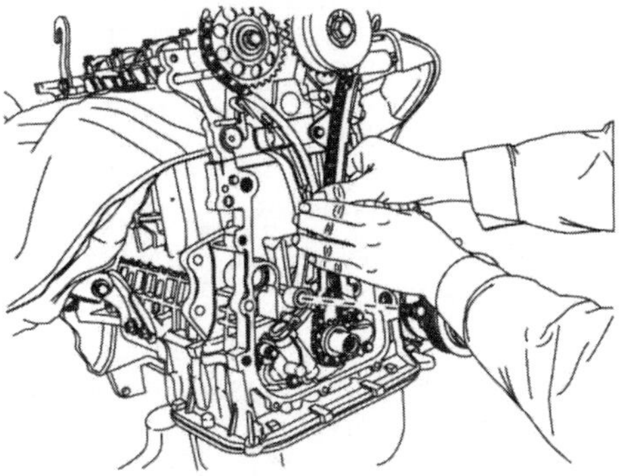 图 6-1-16　安装张紧导轨组件固定螺栓
9	安装曲轴链轮挡圈
10	安装正时链罩盖及附件,如图 6-1-17 所示 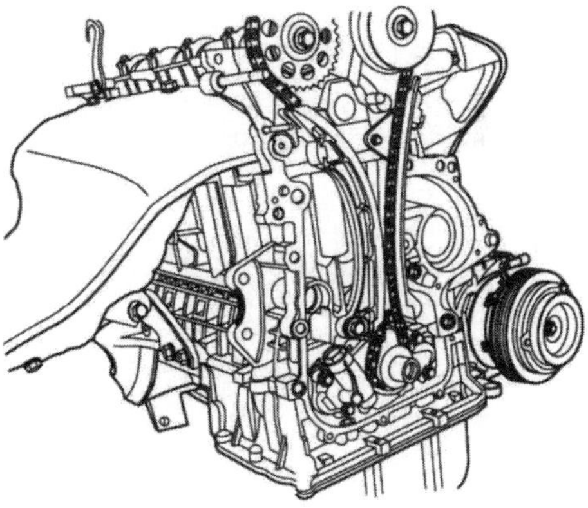 图 6-1-17　安装正时链罩盖及附件

第二节　吉利金刚轿车

吉利金刚轿车（MR479Q/MR479QA/MR481QA）发动机正时校对操作步骤见表 6-2-1。

表 6-2-1　吉利金刚轿车（MR479Q/MR479QA/MR481QA）发动机正时校对操作步骤

步骤	操作
1	按图 6-2-1 所示，拆卸发电机 V 形带 ①松开螺栓 A 和螺栓 B ②松开螺栓 C，拆下 V 形带  图 6-2-1　拆卸发电机 V 形带
2	按图 6-2-2 所示，拆下空调压缩机至曲轴皮带轮之间的 V 形带 ①松开螺母 A ②松开螺栓 B，拆下空调压缩机至曲轴皮带轮之间的 V 形带  图 6-2-2　空调压缩机至曲轴皮带轮之间的 V 形带
3	拆下水泵皮带，拆下水泵 V 形带
4	安装水泵 V 形带，把 V 形带暂时安装到皮带轮上
5	按图 6-2-3 所示，调整动力转向泵 V 形带 ①调整动力转向泵 V 形带的张力，紧固螺栓 B ②把螺栓 A 紧固至 39N·m 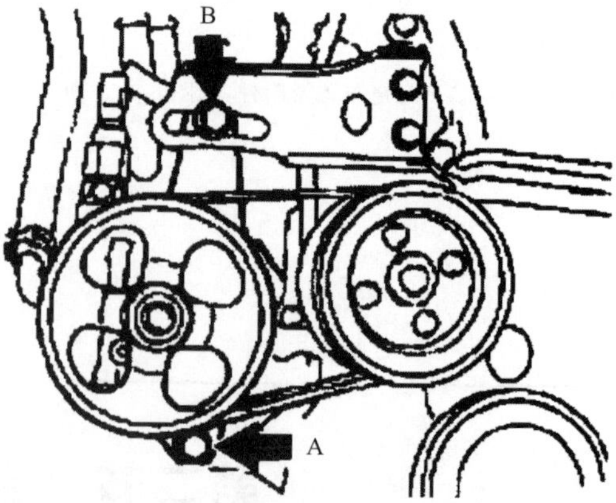 图 6-2-3　调整动力转向泵 V 形带
6	按图 6-2-2 所示，安装空调压缩机至曲轴皮带轮之间的 V 形带

续表

步骤	操作
7	调整空调压缩机至曲轴皮带轮之间的V形带 ①紧固图6-2-2中的螺栓B来调整空调皮带的张力 ②把螺栓A紧固至39N·m
8	安装发电机V形带
9	紧固发电机V形带的螺栓A(图6-2-1)至18N·m;把螺栓B(图6-2-1)紧固至58N·m

第三节　吉利远景轿车

吉利远景轿车（JL4G18）发动机正时校对操作步骤如表6-3-1所示。

表6-3-1　吉利远景轿车（JL4G18）发动机正时校对操作步骤

步骤	操作
1	拆下发动机左侧底部护板
2	拆下发动机右侧底部护板
3	泄放发动机冷却液
4	拆下发动机塑料护罩组件
5	拆下发动机附件传动皮带
6	拆下动力转向泵总成
7	拆卸发电机总成
8	拆卸发动机电路线束 ①拆卸点火线圈接头、动力转向油压开关接头、油路控制阀接头和转速传感器接头 ②拆下固定接地线的螺栓和螺母,将发动机电路线束放置到一旁
9	拆下点火线圈总成
10	拆下发动机气缸盖罩总成 ①从气缸盖罩上拆下燃油管固定夹和曲轴箱强制通风软管 ②拆下气缸盖罩的螺栓、密封垫圈和密封垫
11	拆下发动机右悬置总成 ①拆下动力转向泵储油筒,将其放置到一旁 ②按图6-3-1所示,在千斤顶与发动机之间放置木块,用千斤顶顶好,拆下发动机右悬置总成 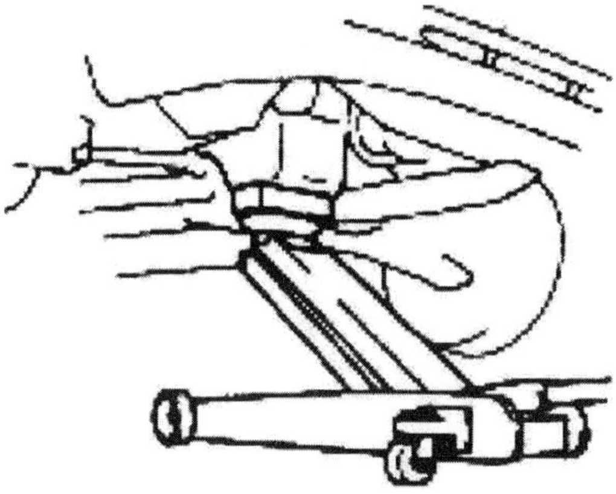

图6-3-1　使用千斤顶

续表

步骤	操作
12	把曲轴转动到 1 缸压缩行程上止点位置
13	按图 6-3-2 所示,用专用工具拆下减振轮螺栓 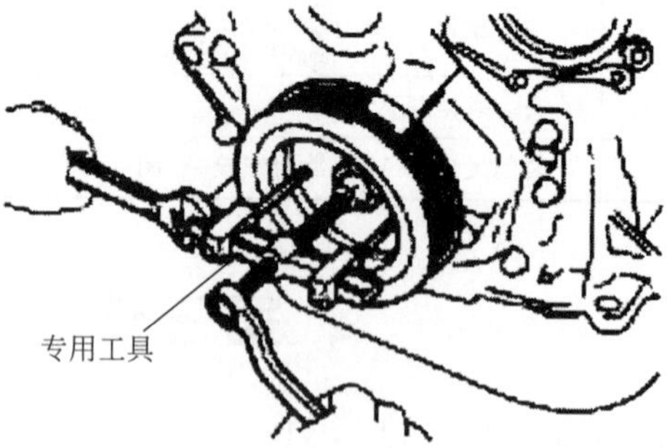 图 6-3-2　拆卸减振轮螺栓
14	拆卸传动皮带张紧器
15	按图 6-3-3 所示,拆下水泵组件  图 6-3-3　拆下水泵组件
16	拆下发动机横梁上的发动机固定支架
17	拆下空调压缩机
18	拆下转速传感器
19	拆下正时链条张紧器组件
20	拆卸正时链条罩组件 ①拆下链条罩的 11 个螺栓和螺母 ②使用星形扳手拆下双头螺栓 ③用螺丝刀插入气缸盖和气缸体之间的正时链条罩凸出部位,将链条罩撬开拆下
21	按图 6-3-4 所示,用螺丝刀拆下曲轴前油封 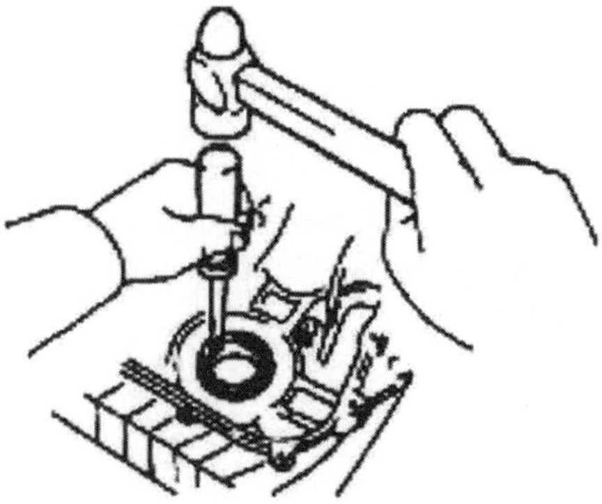 图 6-3-4　拆下曲轴前油封

续表

步骤	操作
22	拆下转速传感器信号盘
23	拆卸正时链条张紧轨
24	拆卸正时链条导轨
25	拆卸正时链条
26	安装正时链条 ①转动曲轴至1缸压缩行程上止点位置。转动凸轮轴的六角头部位,使凸轮轴转动,按图6-3-5所示,将凸轮轴正时齿轮上的圆点记号对准 ②使用减振轮螺栓,转动曲轴,使曲轴键朝向上方,如图6-3-6所示 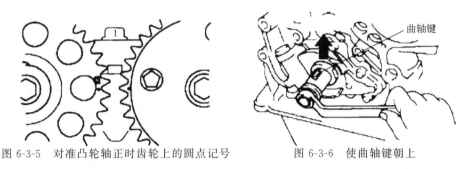 图6-3-5 对准凸轮轴正时齿轮上的圆点记号　　图6-3-6 使曲轴键朝上 ③按图6-3-7所示,把正时链条安装到曲轴正时链轮上,使正时链条上带有黄色标记的链节(链条上共有3个黄色链节)与曲轴正时链轮上的正时记号对准,如图6-3-7所示 ④按图6-3-8所示,使用专用工具安装曲轴正时链轮 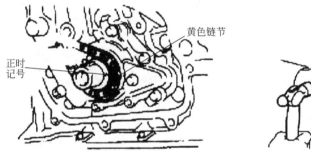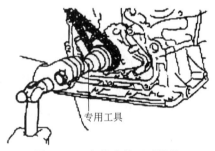 图6-3-7 黄色链节对准曲轴正时链条正时标记　　图6-3-8 安装曲轴正时链轮 ⑤按图6-3-9所示,把正时链条安装到凸轮轴正时链轮上,使正时链条上的2个黄色链节与凸轮轴正时链轮对准 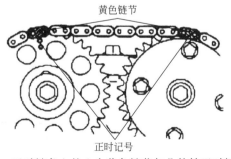 图6-3-9 正时链条上的2个黄色链节与凸轮轴正时链轮对准

续表

步骤	操作
27	安装正时链条导轨
28	安装正时链节张紧轨
29	安装转速传感器信号盘,如图 6-3-10 所示,使信号盘上的 F 记号朝前 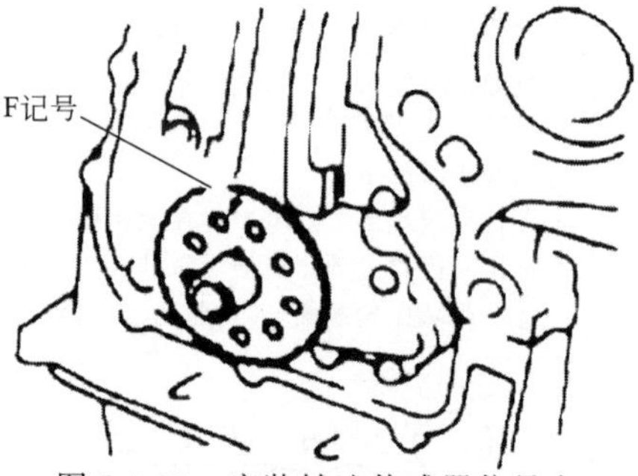 图 6-3-10 安装转速传感器信号盘
30	安装新的曲轴前油封 ①在曲轴前油封上涂抹少量 MP 润滑脂 ②按图 6-3-11 所示,用专用工具和锤子将新的油封轻轻敲入,使油封与正时链条盖的边缘齐平 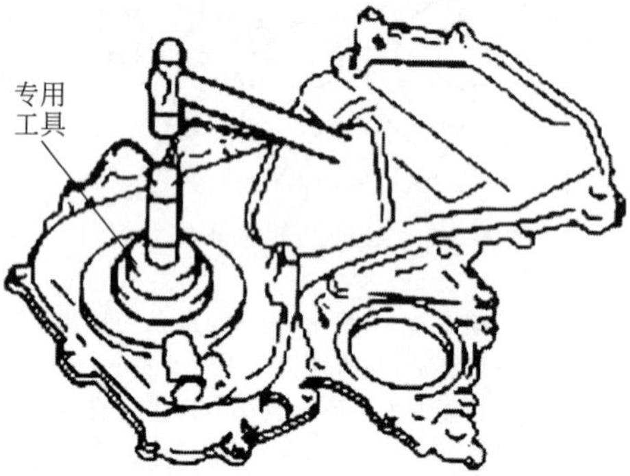 图 6-3-11 安装新的曲轴前油封
31	安装正时链条罩组件 ①从正时链条罩上把旧有的密封材料全部清理干净 ②按图 6-3-12 所示,涂抹硅橡胶平面密封胶。涂抹完毕后要在 3min 内安装正时链条罩。安装正时链条罩完毕后,2h 内不要加注发动机机油 ③安装正时链条罩的螺栓和螺母 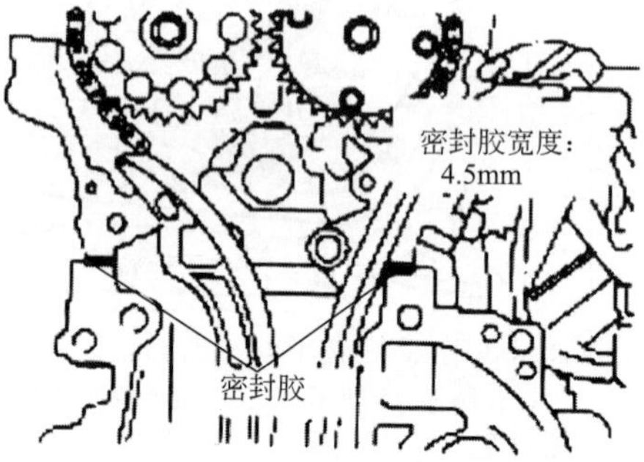 图 6-3-12 涂抹密封胶
32	安装正时链条张紧器组件 ①如图 6-3-13 所示,把挂钩扣上 ②在正时链条张紧器上涂抹发动机机油,然后安装张紧器 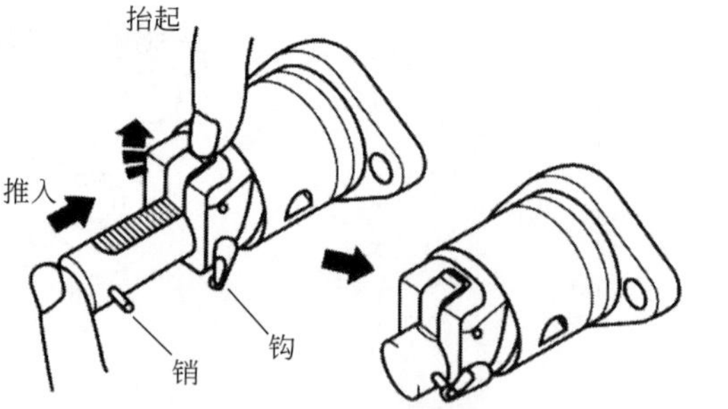 图 6-3-13 扣上挂钩

续表

步骤	操作
33	安装减振轮 ①减振轮上的键槽要对准曲轴键,将减振轮推入 ②按图 6-3-14 所示,用专用工具安装减振轮螺栓 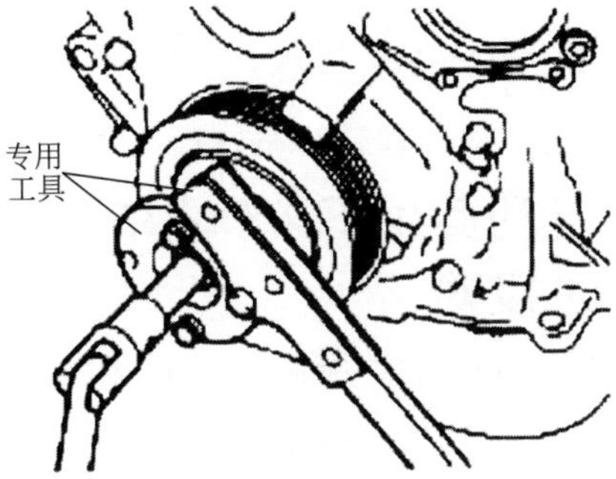 图 6-3-14　安装减振轮螺栓
34	安装转速传感器
35	安装发动机固定支架
36	安装水泵组件 ①在水泵上安装新的 O 形密封环 ②把水泵上的 6 个螺栓紧固好,如图 6-3-15 所示 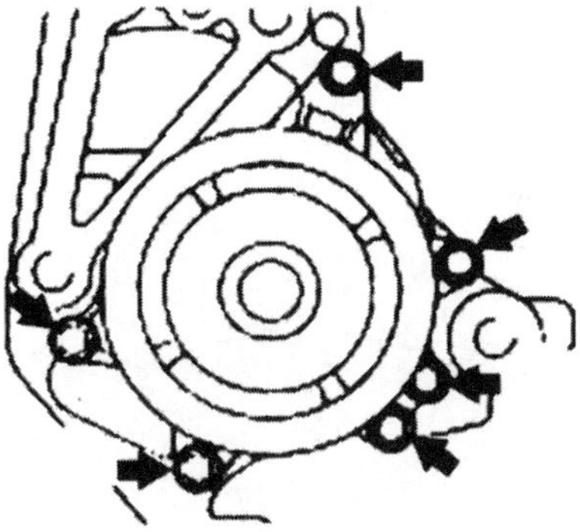 图 6-3-15　紧固水泵上的 6 个螺栓
37	安装传动皮带张紧器
38	安装发动机右悬置总成
39	安装气缸盖罩组件 ①清除气缸盖罩上旧有的密封材料 ②按图 6-3-16 所示,涂抹密封胶 ③安装好密封垫,然后将螺栓拧紧 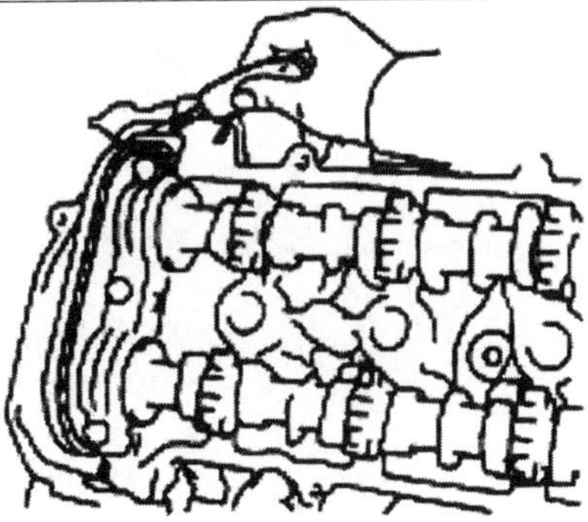 图 6-3-16　涂抹密封胶
40	安装点火线圈组件
41	安装发电机组件
42	加注发动机冷却液
43	检查并确认发动机冷却液没有泄漏
44	检查并确认发动机机油没有泄漏

第四节 吉利英伦 SX7 轿车

一、吉利英伦 SX7 轿车 1.8L（JL4G18）发动机正时校对

见第三节吉利远景轿车（JL4G18）发动机正时校对内容。

二、吉利英伦 SX7 轿车（2.0L JL4G20/2.4L 4G24）发动机正时校对

1. 吉利英伦 SX7 轿车（2.0L JL4G20/2.4L 4G24）发动机正时链条拆卸步骤（表6-4-1）

表 6-4-1 吉利英伦 SX7 轿车发动机正时链条拆卸操作步骤

步骤	操作
1	旋转曲轴，使1缸活塞处于压缩行程上止点位置，拆卸正时链条罩 ①断开蓄电池负极电缆 ②泄放发动机冷却液 ③按图6-4-1所示，拆卸发动机塑料护罩 ④拆卸点火线圈 ⑤断开发动机上的曲轴箱强制通风软管，然后按图6-4-2所示，拆卸气缸盖罩 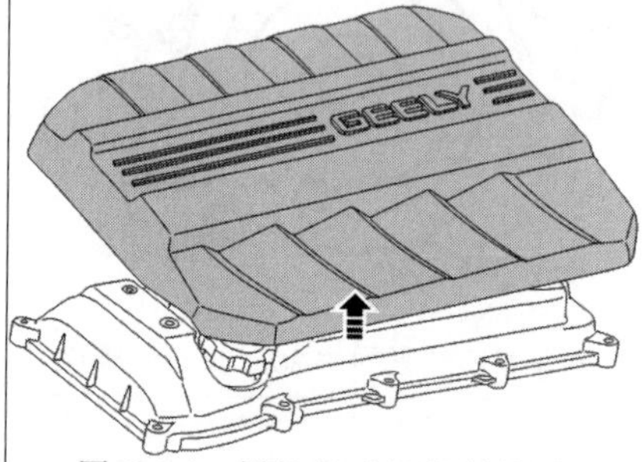 图6-4-1 拆卸发动机塑料护罩 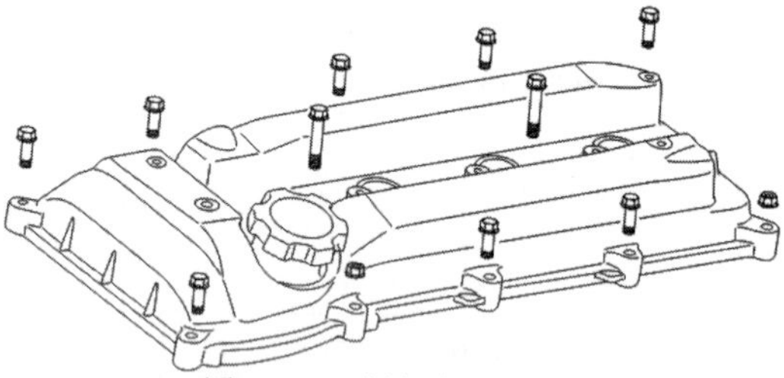　　图6-4-2 拆卸气缸盖罩 ⑥拆卸发动机附件传动皮带，拆卸时要记清楚皮带的盘绕路径（图6-4-3），以免安装时发生错误 ⑦按图6-4-4所示，拆卸附件传动皮带张紧器 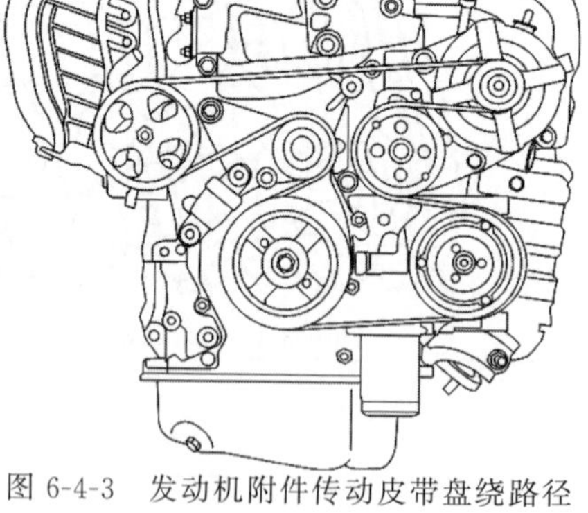 图6-4-3 发动机附件传动皮带盘绕路径 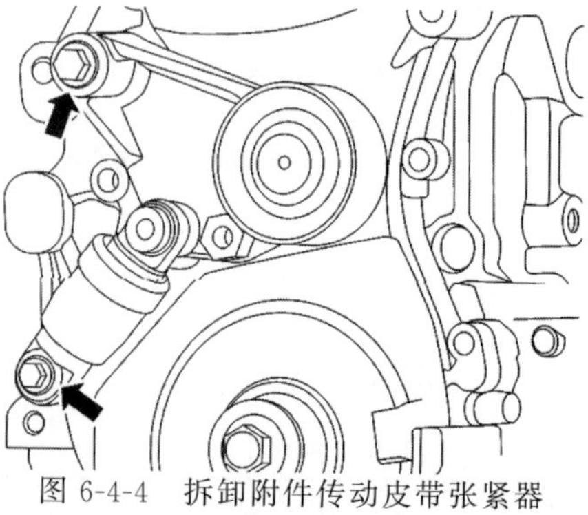　　图6-4-4 拆卸附件传动皮带张紧器 ⑧拆卸动力转向泵 ⑨拆卸发动机油底壳

续表

步骤	操作
1	⑩按照以下步骤拆卸正时链条张紧器 a. 转动曲轴,使1缸活塞处于压缩行程上止点位置,使曲轴皮带盘正时记号与正时链罩上的刻度"0"标记对齐,如图6-4-5所示 b. 用记号笔在进气和排气凸轮轴链轮上做好正时记号,然后按图6-4-6所示,用专用工具GL301-022固定正时链条,用专用工具GL301-018固定凸轮轴,拆下正时链条张紧器 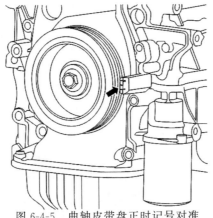 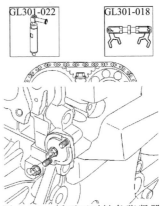 图6-4-5 曲轴皮带盘正时记号对准 图6-4-6 拆下正时链条张紧器 正时链罩上的刻度"0" ⑪使用图6-4-7中所示的专用工具GL301-020,拆下曲轴皮带轮 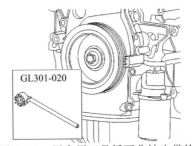 图6-4-7 用专用工具拆下曲轴皮带轮 ⑫按图6-4-8所示,拆下正时链罩上的各个螺栓 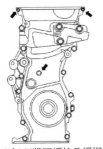  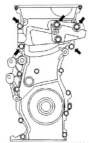 3个M6紧固螺栓及螺帽 8个M8紧固螺栓 5个M10紧固螺栓 图6-4-8 拆下正时链罩上的各个螺栓

续表

步骤	操作
1	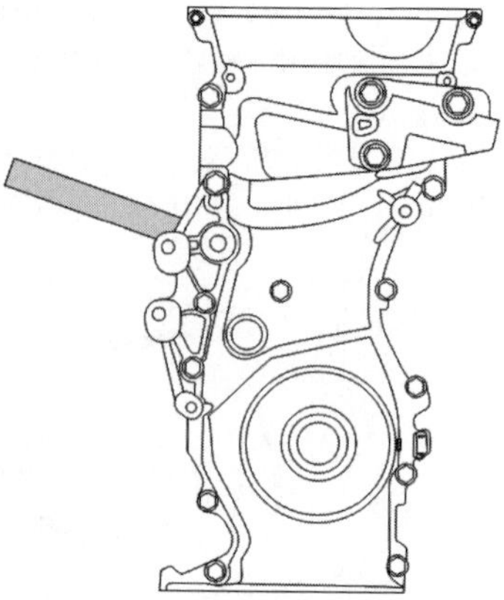 ⑬按图 6-4-9 所示,用撬杆撬开正时链罩,取下正时链罩 图 6-4-9 撬开正时链罩
2	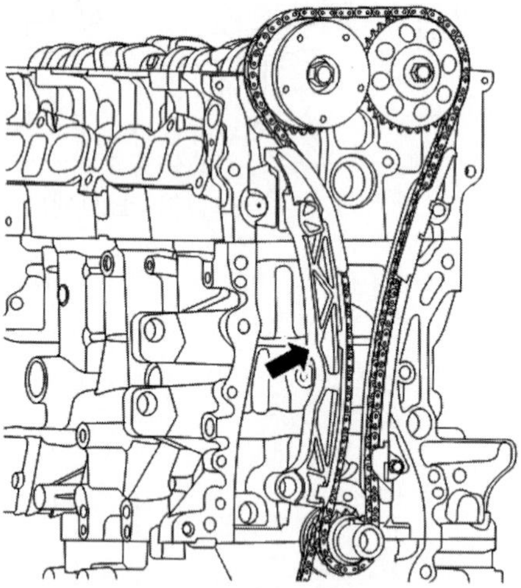 按图 6-4-10 所示,拆卸正时链条张紧轨组件 图 6-4-10 正时链条张紧轨识别
3	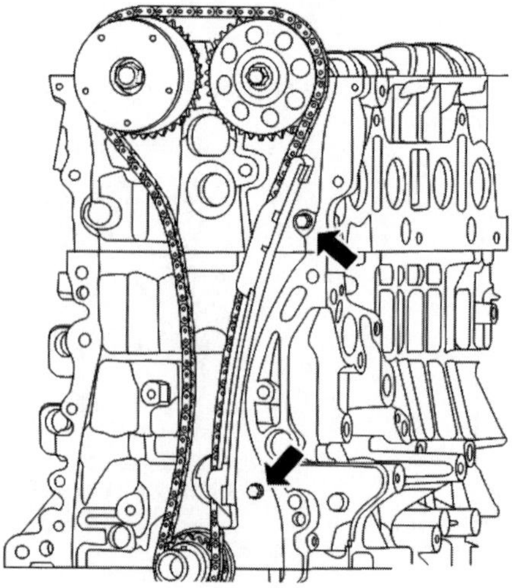 按图 6-4-11 所示,拆卸正时链条导轨下部固定螺栓 图 6-4-11 正时链条导轨下部和上部固定螺栓识别

续表

步骤	操作
4	按图 6-4-11 所示,拆卸正时链条导轨上部固定螺栓
5	拆卸正时链条导轨组件
6	按图 6-4-12 所示,拆卸正时链条和曲轴正时链轮

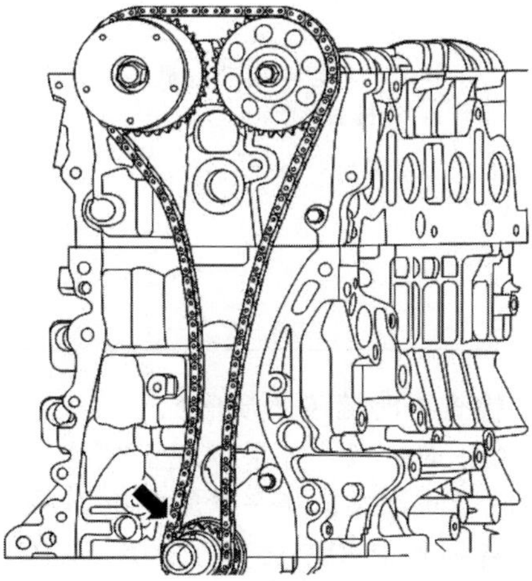

图 6-4-12 拆卸正时链条和曲轴正时链轮

7	按图 6-4-13 所示,拆卸机油泵链条张紧器组件及其安装螺栓

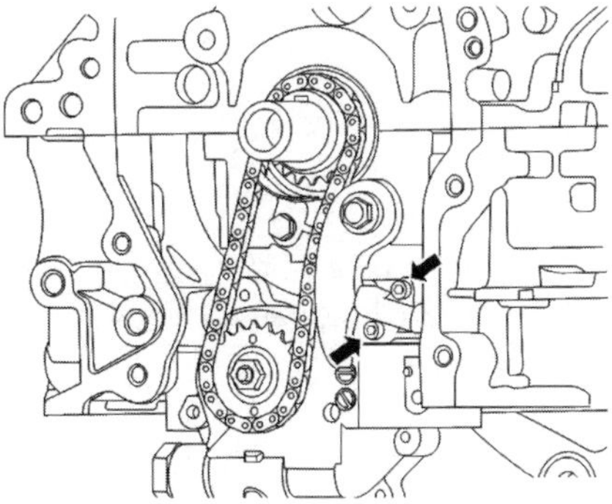

图 6-4-13 拆卸机油泵链条张紧器

8	按图 6-4-14 所示,拆卸机油泵链条张紧轨及其安装螺栓

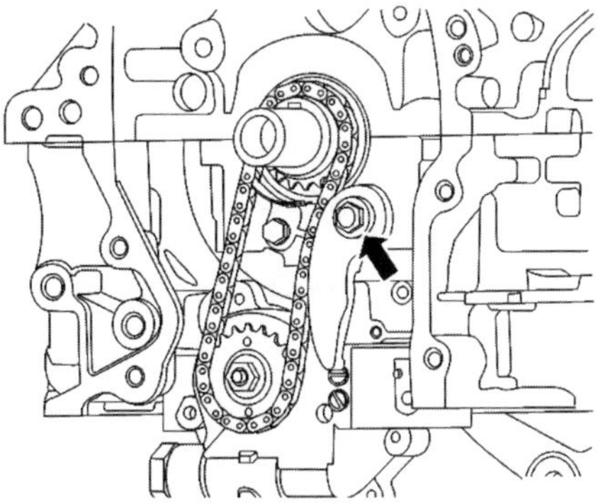

图 6-4-14 拆卸机油泵链条张紧轨及其安装螺栓

续表

步骤	操作
9	按图 6-4-15 所示,拆卸机油泵螺母、机油泵链条、机油泵链轮 图 6-4-15 拆卸机油泵螺母、机油泵链条、机油泵链轮

2. 检查正时链条磨损情况

检查正时链条,如果发现正时链条磨损,应更换新的正时链条。正时链条导轨和正时链条张紧轨及机油泵链条张紧轨的磨损深度不能超过1mm,如果磨损过度,应予以更换。

3. 吉利英伦 SX7 轿车（2.0L JL4G20/2.4L 4G24）发动机正时链条安装步骤（表 6-4-2）

表 6-4-2　吉利英伦 SX7 轿车发动机正时链条安装操作步骤

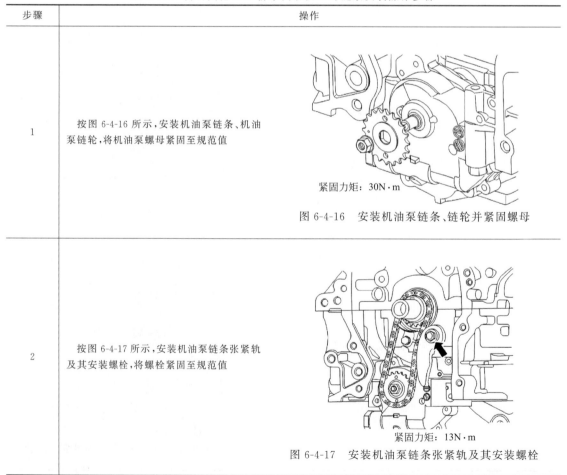

步骤	操作
1	按图 6-4-16 所示,安装机油泵链条、机油泵链轮,将机油泵螺母紧固至规范值 紧固力矩：30N·m 图 6-4-16 安装机油泵链条、链轮并紧固螺母
2	按图 6-4-17 所示,安装机油泵链条张紧轨及其安装螺栓,将螺栓紧固至规范值 紧固力矩：13N·m 图 6-4-17 安装机油泵链条张紧轨及其安装螺栓

续表

步骤	操作
3	按图 6-4-18 所示,安装机油泵链条张紧器组件及其安装螺栓,将螺栓紧固至规范值 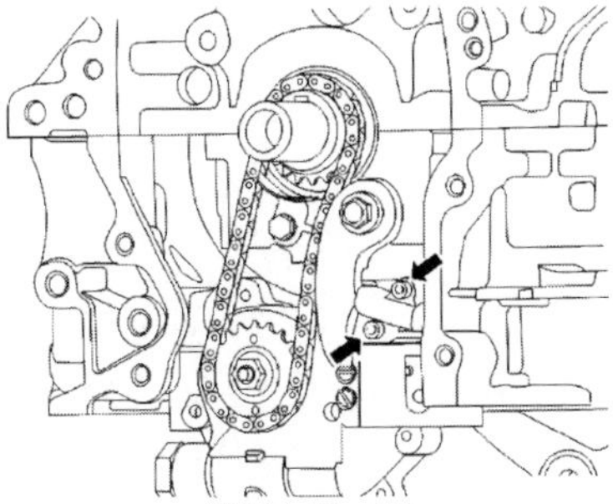 紧固力矩:6N·m 图 6-4-18　安装机油泵链条张紧器组件及其安装螺栓
4	按图 6-4-19 所示,把正时链条上的 3 个标色链节识别清楚 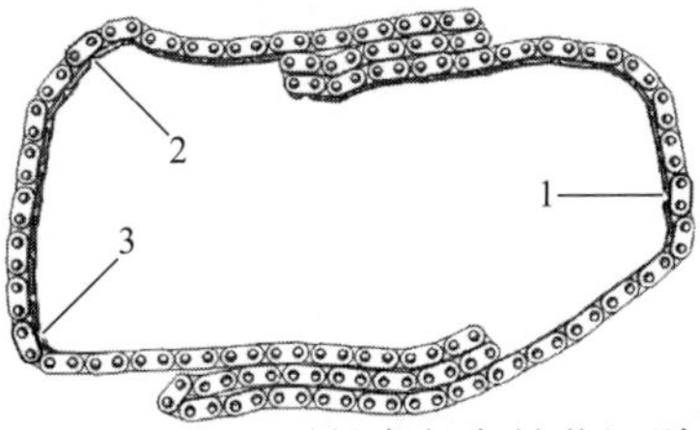 图 6-4-19　正时链条标色链节识别 1—蓝色链接,与曲轴正时标记对准;2—黄色链节,与凸轮轴正时标记对准;3—黄色链接,与凸轮轴正时标记对准
5	安装正时链条,使正时链条蓝色链节对准曲轴链轮正时记号
6	安装正时链条,使图 6-4-20 中的链节 2(黄色)与排气凸轮轴链轮上的正时记号对齐,链节 3(黄色)与进气凸轮轴链轮上的正时记号对齐 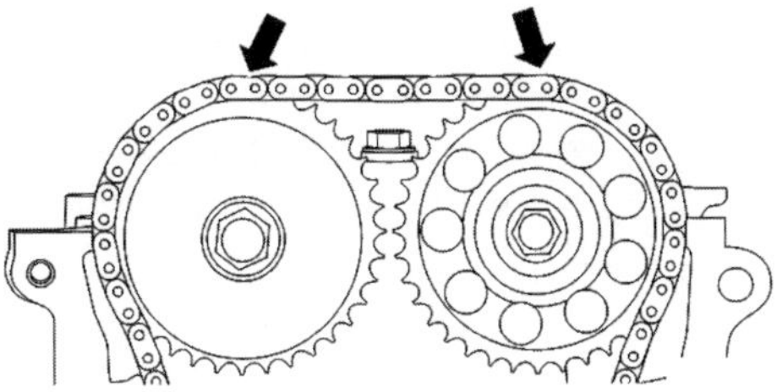 图 6-4-20　对齐进排气凸轮轴链轮上的正时记号
7	按图 6-4-21 所示,安装正时链条导轨组件并将螺栓紧固至规范值 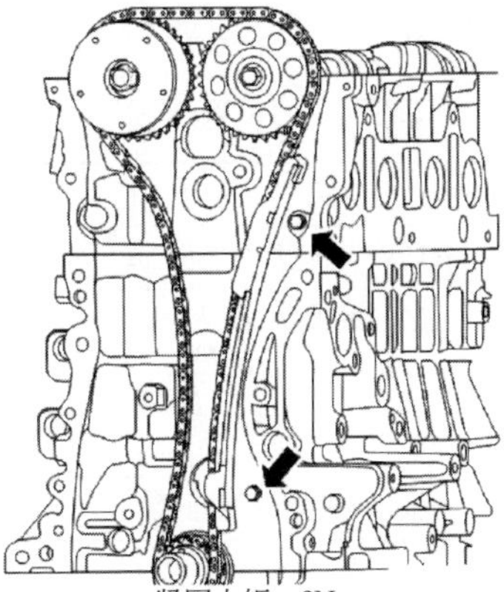 紧固力矩:9N·m 图 6-4-21　紧固正时链条导轨螺栓

续表

步骤	操作
8	按图6-4-22所示,安装正时链条张紧轨组件,将螺栓紧固至规范值 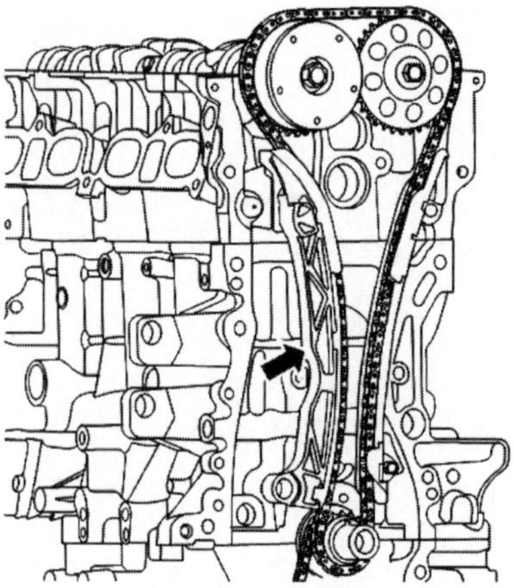 紧固力矩:19N·m 图6-4-22 安装正时链条张紧轨组件
9	安装正时链罩 ①把正时链罩和气缸体上残余的密封胶清理干净 ②在正时链罩与气缸体安装面均匀涂抹密封胶,安装正时链罩 ③把正时链罩上的5个M10规格的螺栓装好,先不要拧紧 ④把正时链罩上的8个M8规格的螺栓装好,先不要拧紧 ⑤安装3个M6规格的螺栓及螺帽,按照图6-4-23所示的顺序,将所有螺栓紧固至规范值 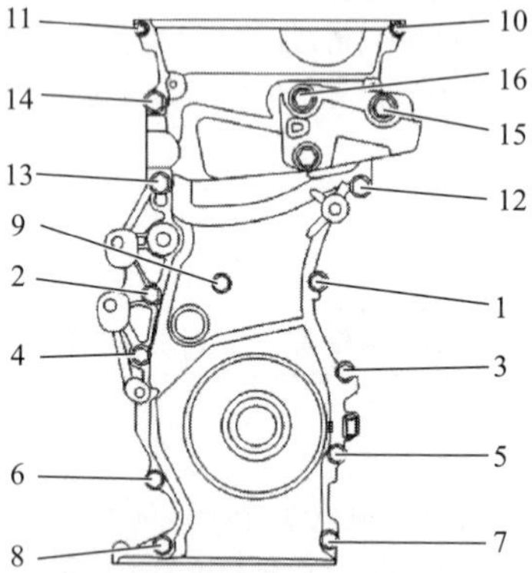 M6螺栓及螺帽力矩:(10±1)N·m M8螺栓力矩:(18±3)N·m M10螺栓力矩:(50±3)N·m 图6-4-23 螺栓紧固顺序
10	安装曲轴皮带轮,用专用工具安装曲轴皮带轮螺栓并紧固至(170±8)N·m
11	安装正时链条张紧器
12	安装油底壳
13	安装动力转向泵
14	安装发动机附件传动皮带张紧器
15	安装发动机附件传动皮带
16	安装气缸盖罩
17	安装发动机塑料护罩
18	加注发动机冷却液
19	连接好蓄电池负极电缆

第七章 理念汽车

一、理念 S1 轿车 1.3L（L13A3）和 1.5L（L15A1）发动机正时链条拆卸步骤

注意：正时链条应远离磁场。

① 转动曲轴皮带轮，使其上止点（TDC）标记 A 与指针 B 对准，见图 7-1-1。

② 拆下气缸盖罩。

③ 检查 TDC 处的 1 号活塞。凸轮轴链轮上的"UP"标记 A 应在顶部，并且凸轮轴链轮上的 TDC 凹槽 B 应与气缸的顶部边缘对准，见图 7-1-2。

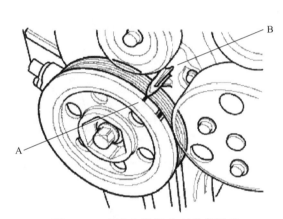
图 7-1-1 上止点标记 A 对准指针 B

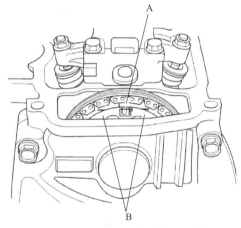
图 7-1-2 标记 A 与凹槽 B 识别

④ 拆下右前轮。

⑤ 拆下挡泥板。

⑥ 松开水泵皮带轮安装螺栓。

⑦ 拆下传动皮带。

⑧ 如图 7-1-3 所示，拆下交流发电机托架固定螺栓 A 并松开交流发电机固定螺栓 B。

⑨ 如图 7-1-4 所示，拆下惰轮。

⑩ 拆下水泵皮带轮。

⑪ 拆下曲轴皮带轮。

⑫ 拆下油底壳。

⑬ 断开曲轴位置传感器插接器，然后拆下线束夹，见图 7-1-5。

⑭ 在发动机气缸体下放置一个千斤顶和木块，支撑发动机。

⑮ 如图 7-1-6 所示，拆下接地电缆，然后拆下发动机机侧支座/托架总成。

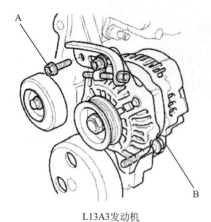 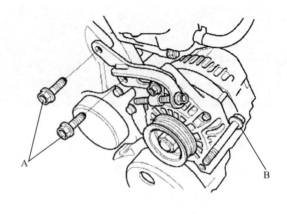

L13A3发动机　　　　　　　　　　　　　　　L15A1发动机

图 7-1-3　发电机托架固定螺栓 A 和发电机固定螺栓 B

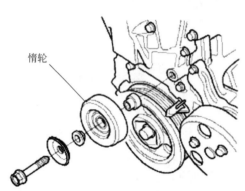 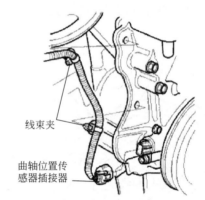

图 7-1-4　拆卸惰轮　　　　　图 7-1-5　曲轴位置传感器插接器与线束夹识别

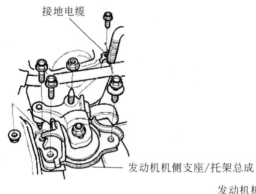 

手动变速器车型　　　　　　　　　　　　　　自动变速器车型

图 7-1-6　接地电缆与发动机机侧支座/托架总成识别

⑯ 使交流发电机远离链条箱，拆下链条箱，然后拆下曲轴位置传感器脉冲板，如图 7-1-7 所示。

⑰ 测量正时链条分离间距，如果间距小于维修极限，更换正时链条和正时链条张紧器，如图 7-1-8 所示。

第七章　理念汽车

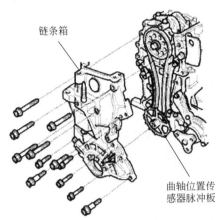

图 7-1-7　链条箱和曲轴位置传感器脉冲板识别

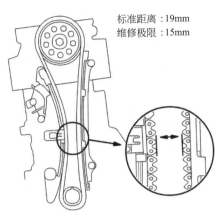

图 7-1-8　测量正时链条分离间距

⑱ 在正时链条张紧器滑块的滑动表面上涂抹新的发动机机油，如图 7-1-9 所示。

⑲ 用螺丝刀夹住凸轮轴链条张紧器滑块，然后拆下上螺栓，并松开下螺栓，如图 7-1-9 所示。

⑳ 如图 7-1-10 所示，拆下正时链条张紧器滑块。

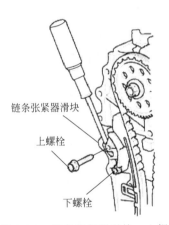

图 7-1-9　链条张紧器滑块、上螺栓和下螺栓识别

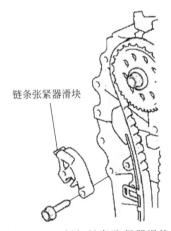

图 7-1-10　拆卸链条张紧器滑块

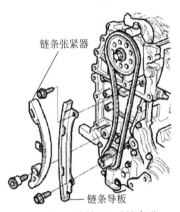

图 7-1-11　拆卸正时链条张紧器和链条导板

㉑ 如图 7-1-11 所示，拆下正时链条张紧器和链条导板。

㉒ 拆下正时链条。

二、理念 S1 轿车 1.3L（L13A3）和 1.5L（L15A1）发动机正时链条安装步骤

注意： 使正时链条远离磁场。

① 将曲轴设置到上止点位置，按图 7-1-12 所示，将曲轴链轮上的上止点标记与机油泵上的指针对准。

② 拆下曲轴链轮。

③ 将 1 号活塞固定在上止点位置，凸轮轴链轮上的"UP"标记应在顶部，并且凸轮轴链轮上的上止点凹槽应与气缸盖的顶部边缘对准，如图 7-1-13 所示。

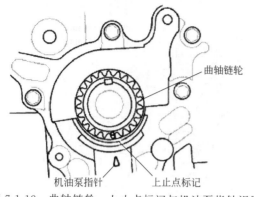

图 7-1-12 曲轴链轮、上止点标记与机油泵指针识别

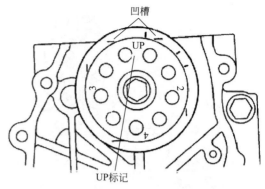

图 7-1-13 凸轮轴链轮 UP 标记与凹槽识别

④ 将正时链条安装在曲轴链轮上，使涂色的链节与曲轴链轮上的上止点标记对准，然后用键将曲轴链轮安装到曲轴上，见图 7-1-14。

⑤ 对于 L13A3 发动机，将正时链条安装到曲轴链轮上，使指针对准两个涂色链节的中间，见图 7-1-15。

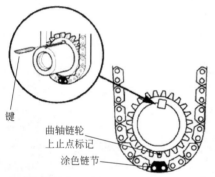

图 7-1-14 涂色链节、曲轴链轮上止点标记与键识别

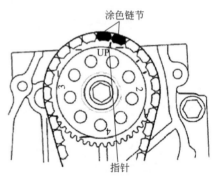

图 7-1-15 指针对准涂色链节中间

⑥ 对于 L15A1 发动机，将正时链条安装到曲轴链轮上，使指针与三个涂色链节对准，见图 7-1-16。

⑦ 将新的发动机机油涂抹到正时链条张紧器固定螺栓的螺纹上，见图 7-1-17。

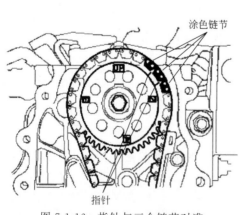

图 7-1-16 指针与三个链节对准

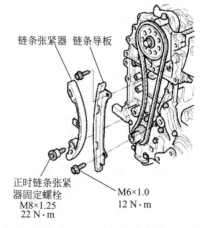

图 7-1-17 链条张紧器固定螺栓、链条张紧器和链条导板识别

⑧ 安装正时链条张紧器和正时链条导板，见图 7-1-17。
⑨ 按图 7-1-18 所示，安装正时链条张紧器滑块并安装螺栓，但先不要将螺栓拧紧。
⑩ 在正时链条张紧器滑块的滑动表面上涂抹新的发动机机油，见图 7-1-19。
⑪ 顺时针转动正时链条张紧器滑块以压紧正时链条张紧器，安装剩余的螺栓，然后紧固螺栓至规定扭矩，见图 7-1-19。

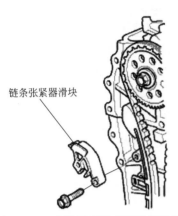

图 7-1-18 安装正时链条张紧器滑块

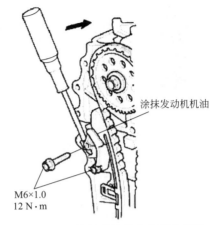

图 7-1-19 涂抹机油并安装剩余螺栓

⑫ 检查正时链条箱油封是否损坏。如果油封损坏，更换正时链条箱油封。
⑬ 将所有旧的密封胶从链条箱接合面、螺栓和螺栓孔上清除。
⑭ 清洁并风干链条箱接合面。
⑮ 在气缸盖和链条箱的发动机气缸体接合面与螺栓孔内缘涂抹密封胶（密封胶零件号为 08C70-K0334M）。涂抹密封胶后 5min 内安装零部件。

注意：按图 7-1-20 所示，沿虚线涂抹直径约 2.5mm 密封胶胶条。在发动机气缸体上表面接触部位涂抹 3.0mm 的密封胶胶条，见图 7-1-20。如果涂抹密封胶 5min 后未能安装部件，应清除旧的密封胶和残胶，然后重新涂抹新的密封胶并在 5min 内安装部件。

⑯ 按图 7-1-21 所示，安装曲轴位置传感器脉冲板和链条箱。

注意：加注发动机机油前，至少等待 30min。安装链条箱后，至少 3h 内不要运行发动机。

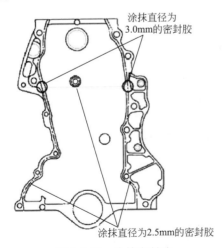

图 7-1-20 涂抹密封胶

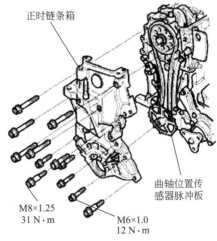

图 7-1-21 安装曲轴位置传感器脉冲板和正时链条箱

⑰ 紧固链条箱安装螺栓，清除链条箱接合部位多余的密封胶。

⑱ 安装气缸盖罩。

⑲ 如图 7-1-22 所示，安装线束夹，连接曲轴位置传感器插接器。

⑳ 按图 7-1-23 所示，安装发动机侧支座/托架总成，换装新的固定螺栓，然后按所示数字顺序紧固新的发动机侧支座/托架总成固定螺栓和螺母。

㉑ 安装接地电缆，见图 7-1-23。

㉒ 从发动机气缸体下拆下千斤顶和木块。

㉓ 安装油底壳。

㉔ 安装曲轴皮带轮。

㉕ 安装水泵皮带轮，并松松地安装水泵皮带轮安装螺栓。

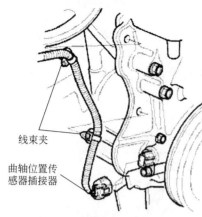

图 7-1-22 安装线束夹和曲轴位置传感器插接器

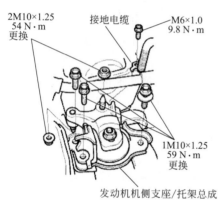

手动变速器车型　　自动变速器车型

图 7-1-23 安装发动机机侧支座托架总成和接地电缆

㉖ 如图 7-1-24 所示，安装惰轮。

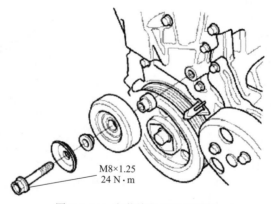

图 7-1-24 安装惰轮并紧固螺栓

㉗ 如图 7-1-25 所示，安装交流发电机托架固定螺栓。

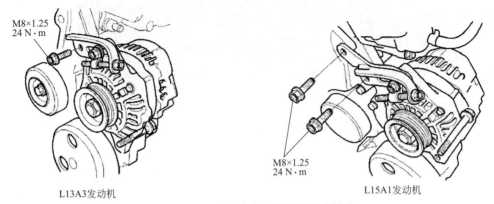

图 7-1-25　安装交流发动机托架固定螺栓

㉘ 安装传动皮带。
㉙ 拧紧水泵皮带轮安装螺栓。
㉚ 安装挡泥板。
㉛ 安装右前轮。
㉜ 执行曲轴位置模式清除/曲轴位置模式学习程序。

第八章 华普汽车

第一节 华普海峰轿车

一、华普海峰轿车 1.5L（JL479QA）发动机正时皮带拆装（表 8-1-1）

表 8-1-1　华普海峰轿车 1.5L（JL479QA）发动机正时皮带拆装

拆卸	
步骤	操作
1	拆卸气门室罩盖
2	如图 8-1-1 所示，拆下正时皮带罩 图 8-1-1　拆下正时皮带罩
3	将 1 号汽缸设置为压缩冲程上止点 ①转动曲轴皮带轮，使其"V"形槽对准 1 号正时皮带上的正时标记"0" ②将凸轮轴正时皮带轮的"K"标记之下的圆孔，与排气凸轮轴轴承盖边缘上的正时标记"V"对准。若未对准，则应转动曲轴一周（360°）将其对准，如图 8-1-2 所示 ③确认以上正时标记对正之后，再在正时皮带与凸轮轴正时皮带上，做好匹配记号，以及在正时皮带外表面画上顺时针方向箭头，如图 8-1-3 所示   图 8-1-2　正时记号 V 识别　　图 8-1-3　做好匹配记号

续表

拆卸	
步骤	操作
4	拆下曲轴皮带轮,如图 8-1-4 所示 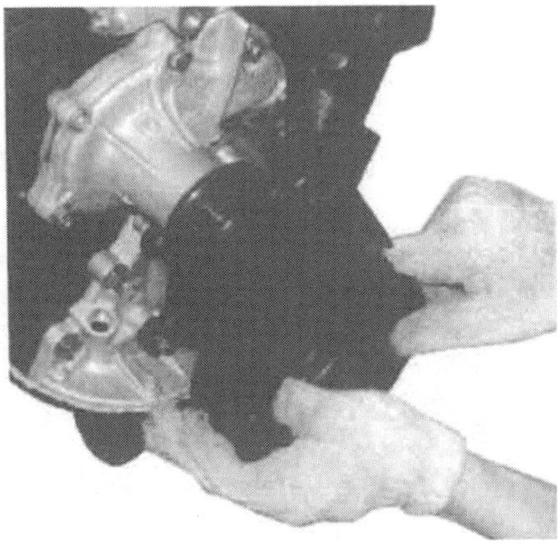 图 8-1-4　拆下曲轴皮带轮
5	拆下 1 号正时皮带罩和正时皮带 **注意**:在皮带轮和皮带上做好匹配记号
6	拆下凸轮轴正时皮带轮,如图 8-1-5 所示 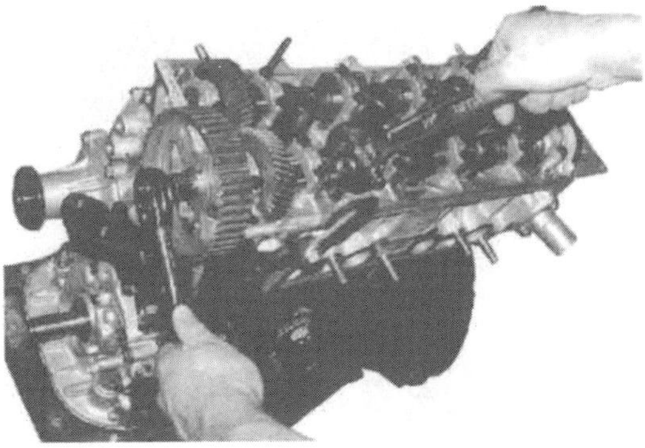 图 8-1-5　拆下凸轮轴皮带轮

安装	
步骤	操作
1	安装凸轮轴正时皮带轮 ①使凸轮轴定位销与皮带轮带"K"标记一侧的定位销对准,安装凸轮轴正时皮带轮;如有两个定位销槽时,只选"K"标记下方销槽对准装入,如图 8-1-6 所示 ②装入正时皮带轮螺栓后,用扳手固定住凸轮轴的六角头部分,拧紧正时皮带轮螺栓,拧紧力矩为 59N·m 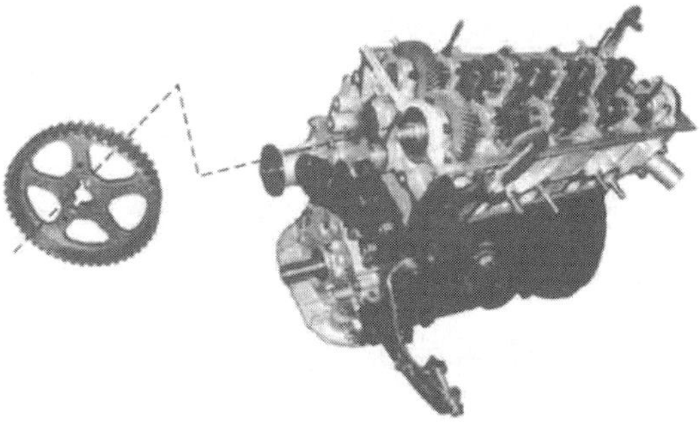 图 8-1-6　安装凸轮轴正时皮带轮

	安装
步骤	操作
2	安装正时皮带 检查正时皮带上的匹配标记与1号正时皮带罩端部是否对准。若未对准,可移动正时皮带轮的对应部位直至对准。对准正时皮带与凸轮轴正时皮带轮的匹配标记,如图8-1-7和图8-1-8所示  图8-1-7 正时皮带上的匹配标记与1号正时皮带罩端部对准 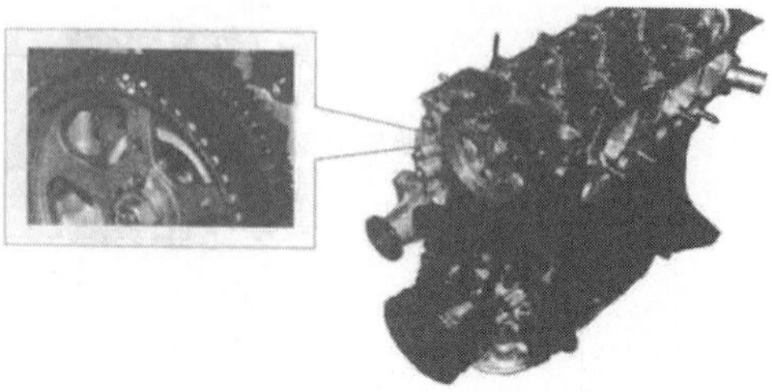　　图8-1-8 正时皮带与凸轮轴正时皮带轮的匹配标记对准
3	检查气门正时 ①松开皮带张紧轮螺栓,如图8-1-9所示 ②缓慢转动曲轴两周,从第1缸上止点转起,转两周后重新回到上止点。一定要沿着顺时针方向转动曲轴 ③检查每个皮带轮是否对准正时标记,如图8-1-10所示,如果标记未对准,应予重装  图8-1-9 张紧轮螺栓 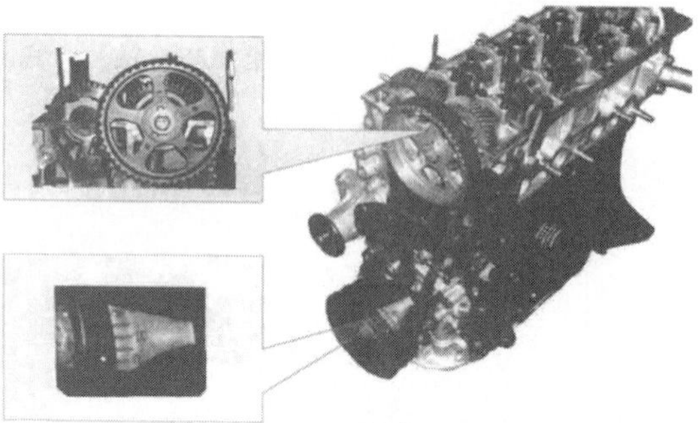　　图8-1-10 正时标记

二、华普海峰轿车1.8L（JL481Q）发动机正时

见华普海峰轿车1.5L（JL479QA）发动机正时校对内容。

第二节　华普海尚轿车

一、华普海尚轿车1.5L（JL479QA）发动机正时校对

见第一节华普海峰轿车1.5L（JL479QA）发动机正时校对内容。

二、华普海尚轿车 1.8L（JL481Q）发动机正时

见第一节华普海峰轿车 1.5L（JL479QA）发动机正时校对内容。

第三节　华普海域轿车

华普海域轿车 1.5L（JL479QA）发动机正时校对见第一节华普海峰轿车 1.5L（JL479QA）发动机正时校对内容。

第九章 中华汽车

第一节 中华骏捷轿车

一、中华骏捷轿车 1.6L（4G18）发动机正时校对

1. 1.6L（4G18）发动机正时部件识别（图9-1-1）

图9-1-1 4G18发动机正时部件识别

1—正时带上罩壳；2—正时带下罩壳；3—正时带；4—张紧轮弹簧；5—正时带张紧轮；6—发动机右支架；7—曲轴正时齿轮；8—曲轴转角传感器齿形板；9—曲轴转角传感器齿形板压板；10—凸轮轴正时齿轮螺栓；11—凸轮轴正时齿轮

2. 1.6L（4G18）发动机正时皮带安装方法（表9-1-1）

表9-1-1 1.6L（4G18）发动机正时皮带安装方法

步骤	操作
1	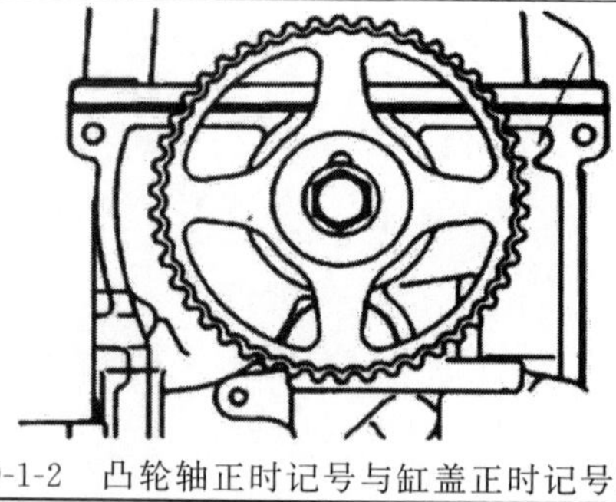 将凸轮轴正时齿轮上的正时记号与缸盖的正时记号对准，如图9-1-2所示 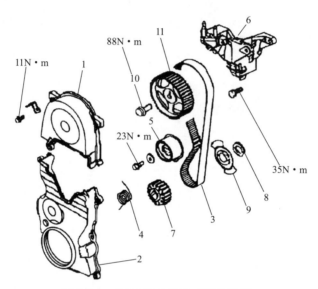 图9-1-2 凸轮轴正时记号与缸盖正时记号对准

续表

步骤	操作
2	将曲轴正时齿轮上的正时记号与前壳体上的正时记号对准,如图 9-1-3 所示 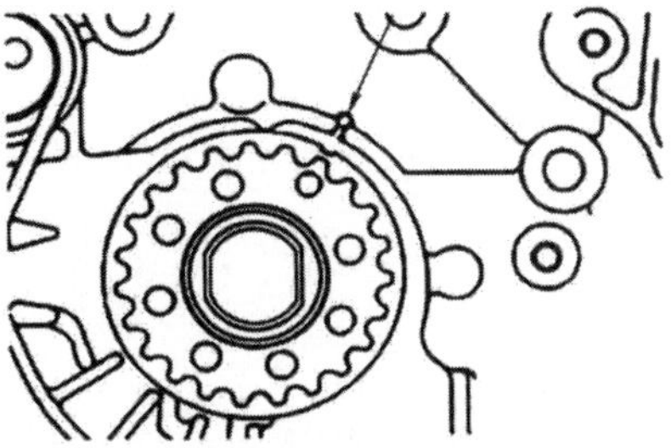 图 9-1-3　曲轴正时记号与前壳体正时记号对准
3	将正时皮带张紧轮锁定在图 9-1-4 所示的位置 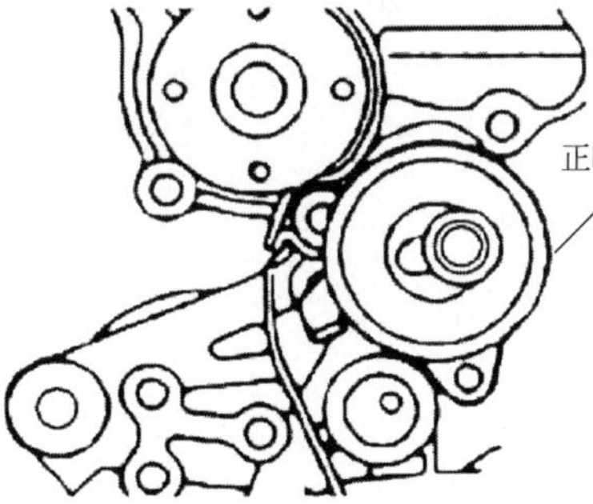 图 9-1-4　锁定正时皮带张紧轮
4	将张紧轮弹簧的一个伸长端勾在正时皮带张紧轮的钩形部位,并将张紧轮装到机油泵壳体上,如图 9-1-5 所示 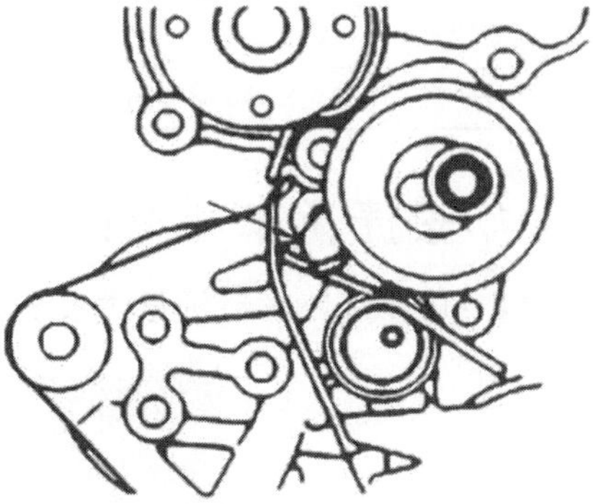 图 9-1-5　弹簧伸长端勾住勾形部位
5	夹住张紧轮弹簧的另一伸长端,并如图 9-1-6 所示将它勾到机油泵壳体凸耳上 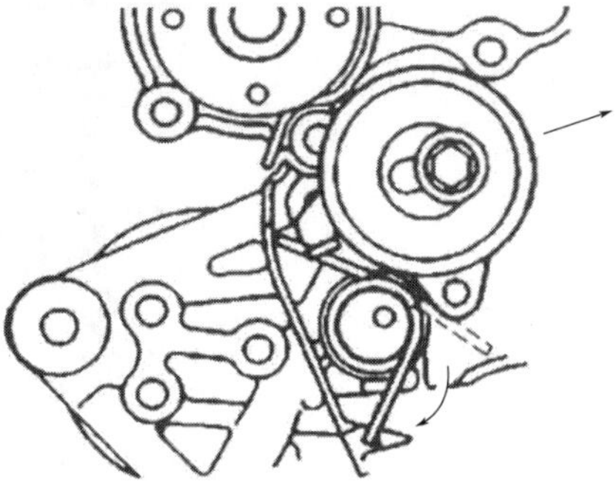 图 9-1-6　弹簧伸长端勾住机油泵壳体凸耳
6	按图 9-1-6 所示方向移动正时皮带张紧轮,可在安装正时皮带后将其张紧

续表

步骤	操作
7	使正时皮带的张紧侧保持张紧,并将正时皮带依次装入曲轴正时齿轮、凸轮轴正时齿轮和张紧轮带轮,如图9-1-7所示

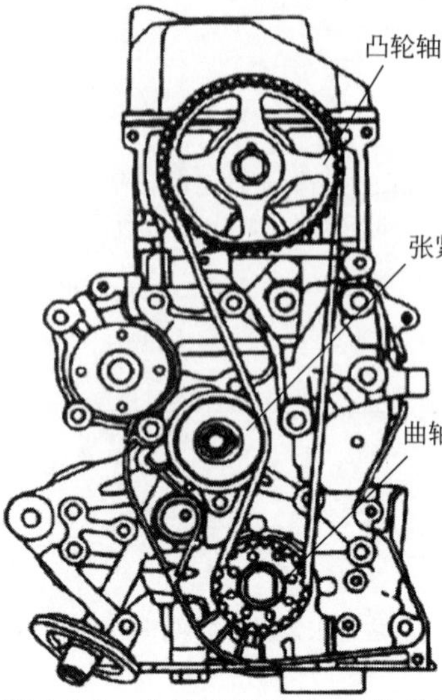

图 9-1-7　曲轴正时齿轮、凸轮轴正时齿轮和张紧轮带轮识别

8	拧松张紧轮带轮安装螺栓1/4～1/2圈,使张紧轮弹簧的张力作用到正时皮带上
9	顺时针旋转曲轴2圈,检查正时记号是否正确对准 **注意**:这种方法利用曲轴驱动力矩均匀地将张力作用到正时皮带上。必须如上述方向旋转曲轴,不得以反向旋转曲轴
10	拧紧张紧轮带轮安装固定螺栓

二、中华骏捷轿车 1.8T（BL18T）发动机正时校对

1. 1.8T（BL18T）发动机正时系统部件识别（图 9-1-8）

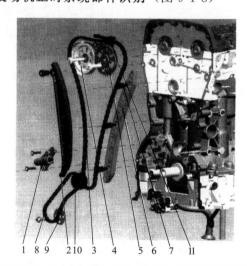

图 9-1-8　1.8T（BL18T）发动机正时系统部件
1—正时链张紧器；2—正时链张紧臂组件；3—正时链条；4—进气凸轮轴链轮组件；5—排气凸轮轴链轮；
6—侧导轨；7—螺栓；8—油泵链条；9—油泵链轮；10—曲轴链轮；11—上导轨组件

2. 1.8T（BL18T）发动机正时链条拆卸方法（表 9-1-2）

表 9-1-2　1.8T（BL18T）发动机正时链条拆卸方法

步骤	操作
1	沿顺时针将曲轴转动到 1 缸活塞压缩行程上止点位置，安装好上止点定位工具和凸轮轴定位工具，见图 9-1-9  图 9-1-9　凸轮轴定位工具识别
2	推动正时链条张紧臂，使正时链条张紧器上的销孔对齐，然后插入锁止销
3	拧松正时链条张紧器和侧导轨上的固定螺栓，拆下张紧臂和侧导轨
4	松开排气凸轮轴链轮螺栓，取下排气凸轮轴链轮
5	拆下正时链条
6	拆下机油泵链条张紧器固定螺栓，取下机油泵链条张紧器
7	使用专用扳手（图 9-1-10）松开机油泵链轮固定螺栓，取下机油泵链轮和链条  图 9-1-10　用专用扳手松开机油泵链轮固定螺栓
8	拆下曲轴链轮
9	松开正时链条张紧器固定螺栓，拆下正时链条张紧器
10	松开上导轨固定螺栓，取下上导轨
11	拆下进气凸轮轴链轮和螺栓

3. 1.8T（BL18T）发动机正时链条安装方法（表 9-1-3）

表 9-1-3　1.8T（BL18T）发动机正时链条安装方法

步骤	操作
1	调整凸轮轴和曲轴的位置，安装上止点定位工具和凸轮轴定位工具，工具安装完毕后，进气和排气凸轮轴前侧正时链槽应处于竖直向上的位置，如图 9-1-11 所示 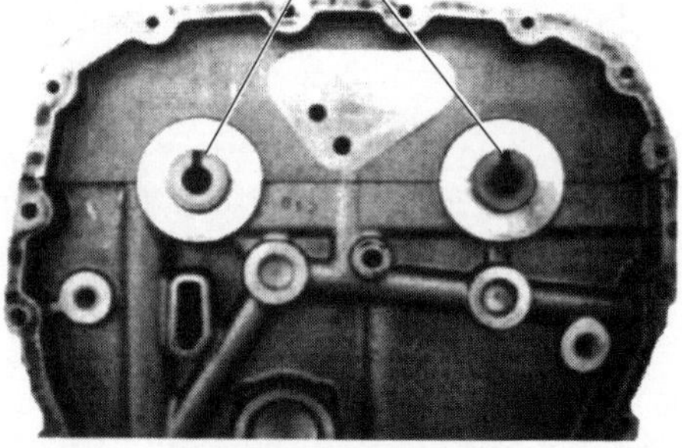 图 9-1-11　凸轮轴前侧正时链槽应竖直向上
2	清洁所要安装的零件和接触面，检查零部件有无磕碰痕迹
3	用 2 个螺栓安装正时链上导轨，先不要拧紧
4	用螺纹部分涂了密封胶的进气凸轮轴链轮螺栓，将进气凸轮轴链轮（带信号轮）安装到进气凸轮轴上并拧紧至(70±2)N·m
5	用 2 个正时链张紧器螺栓安装正时链张紧器（位于进气侧），拧紧正时链上导轨螺栓和正时链张紧器螺栓到(10±2)N·m
6	将曲轴链轮安装到曲轴上（倒角端向内），如图 9-1-12 所示  图 9-1-12　安装曲轴链轮
7	将机油泵链条套在机油链轮和曲轴链轮上后安装到相应位置并用油泵链轮螺栓拧紧机油泵链轮至(10±2)N·m
8	用机油泵链条张紧器螺栓安装机油泵链条张紧器
9	拧紧机油泵链条张紧器至(10±2)N·m
10	将正时链条套在进排气凸轮轴链轮和曲轴链轮上后，用排气凸轮轴链轮螺栓将排气凸轮轴链轮安装到排气凸轮轴上，螺栓不拧紧
11	用正时链侧导轨螺栓安装正时链侧导轨（排气侧），先不拧紧
12	用正时链张紧臂螺栓安装正时链张紧臂（进气侧），先不拧紧
13	拧紧正时链张紧臂螺栓和正时链侧导轨螺栓到(25±2)N·m
14	拔出正时链条张紧器的锁紧销
15	拧紧排气凸轮轴链轮螺栓到(70±2)N·m

续表

步骤	操作
16	取下上止点定位工具和凸轮轴定位工具
17	沿顺时针方向转动曲轴2周,确认正时安装正确

第二节 中华尊驰轿车

一、中华尊驰轿车1.8T(BL18T)发动机正时校对

见第一节中华骏捷轿车1.8T(BL18T)发动机正时校对内容。

二、中华尊驰轿车2.4L(4G64S4M)发动机正时校对

1. 2.4L(4G64S4M)发动机正时系统部件识别(图9-2-1)

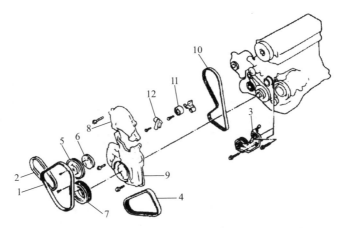

图9-2-1 2.4L(4G64S4M)发动机正时部件识别

1—水泵驱动皮带;2—发电机驱动皮带;3—张紧器轮支架;4—空调驱动皮带;5—水泵皮带轮;6—动力转向轮;7—曲轴皮带轮;8—正时皮带前上护罩;9—正时皮带前下护罩;10—正时皮带;11—张紧轮;12—自动张紧器

2. 2.4L(4G64S4M)发动机正时皮带拆卸(表9-2-1)

表9-2-1 2.4L(4G64S4M)发动机正时拆卸操作步骤

步骤	操作
1	举升并支撑车辆,从右侧车辆轮罩处拆下发动机防溅板
2	降下车辆,用千斤顶支撑发动机,拆卸冷却液存储罐,拆卸发动机附件传动皮带并记清附件传动皮带的盘绕路径(图9-2-2) 图9-2-2 发动机附件传动皮带盘绕路径

续表

步骤	操作
3	拆卸传动皮带张紧轮支架、动力转向泵轮和水泵轮
4	顺时针转动曲轴,使1缸活塞处于压缩行程的上止点位置。将凸轮轴链轮上的正时标记与气缸盖上的正时标记对齐(图9-2-3)

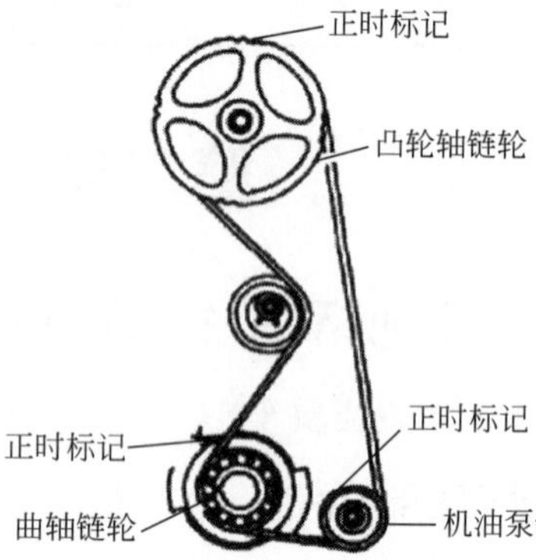

图 9-2-3 对齐正时皮带的正时标记

步骤	操作
5	松开正时皮带张紧器的中心螺栓,将张紧器轮向水泵处移动。拧紧中心螺栓,固定张紧器。拆卸前正时皮带、张紧器轮和正时皮带自动张紧器
6	拆卸平衡轴皮带:从气缸体上拆下左侧平衡轴检修塞,插入一只直径为8mm的螺丝刀,固定住左侧减振轴(图9-2-4),确认螺丝刀插入至少60mm。如果螺丝刀不能插入60mm的深度,则取出螺丝刀,转动平衡轴一周,重新对准正时标记

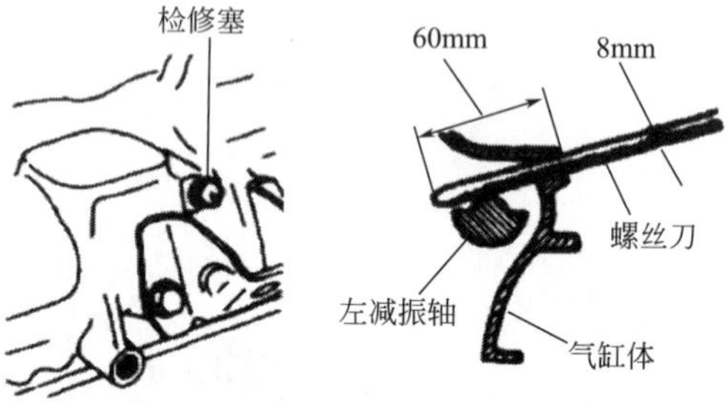

图 9-2-4 固定平衡轴

步骤	操作
7	如果要继续使用原有的平衡轴正时皮带,要在正时皮带上做好指示旋转方向的标记。固定住曲轴,拆卸前曲轴链轮螺栓,用齿轮拔具将曲轴链轮从曲轴上拆卸下来
8	松开平衡轴张紧器轮的中央螺栓,拆卸平衡轴正时皮带,检查正时皮带是否损坏

3. 2.4L(4G64S4M)发动机正时皮带安装(表9-2-2)

表 9-2-2 2.4L(4G64S4M)发动机正时皮带安装操作步骤

步骤	操作
1	对齐曲轴后链轮和平衡轴链轮的正时标记(图9-2-5),安装平衡轴正时皮带 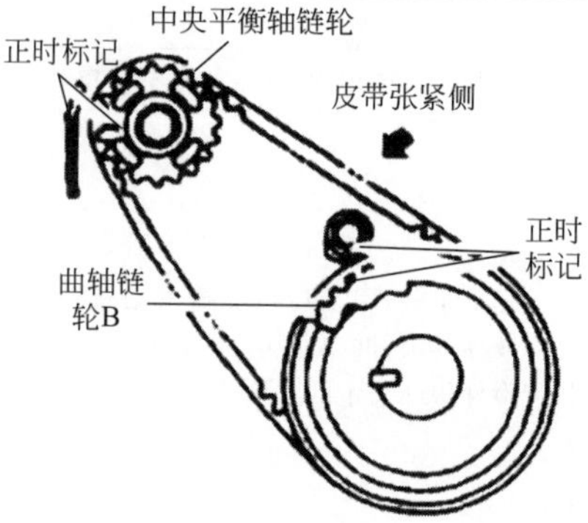

图 9-2-5 对齐平衡轴正时标记

续表

步骤	操作
2	安装曲轴链轮(图 9-2-6),在曲轴链轮固定螺栓上涂抹发动机机油,安装螺栓并将其紧固到 108~127N·m 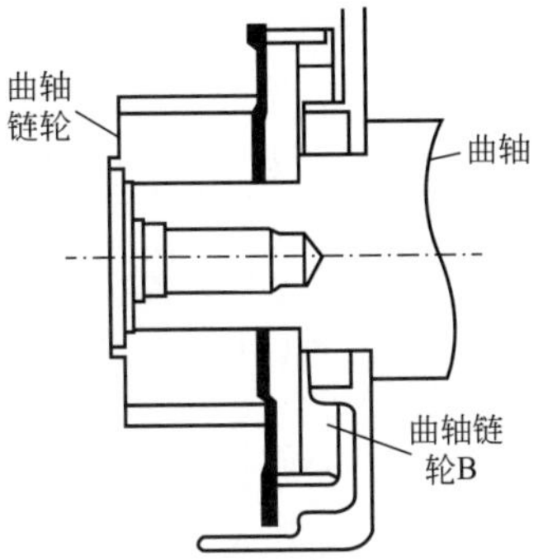 图 9-2-6 安装曲轴链轮
3	移动平衡轴张紧器轮,使张紧器轮的中心位于张紧器中心螺栓的上方且处于中心螺栓中心线的左侧(图 9-2-7),张紧器轮的法兰盘要朝向发动机前方 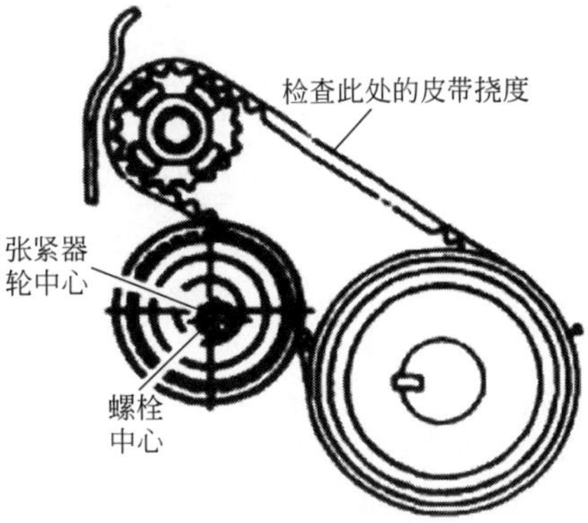 图 9-2-7 调节平衡轴皮带张紧器
4	用手朝平衡轴正时皮带方向按压平衡轴张紧器轮,松开平衡轴张紧器轮的中心螺栓,确认平衡轴正时皮带绷紧,然后紧固平衡轴张紧器轮中心螺栓
5	检查皮带挠度,规范值为 5~7mm
6	使用软齿虎钳,缓慢压缩正时皮带自动张紧器推杆,直至推杆销孔对齐张紧器上的销孔,插入固定销,固定住自动张紧器。将带着固定销的张紧器安装到发动机上,安装张紧器轮
7	按图 9-2-3 所示,将各个正时标记全部对齐。将正时皮带安装到曲轴链轮、机油泵链轮和凸轮轴链轮上。确认各个链轮之间的正时皮带均绷紧
8	调整正时皮带张紧器轮,使销孔处于张紧器轮的底部(图 9-2-8)。暂时拧紧张紧器轮中心螺栓 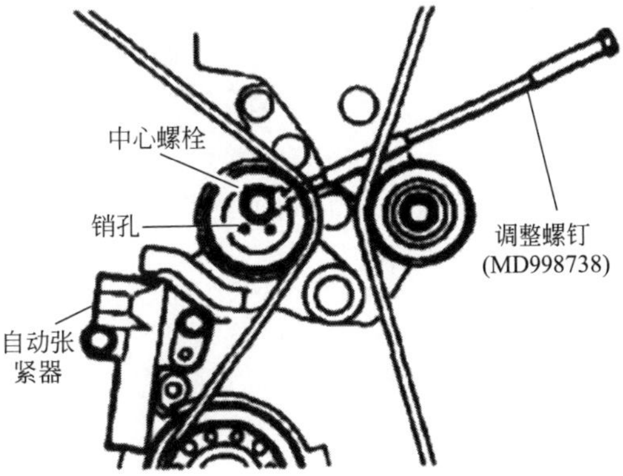 图 9-2-8 在张紧器轮上安装调整螺钉

续表

步骤	操作
9	按图9-2-8所示,将调整螺钉(MD998738)装入正时皮带后护罩,用手转动调整螺钉,直至张紧器支架臂接触到自动张紧器推杆底部
10	调节正时皮带张紧度,逆时针转动曲轴1/4圈,再顺时针转动曲轴,直至所有正时标记全部对齐
11	松开张紧器轮中心螺栓,安装适配器(MD998767)和扭矩扳手(图9-2-9),紧固张紧器轮中心螺栓。紧固时不要转动张紧器轮 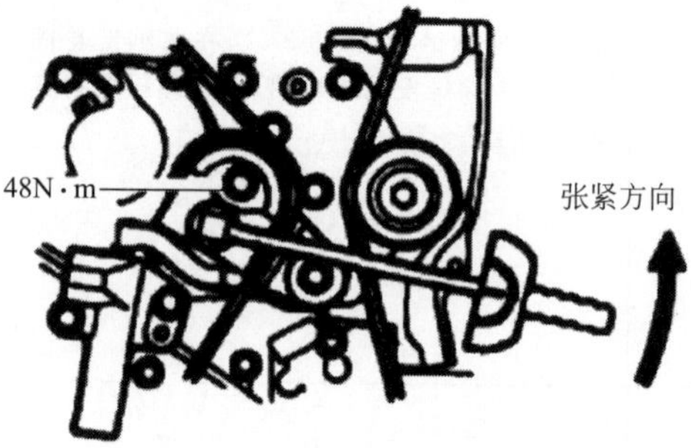
12	从自动张紧器上拆下固定销,拆卸调整螺钉
13	顺时针转动曲轴2圈,对齐各个正时标记
14	安装正时皮带护罩。将护罩的固定螺栓安装好(图9-2-10) 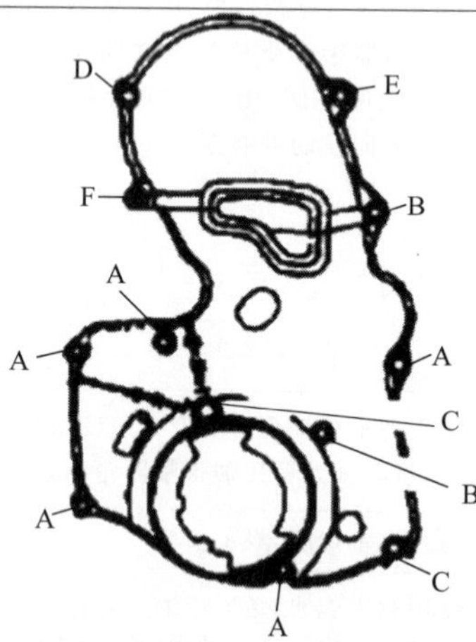
15	安装附件传动皮带并调节传动皮带的张紧度

图9-2-9 调节正时皮带张紧度

图9-2-10 安装正时皮带护罩固定螺栓
A—M6×18(mm);B—M6×25(mm);C—M6×25(mm);
D—M8×50(mm);E—M8×28(mm);F—M8×35(mm)

第三节 中华酷宝轿车

中华酷宝轿车1.8T(BL18T)发动机正时校对见第一节中华骏捷轿车1.8T(BL18T)发动机正时校对内容。

第十章 红旗轿车

一、红旗盛世轿车 3.0L（3GR-FE）发动机正时校对

1. 3.0L（3GR-FR）发动机正时系统部件识别

3.0L（3GR-FR）发动机正时系统部件识别见图 10-1-1～图 10-1-4。

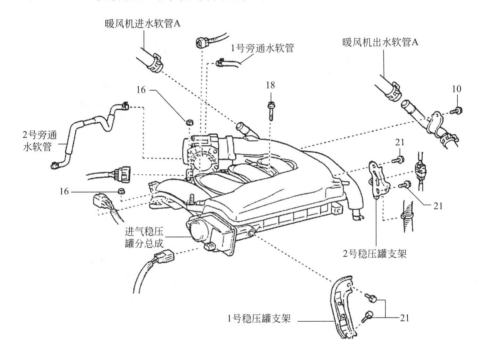

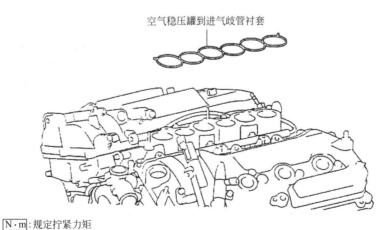

N·m：规定拧紧力矩

图 10-1-1　3.0L（3GR-FR）发动机正时系统部件识别（一）

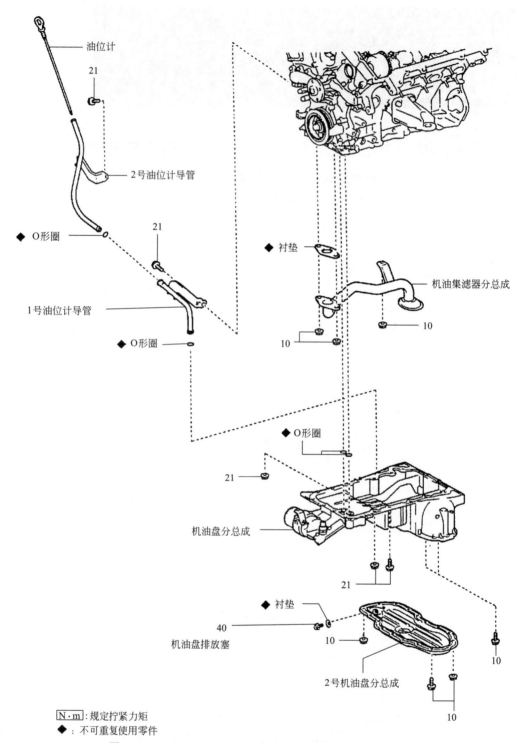

图 10-1-2　3.0L（3GR-FR）发动机正时系统部件识别（二）

2. 红旗盛世轿车 3GR-FE 发动机正时链条拆卸步骤

（1）拆下带自动变速器的发动机总成。

（2）拆下发动机配线。

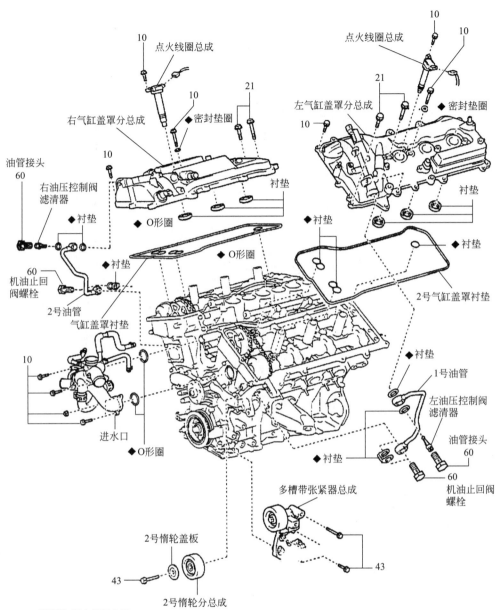

图 10-1-3　3.0L（3GR-FR）发动机正时系统部件识别（三）

(3) 如图 10-1-5 所示，拆下油位计导管。
① 拆下油位计。
② 拆卸螺栓，拉出 1 号和 2 号油位计导管。
③ 从油位计上拆下"O"形圈。
(4) 拆卸右排气歧管。
(5) 拆卸左排气歧管。
(6) 拆卸起动机。
(7) 拆卸自动变速器。

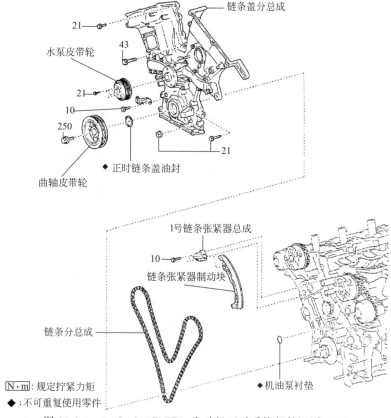

图 10-1-4　3.0L（3GR-FR）发动机正时系统部件识别（四）

（8）拆卸前悬架横梁。
（9）拆卸驱动盘和齿圈。
（10）把发动机固定到发动机台架上。
（11）拆卸风扇和发电机传动皮带。
（12）拆卸发电机。
（13）拆卸空调压缩机。
（14）拆卸2号惰轮。

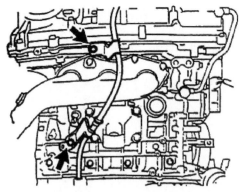

图 10-1-5　拆下油位计导管

图 10-1-6　拆卸传动皮带张紧器螺栓

(15) 如图 10-1-6 所示，拆卸传动皮带张紧器。

(16) 拆下水泵皮带轮。

(17) 拆卸进水口。

(18) 拆卸曲轴皮带轮。

① 如图 10-1-7 所示，用专用工具固定住曲轴皮带轮，松开曲轴皮带轮螺栓。

② 如图 10-1-8 所示，拆卸曲轴皮带轮。

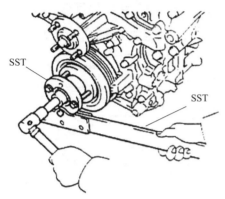

图 10-1-7 拆卸曲轴皮带轮螺栓

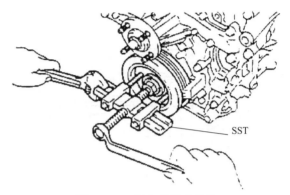

图 10-1-8 拆卸曲轴皮带轮

(19) 拆卸 2 号机油盘。

① 拆卸 2 号机油盘的螺栓和螺母，如图 10-1-9 所示。

② 在机油盘和 2 号机油盘支架插入专用工具，切断涂抹的密封胶并拆下 2 号机油盘。如图 10-1-10 所示。

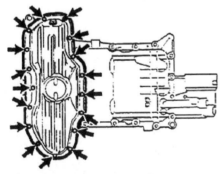

图 10-1-9 拆卸螺栓和螺母

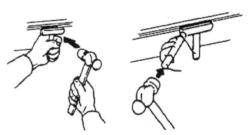

图 10-1-10 插入专用工具

(20) 拆卸机油盘。

① 如图 10-1-11 所示，拆卸机油盘的螺栓和螺母。

② 如图 10-1-12 所示，用螺丝刀在机油盘和气缸体间撬动，拆卸机油盘。

③ 如图 10-1-13 所示，从机油泵上拆下"O"形圈。

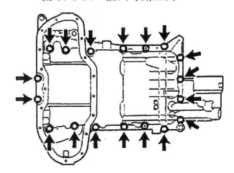

图 10-1-11 拆卸螺栓和螺母

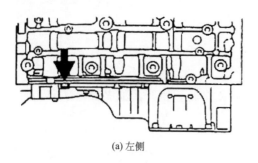

(a) 左侧

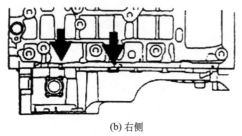

(b) 右侧

图 10-1-12　螺丝刀撬动位置

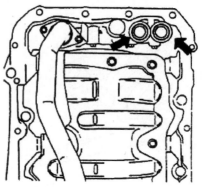

图 10-1-13　拆卸"O"形圈

(21) 如图 10-1-14 所示，拆卸螺母、机油集滤器和衬垫。
(22) 拆卸进气稳压罐。
(23) 拆卸点火线圈。
(24) 拆卸 1 号油管。
(25) 拆卸 2 号油管。
(26) 拆卸右气缸盖罩。
(27) 拆卸左气缸盖罩。
(28) 拆卸正时链条盖。
(29) 拆卸正时链条盖油封。
(30) 把 1 缸设置在压缩行程上止点位置。

① 安装曲轴皮带轮螺栓，转动曲轴，使曲轴正时标记与气缸体的正时线对齐，如图 10-1-15 所示。

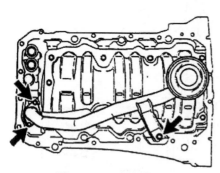

图 10-1-14　拆卸螺母

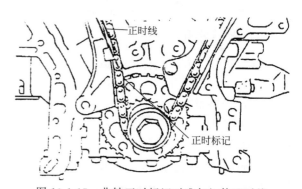

图 10-1-15　曲轴正时标记对准气缸体正时线

② 如图 10-1-16 所示，检查凸轮轴正时齿轮的正时标记是否与轴承盖上的正时标记对齐。如果没有对齐，则将凸轮轴转动一周，对齐上述标记。

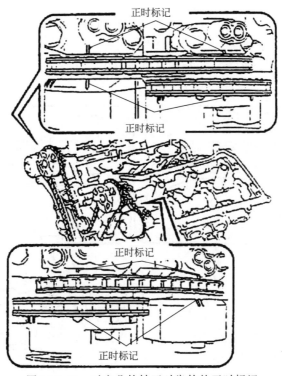

图 10-1-16　对齐凸轮轴正时齿轮的正时标记

(31) 拆卸 1 号正时链条张紧器。

① 如图 10-1-17 所示,顺时针推动张紧器限位板时,将正时链条张紧器柱塞推入。

② 逆时针转动张紧器限位板时,将直径为 3.5mm 的销子插入限位板和张紧器上的孔内,固定限位板。

③ 拆卸螺栓和正时链条张紧器。

(32) 拆卸正时链条张紧器制动块。

(33) 拆卸正时链条。

① 逆时针转动曲轴 10°,松开曲轴正时齿轮的正时链条。

② 从曲轴正时齿轮上拆下正时链条,把它放在曲轴上。

③ 如图 10-1-18 所示,顺时针转动右侧的凸轮轴正时齿轮 60°,将其固定,确保松开中间正时链条。

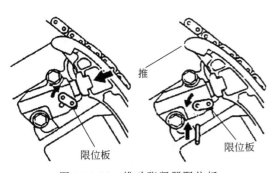

图 10-1-17　推动张紧器限位板

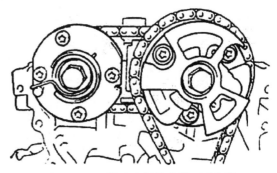

图 10-1-18　转动右侧凸轮轴正时齿轮

④ 拆卸正时链条。

3. 红旗盛世轿车 3.0L（3GR-FE）发动机正时链条安装步骤

（1）安装正时链条。

① 把标记链节（橙色）与凸轮轴正时齿轮的正时标记对齐，安装正时链条，如图 10-1-19 所示。

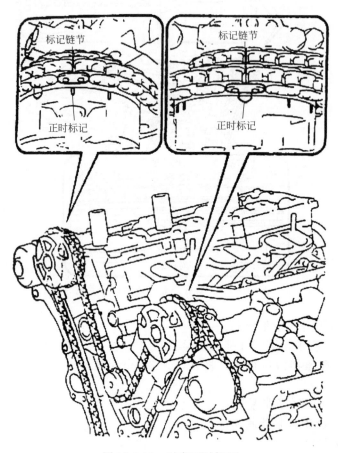

图 10-1-19　对齐正时标记

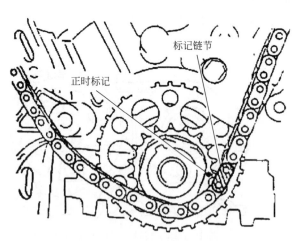

图 10-1-20　对齐曲轴正时标记

② 逆时针转动右侧的凸轮轴正时齿轮，张紧中间链条。

③ 把标记链节（黄色）与曲轴正时齿轮的正时标记对齐，如图 10-1-20 所示。

④ 顺时针转动曲轴，把曲轴设定到压缩上止点位置。

（2）安装正时链条张紧器制动块。

（3）安装 1 号正时链条张紧器。

① 如图 10-1-21 所示，顺时针转动张紧器限位板，把张紧器柱塞推入。

② 逆时针转动张紧器限位板，把 3.5mm 的销子插入限位板和张紧器上的孔内，固定限位板。

③ 把正时链条张紧器上的螺栓紧固到 10N·m。

④ 从 1 号正时链条张紧器上拆下销子,检查在压缩上止点位置时,各个正时标记是否对齐。

(4) 安装正时链条盖的油封。

(5) 安装正时链条盖。

(6) 安装左侧气缸盖罩。

(7) 安装右侧气缸盖罩。

(8) 安装 2 号油管。

(9) 安装 1 号油管。

(10) 安装点火线圈。

(11) 安装进气稳压罐。

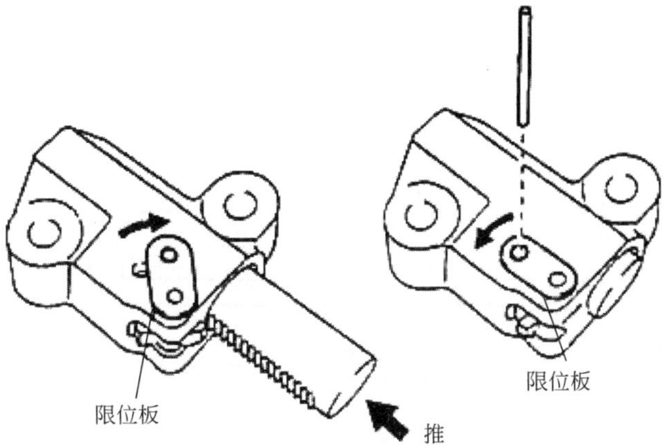

(12) 安装新的衬垫和机油集滤器,并把固定螺母紧固至 10N·m。

(13) 安装机油盘。

① 除去旧的密封填料

② 把 2 个新的"O"形圈安装到机油泵上。

③ 如图 10-1-22 所示,连续不断地在机油盘上涂抹密封填料。涂抹填料后应在 3min 内安装机油盘,安装机油盘后应在 15min 内紧固机油盘的螺栓和螺母。否则必须拆下机油盘重新涂抹密封填料。安装机油盘后 2h 内不要启动发动机。

④ 如图 10-1-23 所示,安装机油盘的螺栓和螺母。螺栓 A 的紧固力矩为 10N·m,螺栓 B 的紧固力矩为 21N·m。

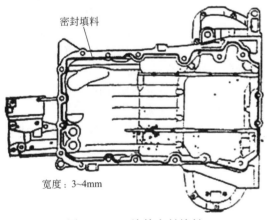

图 10-1-22 涂抹密封填料

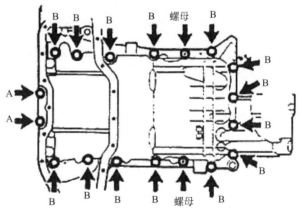

图 10-1-21 转动限位板并推入柱塞

图 10-1-23 紧固机油盘的螺栓和螺母

(14) 安装 2 号机油盘。

① 除去旧的密封填料

② 如图 10-1-24 所示,连续不断地在 2 号机油盘上涂抹密封填料。涂抹填料后应在 3min 内安装 2 号机油盘,安装机油盘后应在 15min 内紧固 2 号机油盘的螺栓和螺母。否则必须拆下机油盘重新涂抹密封填料。安装 2 号机油盘后 2h 内不要启动发动机。

③ 安装 2 号机油盘的螺栓和螺母,并紧固至 10N·m。

(15) 如图 10-1-25 所示,用专用工具安装曲轴皮带轮螺栓并紧固至 250N·m。

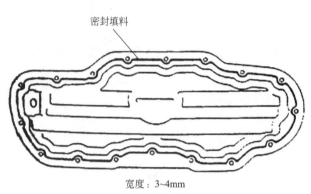

图 10-1-24 涂抹密封填料

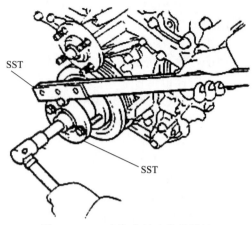

图 10-1-25 安装曲轴皮带轮螺栓

(16) 安装进水口。
(17) 安装水泵皮带轮。
(18) 安装传动皮带张紧器。

① 临时用 5 个螺栓（图 10-1-26 中的黑色箭头）安装传动皮带张紧器。

② 按图 10-1-26 所示紧固螺栓 1 和螺栓 2，安装传动皮带张紧器，螺栓 1 和螺栓 2 的紧固力矩为 43N·m。

③ 紧固其他的螺栓，紧固力矩为 43N·m。螺栓 A 的长度为 70mm；螺栓 B 的长度为 33mm。

(19) 安装 2 号惰轮，惰轮螺栓的紧固力矩为 43N·m。
(20) 安装空调压缩机。
(21) 安装发电机。
(22) 安装风扇和发电机传动皮带。

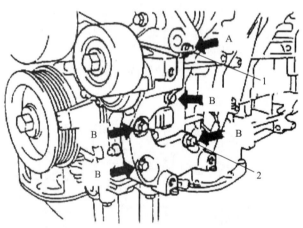

图 10-1-26 安装传动皮带张紧器

(23) 从发动机台架上拆下发动机。
(24) 安装驱动盘和齿圈。
(25) 安装前悬架横梁。
(26) 安装自动变速器。
(27) 安装起动机。
(28) 安装左侧排气歧管。
(29) 安装右侧排气歧管。
(30) 如图 10-1-27 所示，安装油位计导管。

① 把新的"O"形圈安装到油位计导管上。
② 在新的"O"形圈上涂抹一层机油。
③ 在油位计导管的端部推进导管孔。
④ 用螺栓安装 1 号油位计导管，紧固力矩为 10N·m。

⑤ 用螺栓安装 2 号油位计导管，紧固力矩为 21N·m。

⑥ 安装油位计。

（31）安装发动机配线。

（32）安装带自动变速器的发动机总成。

二、红旗盛世轿车 4.3L（3UZ-FE）发动机正时

1. 4.3L（3UZ-FE）发动机正时皮带部件识别

4.3L（3UZ-FE）发动机正时皮带部件识别见图 10-1-28。

2. 4.3L（3UZ-FE）发动机正时皮带拆卸步骤

4.3L（3UZ-FE）发动机正时皮带拆卸步骤见表 10-1-1。

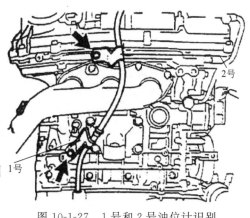

图 10-1-27 1 号和 2 号油位计识别

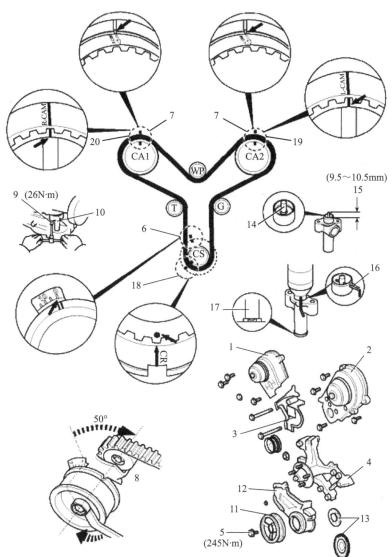

图 10-1-28 4.3L（3UZ-FE）发动机正时皮带部件识别

表 10-1-1　4.3L（3UZ-FE）发动机正时皮带拆卸步骤

步骤	操作方法
1	拆卸发动机底部护罩
2	拆卸发动机进气管路
3	拆卸发动机空气滤清器
4	拆卸发动机附件传动皮带
5	拆卸发电机和冷却风扇
6	拆卸发动机附件传动皮带张紧轮
7	拆卸发动机附件传动皮带导轮
8	拆卸动力转向泵轮
9	从正时皮带左侧和右侧盖罩处拆下连接线束
10	拆卸机油冷却管
11	拆下空调压缩机并将其挪到一旁,但不要断开制冷剂管路
12	拆卸正时皮带左侧上部盖罩(图10-1-28中的2)
13	拆卸正时皮带右侧上部盖罩(图10-1-28中的1)
14	拆卸正时皮带中央盖罩(图10-1-28中的3)
15	拆卸发动机冷却风扇支架(图10-1-28中的4)
16	松开曲轴皮带轮螺栓(图10-1-28中的5)
17	顺时针转动曲轴,使发动机设置在1缸上止点位置。确保正时标记(图10-1-28中的6和7)对齐
18	将曲轴继续沿顺时针方向转动50°,使曲轴带轮的正时标记与导轮螺栓对齐(图10-1-28中的8) **注意**:此时凸轮轴带轮上的正时标记会向前移动25°
19	拆卸曲轴皮带轮螺栓(图10-1-28中的5)
20	拆卸自动张紧器螺栓(图10-1-28中的9)
21	拆卸自动张紧器(图10-1-28中的10)
22	拆卸自动张紧器防尘罩
23	从凸轮轴带轮上拆下正时皮带
24	用拔出工具拆卸曲轴皮带轮(图10-1-28中的11) **注意**:拆卸时不要转动曲轴
25	拆卸发电机
26	拆卸正时皮带下部盖罩(图10-1-28中的12)
27	拆卸曲轴位置传感器磁阻(图10-1-28中的13)
28	拆卸正时皮带 **注意**:如果要继续使用拆下的正时皮带,则拆卸时要查看正时皮带上的对准标记是否清晰可见,如果标记模糊不清,则要在拆卸前先用粉笔或油漆进行标记,以便在安装时能参考使用,防止错装

3. 4.3L（3UZ-FE）发动机正时皮带安装步骤

4.3L（3UZ-FE）发动机正时皮带安装步骤见表10-1-2。

表 10-1-2　4.3L（3UZ-FE）发动机正时皮带安装步骤

步骤	操作方法
1	检查正时皮带的张紧轮(图10-1-28中的T)和导轮(图10-1-28中的G)是否转动顺畅,如果转动不顺畅要予以更换

续表

步骤	操作方法
2	检查正时皮带张紧器壳体(图 10-1-28 中的 14)是否油液泄漏或损坏,必要时应予以更换
3	检查柱塞的伸出长度(图 10-1-28 中的 15),应在 9.5~10.5mm 范围内,如果不符合规范范围,应更换自动张紧器
4	把柱塞慢慢压入张紧器壳体内,直至柱塞的小孔与张紧器壳体的小孔对齐 **注意**:应在张紧器壳体下面放置一个垫片以防操作时损伤张紧器壳体端部螺塞(图 10-1-28 中的 17)
5	在对齐的小孔中插入一根内六角扳手(图 10-1-28 中的 16),将柱塞固定在压缩位置
6	安装防尘罩 **注意**:安装正时皮带前,曲轴应位于上止点后 50°位置,必要时可暂时安装上正时皮带下部盖罩和曲轴皮带轮来检查曲轴位置是否就位正确
7	把正时皮带安装到曲轴链轮(图 10-1-28 中的 CS)上,正时皮带上的正时标记(标有 CR 字样)应对准曲轴链轮上的正时标记(图 10-1-28 中的 18)
8	把正时皮带(未张紧)安装到张紧轮(图 10-1-28 中的 T)和导轮(图 10-1-28 中的 G)上,安装时要看清楚正时皮带上标记的转动方向,不要装反了
9	安装曲轴位置传感器磁阻(图 10-1-28 中的 13)
10	安装正时皮带下部盖罩(图 10-1-28 中的 12)
11	安装曲轴皮带轮(图 10-1-28 中的 11)
12	使曲轴皮带轮的正时标记与导轮螺栓对齐(图 10-1-28 中的 8)
13	安装发电机
14	把正时皮带安装到左侧凸轮轴链轮上(图 10-1-28 中的 CA2),确保正时皮带上的正时标记(标有 L-CAM 字样)与链轮上的标记对齐(图 10-1-28 中的 19)
15	用专用工具沿逆时针方向转动左侧凸轮轴链轮,使正时皮带微微张紧
16	把正时皮带安装到右侧凸轮轴链轮上(图 10-1-28 中的 CA1),确保正时皮带上的正时标记(标有 R-CAM 字样)与链轮上的标记对齐(图 10-1-28 中的 20)
17	确保正时皮带在左右两个凸轮轴链轮之间是绷紧的
18	安装自动张紧器(图 10-1-28 中的 10),紧固螺栓(图 10-1-28 中的 9),紧固力矩为 26N·m
19	把插在张紧器壳体上固定柱塞的内六角扳手(图 10-1-28 中的 16)取下
20	暂时安装上曲轴皮带轮螺栓(图 10-1-28 中的 5)
21	把曲轴沿顺时针方向慢慢转动 2 周,到达 1 缸上止点位置
22	确保正时标记(图 10-1-28 中的 6 和 7)对齐
23	用专用工具固定住曲轴皮带轮(图 10-1-28 中的 11),紧固曲轴皮带轮螺栓(图 10-1-28 中的 5),紧固力矩为 245N·m
24	按照与拆卸相反的顺序安装其他部件

第十一章 东风汽车

第一节 东风风神 S30 轿车

1. 东风风神 S30 轿车 1.6L（N6A 10FX3A PSA）发动机正时皮带拆卸方法（表 11-1-1）

表 11-1-1　1.6L（N6A 10FX3A PSA）发动机正时皮带拆卸步骤

步骤	操作
1	关闭点火钥匙，断开蓄电池负极电缆
2	拧紧发动机支撑架（图 11-1-1）上的 2 个固定螺母，将其固定在车身上 
3	按图 11-1-1，先用吊杆钩住发动机的两个吊耳，再用吊杆螺栓和螺母钩住吊杆，然后用力旋转，将其固定在发动机支撑架上
4	拆卸发动机偏转限位衬（图 11-1-2 中的 1)、发动机偏转限位衬隔套以及固定螺母 

图 11-1-1　发动机支撑架、吊杆和吊杆螺栓/螺母识别

图 11-1-2　偏转限位衬和发动机右支架识别
1—偏转限位衬；2—发动机右支架总成

续表

步骤	操作
5	拆卸发动机右支架总成(图 11-1-2 中的 2)
6	按图 11-1-3 所示,用飞轮定位杆定位发动机飞轮 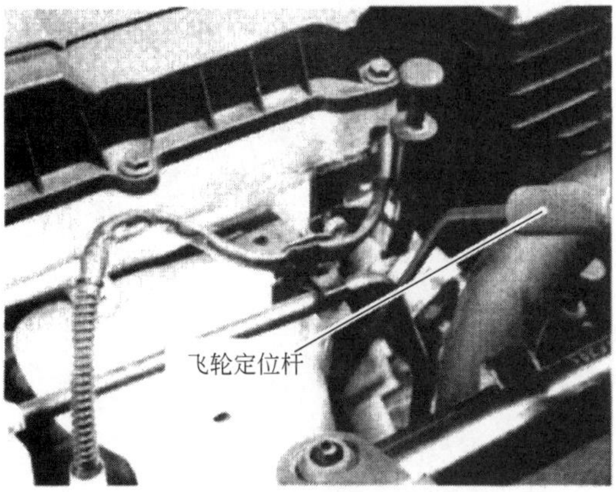 图 11-1-3　飞轮定位杆识别
7	拆卸发动机附件传动皮带
8	按图 11-1-4 所示,拆卸正时齿轮室上盖板的 5 个螺栓  图 11-1-4　拆卸螺栓
9	按图 11-1-5 所示,拆卸正时齿轮室上盖板的 2 个螺栓,取下正时齿轮室上盖板  图 11-1-5　拆卸螺栓

续表

步骤	操作
10	按图 11-1-6 所示安装进气凸轮轴定位销（图 11-1-6 中的 2）和排气凸轮轴定位销（图 11-1-6 中的 3） **注意**：进气凸轮轴定位销和排气凸轮轴定位销应该能够容易地插入定位  图 11-1-6 部件识别 1—张紧轮固定螺母；2—进气凸轮轴定位销；3—排气凸轮轴定位销；4—张紧轮固定销；a—内六角孔；b—张紧轮底板缺口；c—张紧指示器
11	拧松张紧轮固定螺母（图 11-1-6 中的 1）
12	用内六角扳手插入内六角孔（图 11-1-6 中的 a），逆时针转动张紧轮以便将张紧轮固定销（图 11-1-6 中的 4）安装到位
13	逆时针方向转动张紧轮指示器（图 11-1-6 中的 c）定位在图 11-1-6 中的 b 处，便可将正时皮带置于最松弛状态
14	拆卸曲轴带轮 3 个固定螺栓（图 11-1-7），取下曲轴皮带轮  图 11-1-7 曲轴带轮固定螺栓
15	拆卸正时齿轮室下盖板的固定螺栓（图 11-1-8），取下正时齿轮室下盖板，取下正时皮带  图 11-1-8 下盖板固定螺栓

2. 东风风神 S30 轿车 1.6L（N6A 10FX3A PSA）发动机正时皮带安装方法（表 11-1-2）

表 11-1-2　1.6L（N6A 10FX3A PSA）发动机正时皮带安装步骤

步骤	操作
1	检查并确认张紧轮转动自如，无卡滞现象
2	先将正时皮带上的标记"A"与曲轴齿轮上的槽口"D"对齐，再将皮带保持夹放在曲轴齿轮上以便夹住正时皮带，如图 11-1-9 所示 注意：正时皮带上的箭头标记应该沿着顺时针方向  图 11-1-9　标记识别
3	按照以下顺序安装正时皮带：皮带导轮→排气凸轮轴正时齿轮→进气凸轮轴正时齿轮→水泵皮带轮→张紧轮
4	拧紧张紧轮，拧紧力矩为 $(21\pm4)\mathrm{N\cdot m}$
5	把正时皮带上"B"和"C"两个标识与凸轮轴齿轮上的"E"标记一一对齐，如图 11-1-10 所示  图 11-1-10　标记对齐
6	取下正时皮带保持夹、飞轮定位杆、进气凸轮轴定位销和排气凸轮轴定位销
7	按图 11-1-6，用内六角扳手插入内六角孔（图 11-1-6 中的 a）转动，取下张紧轮固定销
8	沿顺时针方向转动曲轴 4 周
9	用飞轮定位杆定位发动机飞轮
10	用进气凸轮轴定位销和排气凸轮轴定位销定位凸轮轴正时齿轮
11	检查指针（图 11-1-6 中的 c），应该不超过缺口处的左侧，否则，应该重新调整皮带张力 注意：可以轻轻转动凸轮轴以便定位
12	安装正时齿轮室下盖板
13	安装曲轴皮带轮
14	安装正时齿轮室上盖板
15	安装发动机附件传动皮带
16	安装发动机左支架总成

续表

步骤	操作
17	安装发动机偏转限位衬,发动机偏转限位衬隔套以及固定螺母
18	取下发动机支撑架、吊杆和发动机飞轮定位杆
19	连上蓄电池负极电缆

第二节 东风风行 MPV 轿车

一、东风风行 MPV 轿车正时皮带部件识别(图 11-2-1)

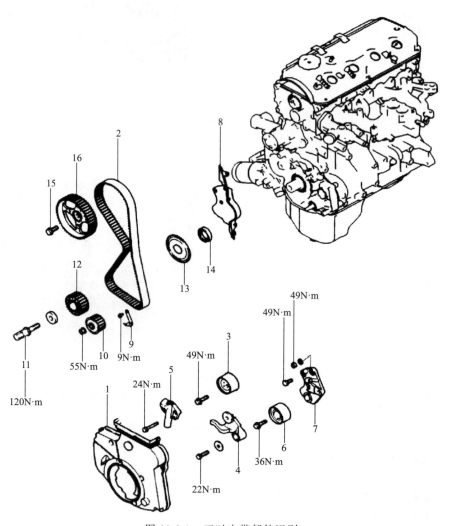

图 11-2-1 正时皮带部件识别

1—正时带前下盖;2—正时带;3—张紧带轮;4—张紧臂;5—自动张紧装置;6—中间带轮;7—张紧带轮托架;
8—正时带后盖;9—正时带指示器;10—油泵链轮;11—曲轴螺栓;12—曲轴链轮;13—凸缘;
14—隔片;15—凸轮轴链轮螺栓;16—凸轮轴链轮

二、东风风行 MPV 轿车正时校对操作（表 11-2-1）

表 11-2-1　正时校对操作步骤

步骤	操作
1	仔细检查正时皮带的各个部分，如果发现正时皮带有磨损，应更换新的正时皮带
2	安装正时皮带自动张紧器，如果张紧器杆伸出，应以下步骤将其缩回 ①按图 11-2-2 所示，应带有软钳口（铜或铝）的台虎钳夹紧正时皮带自动张紧器 ②用台虎钳慢慢将张紧器杆压入，直至张紧器杆上的孔（图 11-2-3 中的 A）和油缸壳体上的孔（图 11-2-3 中的 B）对齐 ③按图 11-2-4 所示，把直径为 1.4mm 的钢丝插入对齐的孔中 ④从台虎钳上拆下正时皮带自动张紧器 ⑤把自动张紧器安装到前壳上，按图 11-2-5 所示，紧固螺栓 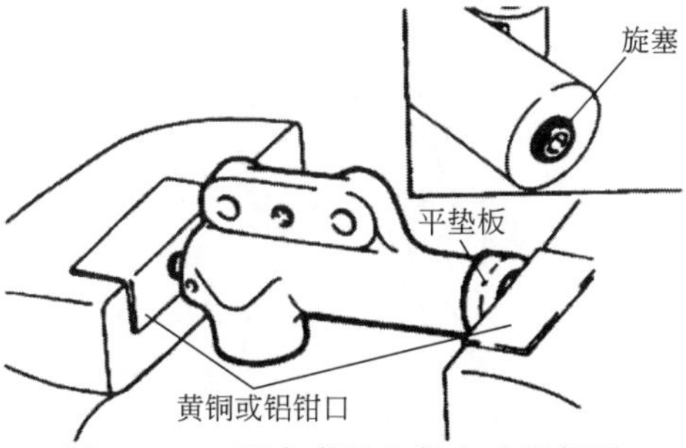 图 11-2-2　用台虎钳夹紧自动张紧器 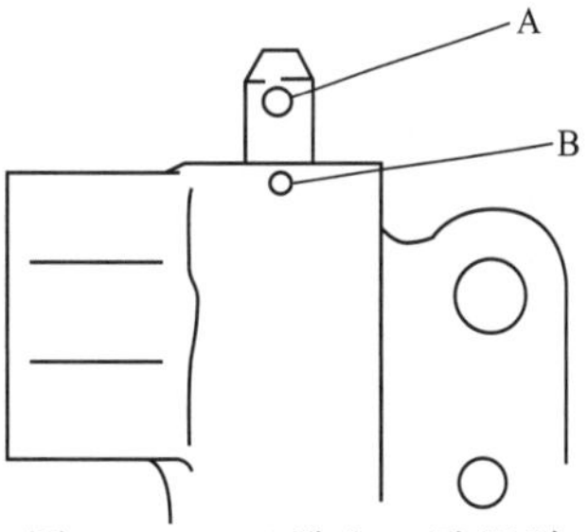　　图 11-2-3　A 孔和 B 孔识别 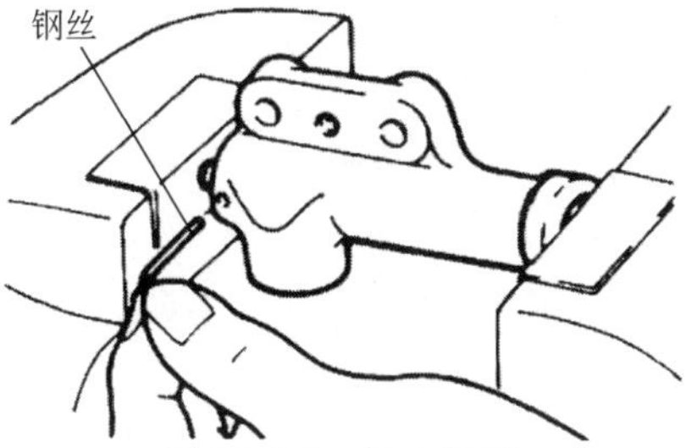 图 11-2-4　插入钢丝 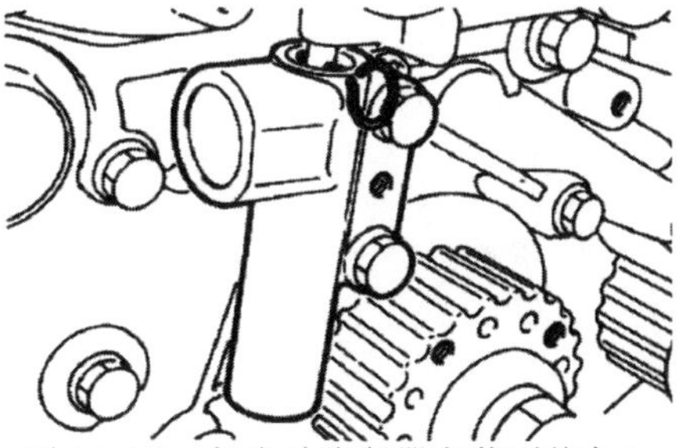　　图 11-2-5　把自动张紧器安装到前壳上
3	按图 11-2-6 所示，安装张紧器带轮，使两个小孔的连线与气缸体密封面垂直 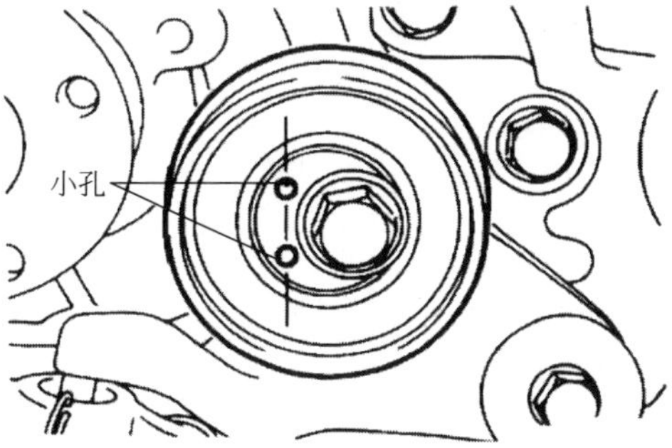 图 11-2-6　小孔连线识别

续表

步骤	操作
4	按图11-2-7所示,把凸轮轴链轮上的正时记号与气缸盖上的记号对齐 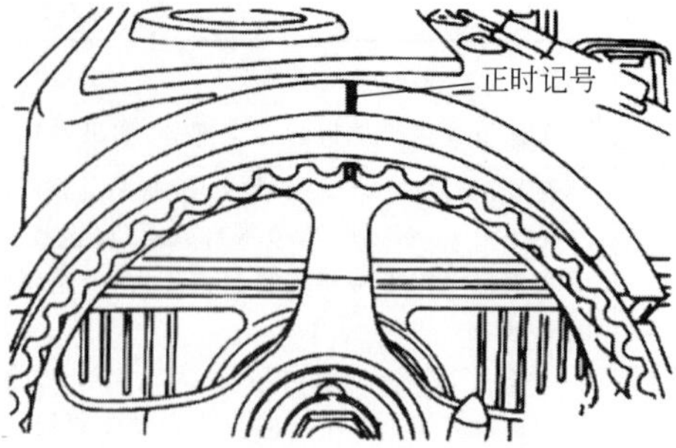 图11-2-7 对齐正时记号
5	按图11-2-8所示,把曲轴链轮上的正时记号与前壳上的记号对齐 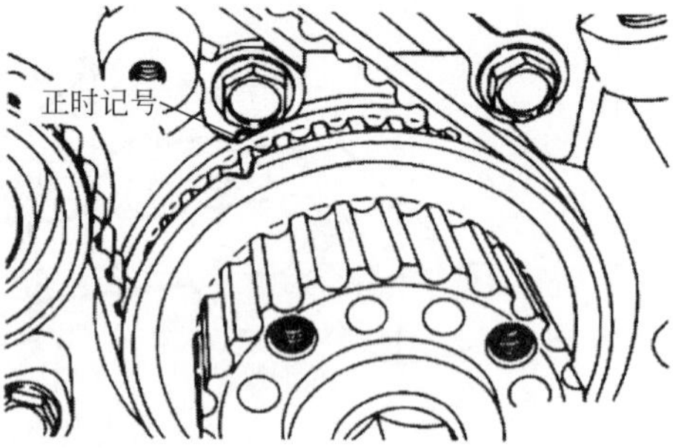 图11-2-8 对齐记号
6	按图11-2-9所示,对齐油泵链轮上的正时记号 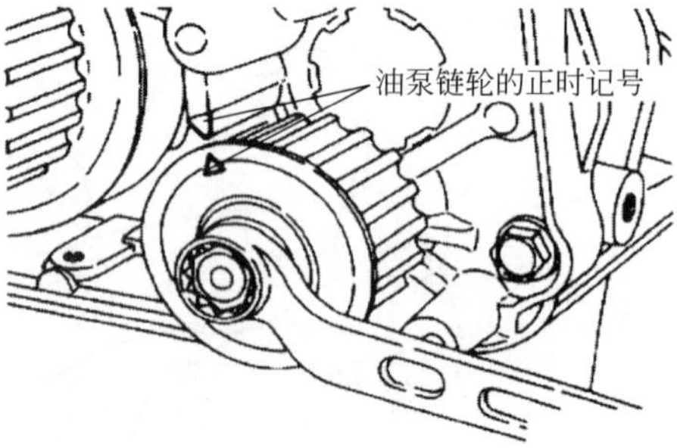 图11-2-9 对齐油泵链轮上的正时记号
7	安装正时皮带
8	按图11-2-10中箭头所示的方向移动张紧器带轮,然后拧紧中心螺栓 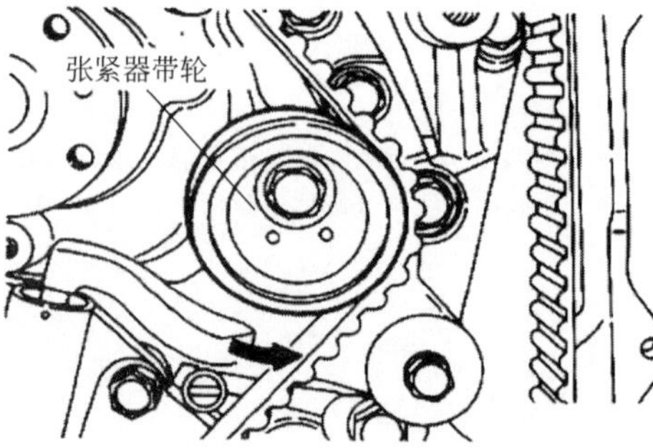 图11-2-10 张紧器带轮移动方向

续表

步骤	操作
9	确认各个正时记号全部对准
10	安装曲轴旋塞
11	沿逆时针方向转动曲轴1/4周,然后沿顺时针方向转动曲轴,直至所有正时记号再次对齐
12	按图11-2-11所示,用专用套筒扳手和扭力扳手松开张紧器带轮中心螺栓 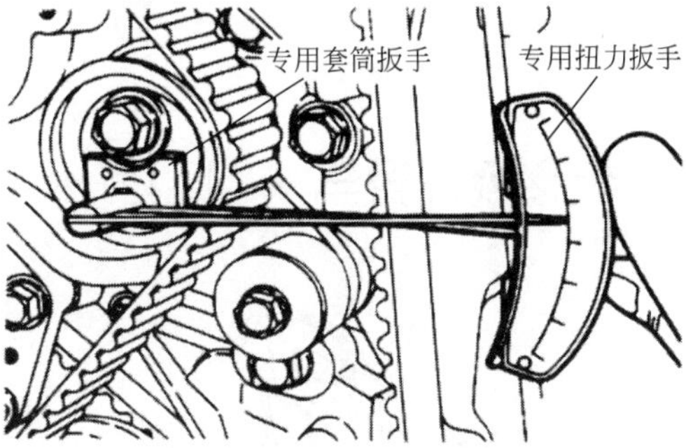

图 11-2-11 紧固张紧器带轮中心螺栓

步骤	操作
13	把张紧器带轮中心螺栓紧固至规范力矩
14	沿顺时针方向转动曲轴2周后,放置约15min,检查自动张紧器的固定钢丝能否自由滑动,如图11-2-12所示。如果钢丝不能自由滑动,则再次执行步骤11的操作,直至钢丝能够自由滑动为止 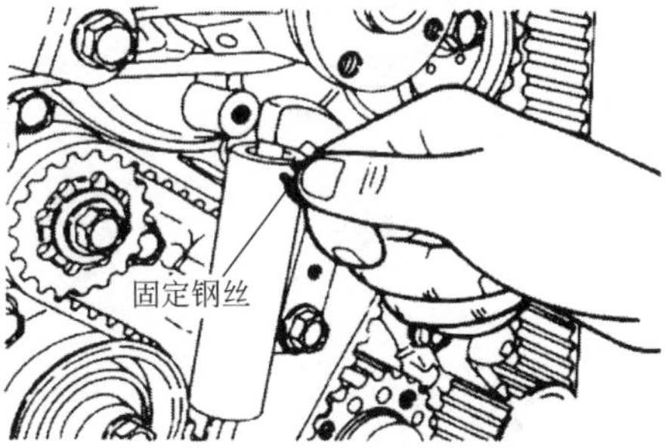

图 11-2-12 固定钢丝识别

步骤	操作
15	取下自动张紧器固定钢丝
16	按图11-2-13所示,测量张紧器臂与自动张紧器本体之间的距离(图11-2-13中的A),规范值为3.8~4.5mm之间 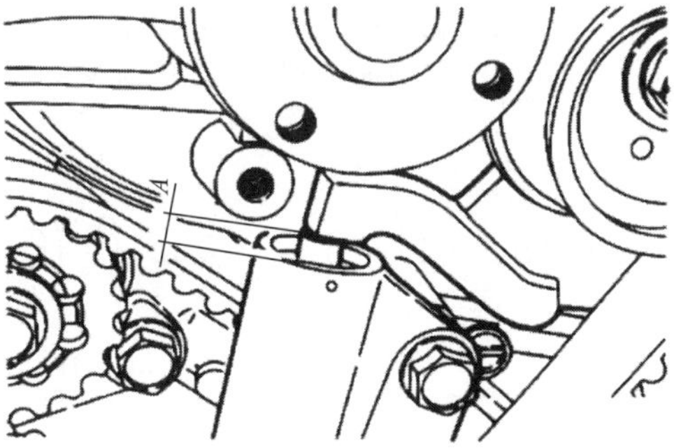

图 11-2-13 测量张紧器臂与自动张紧器本体之间的距离

第十二章 长安车系

第一节 长安奔奔轿车

一、长安奔奔轿车1.6L（JL466）发动机正时部件识别（图12-1-1）

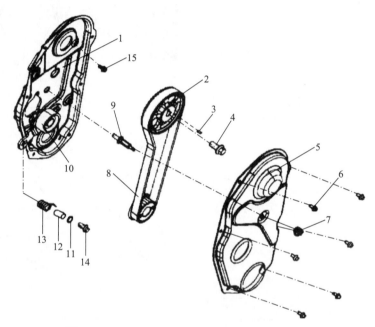

图12-1-1 1.6L（JL466）发动机正时部件识别

1—后罩壳总成；2—凸轮轴正时带轮；3—凸轮轴正时带轮定位销；4,6—六角法兰面螺栓；
5—正时带前罩总成；7,9—张紧轮紧固组合螺母；8—正时带；10—张紧轮总成；
11—扭簧垫圈；12—扭簧衬套；13—扭簧；14—螺栓；15—后罩壳螺栓

二、1.6L（JL466）发动机正时皮带拆卸（表12-1-1）

表12-1-1 1.6L（JL466）发动机正时皮带拆卸步骤

步骤	操作
1	拆下空调压缩机皮带
2	松开水泵皮带张紧轮并取下水泵皮带
3	拆下水泵皮带轮和主动三角皮带轮
4	拆下正时皮带前罩壳

续表

步骤	操作
5	为了便于安装正时皮带,可转动曲轴,对准各个正时标记,如图 12-1-2 所示 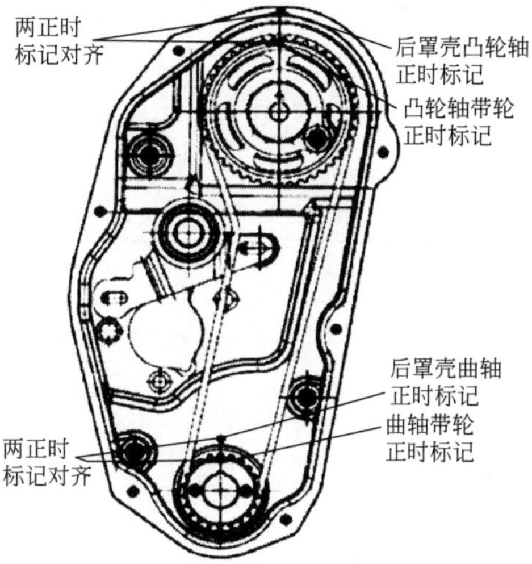
6	拆下正时皮带
7	拆卸正时皮带张紧轮
8	拆卸正时带轮

图 12-1-2 正时标记识别

注:拆卸正时皮带时,凸轮轴和曲轴的转动幅度不能超过左右各 90°的范围,如图 12-1-3 所示,否则活塞和气门会产生干涉,导致部件损坏。

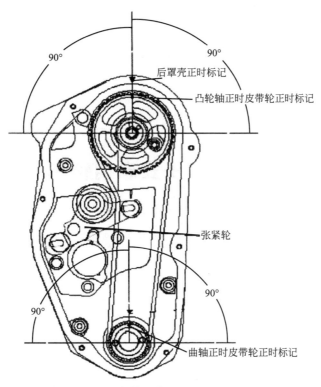

图 12-1-3 凸轮轴和曲轴转动幅度限定范围

三、检查正时皮带

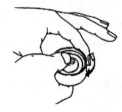

检查拆下的正时皮带,查看是否有磨损或裂纹,如果发现有磨损,应更换新的正时皮带。按图12-1-4所示,检查张紧轮,查看张紧轮转动是否顺畅灵活。

图12-1-4 转动张紧轮

四、安装正时皮带(表12-1-2)

表12-1-2 正时皮带安装操作步骤

步骤	操作
1	安装张紧轮。张紧轮用张紧轮组合螺栓、扭簧、扭簧衬套、螺栓安装好,只用手拧紧即可
2	安装正时皮带。安装正时皮带,检查正时标记是否对齐,如没有对齐,则转动凸轮轴和曲轴,注意不要超过图12-1-3所示的转动限定范围 正时标记的对齐方法:使凸轮轴正时皮带轮正时标记与后罩壳正时标记对齐,同时旋转曲轴,将曲轴正时皮带轮的正时标记与后罩壳曲轴正时标记对齐,且凸轮轴正时标记与曲轴正时标记都朝向上方。正时标记对准后再把正时皮带装起
3	将扭簧安装好,再将连接张紧轮的两颗螺栓拧紧 **注意**:要先拧紧张紧轮组合螺栓
4	安装前罩壳,并拧紧前后罩壳的连接螺栓。拧紧扭矩为10N·m
5	安装主动三角皮带轮,将主动三角皮带轮上的键槽孔与曲轴上的半圆键对正装好,然后按规定的扭矩拧紧皮带轮螺栓。拧紧力矩为80~87N·m
6	装上水泵皮带轮和水泵皮带,调整水泵皮带的张力
7	安装空调压缩机皮带,调整皮带的张力
8	连接各个管线并固定

第二节 长安志翔轿车

1. 长安志翔轿车1.6L(JL486)发动机正时皮带拆卸(表12-2-1)

表12-2-1 1.6L(JL486)发动机正时皮带拆卸操作步骤

步骤	操作
1	脱开蓄电池负极电线
2	放出发动机冷却液
3	取下发动机右支架连接板
4	取下空调压缩机皮带

续表

步骤	操作
5	取下水泵皮带轮,如图 12-2-1 所示
6	取下皮带轮螺栓和曲轴皮带轮
7	取下正时皮带前罩壳,如图 12-2-2 所示
8	为了安装正时皮带,通过转动曲轴来对准图 12-2-3 所示的四个正时标记

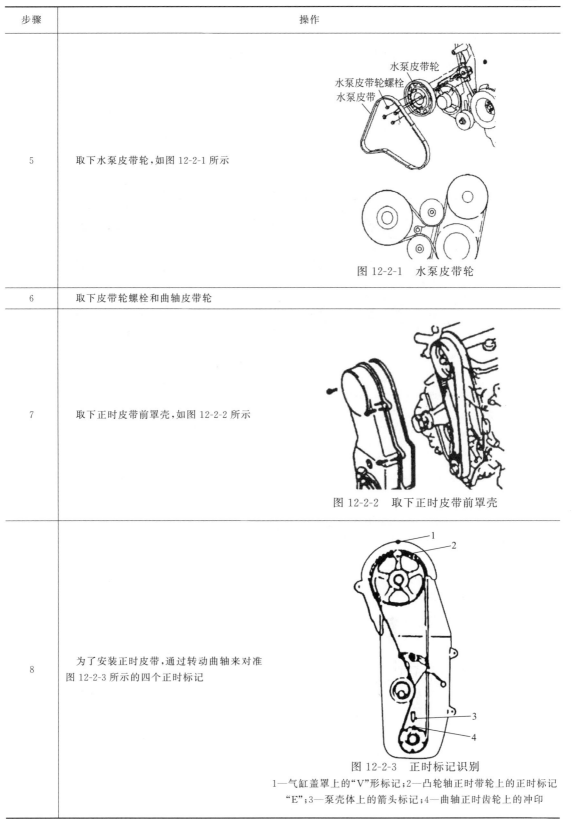

图 12-2-1 水泵皮带轮

图 12-2-2 取下正时皮带前罩壳

图 12-2-3 正时标记识别
1—气缸盖罩上的"V"形标记；2—凸轮轴正时带轮上的正时标记"E"；3—泵壳体上的箭头标记；4—曲轴正时齿轮上的冲印

步骤	操作
9	拆下正时皮带张紧轮、张紧轮板、张紧轮弹簧和正时皮带,如图 12-2-4 所示 注意:拆下正时皮带后,绝不能转动凸轮轴和曲轴超过图 12-2-5 所示的范围。如果转动,活塞和气门之间会产生干涉,可能损坏活塞和气门的有关零件 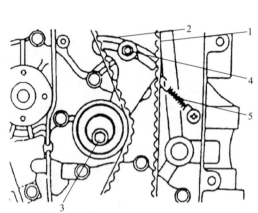 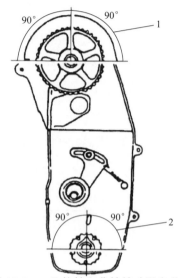 图 12-2-4 拆卸正时皮带部件　　图 12-2-5 凸轮轴和曲轴转动限定范围 1—正时皮带;2—张紧轮板;3—张紧轮螺栓;　1—凸轮轴允许转动范围(以气缸盖罩上的"V"形 4—张紧轮螺柱;5—弹簧　　　　　　　　缺口为准可向左、右各转动 90°范围); 　　　　　　　　　　　　　　　　　　2—曲轴允许转动范围(以油泵壳体上的 　　　　　　　　　　　　　　　　　　箭头标记为准可向左、右各转动 90°范围)

2. 检查正时皮带

① 检查正时皮带,看有无磨损和裂纹,需要时应进行更换,如图 12-2-6 所示。

② 检查张紧轮,看转动是否灵活,如图 12-2-7 所示。

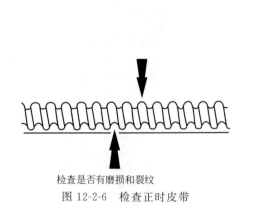 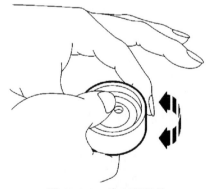

图 12-2-6 检查正时皮带　　　　图 12-2-7 检查张紧轮

3. 长安志翔轿车 1.6L(JL486)发动机正时皮带安装(表 12-2-2)

表 12-2-2　1.6L（JL486）发动机正时皮带安装操作步骤

步骤	操作
1	将张紧轮板装在张紧轮上。将张紧轮板的凸齿插入到张紧轮的孔中，如图 12-2-8 所示 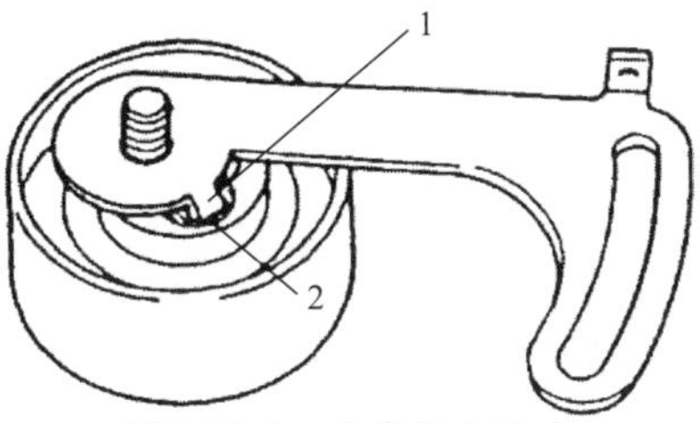 图 12-2-8　凸齿插入孔中 1—凸齿；2—孔
2	安装张紧轮和张紧轮板，此时，不要用扳手拧紧张紧轮螺栓，只用手拧紧即可。检查保证张紧轮板如图 12-2-9 所示，按箭头方向运动会使张紧轮按同样的方向运动。如果没有发生轮板和张紧轮之间的有关运动，应拆下张紧轮和张紧轮板，将张紧轮板凸齿重新插入张紧轮的孔中 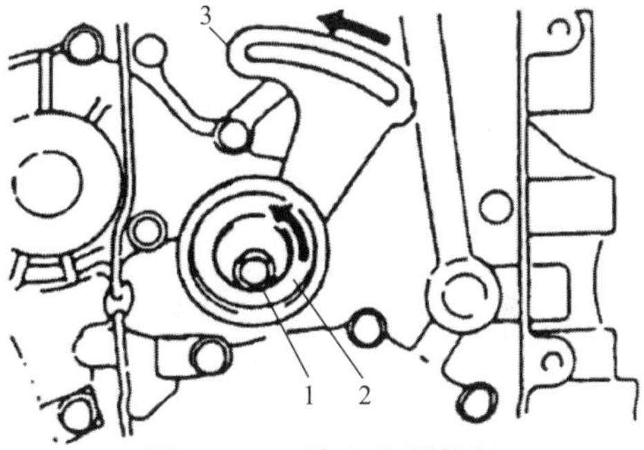 图 12-2-9　检查张紧轮板 1—张紧轮螺栓；2—张紧轮；3—张紧轮板
3	检查凸轮轴正时皮带轮上的正时标记 E，该标记应对准气缸盖罩上的 V 形缺口，如图 12-2-10 所示。如果没有对准，可通过转动凸轮轴的方法使两个标记对准，但必须注意，转动不能超过其允许范围 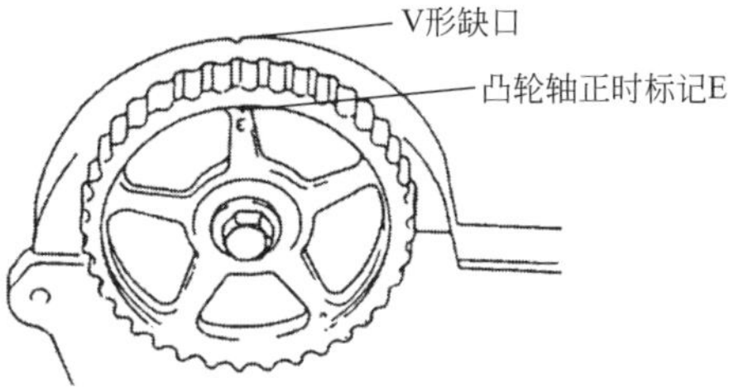 图 12-2-10　凸轮轴皮带轮正时标记 E 对准气缸盖罩 V 形缺口
4	检查曲轴皮带轮上的冲印标记，该标记应与油泵壳上的箭头对准，如图 12-2-11 所示。如果没有对准，可通过转动曲轴的方法使两个标记对准，但必须注意转动不能超过其允许范围 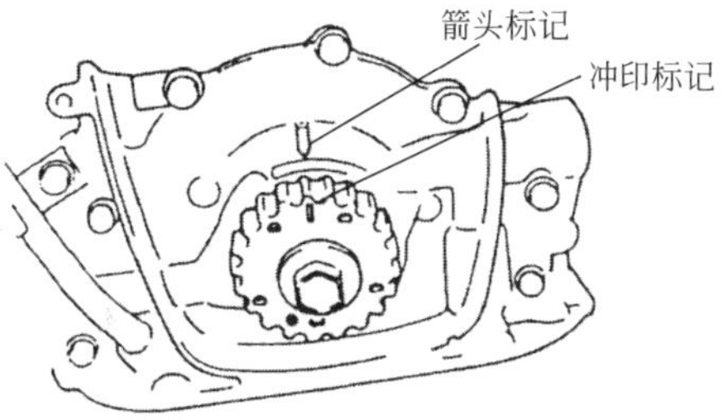 图 12-2-11　冲印标记与箭头标记对准

续表

步骤	操作
5	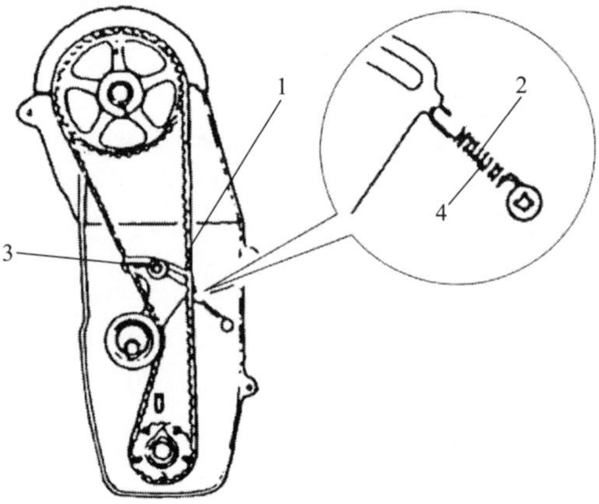 如图 12-2-12 所示,安装正时皮带和张紧轮弹簧,使两组标记对准。张紧轮板向上推,在两个皮带轮上安装正时皮带,使正时皮带的驱动侧无松弛现象。装上张紧轮弹簧,并用手拧紧张紧轮螺栓 图 12-2-12 安装张紧轮弹簧 1—传动带的驱动侧;2—张紧轮弹簧; 3—张紧轮板螺栓;4—缓冲器
6	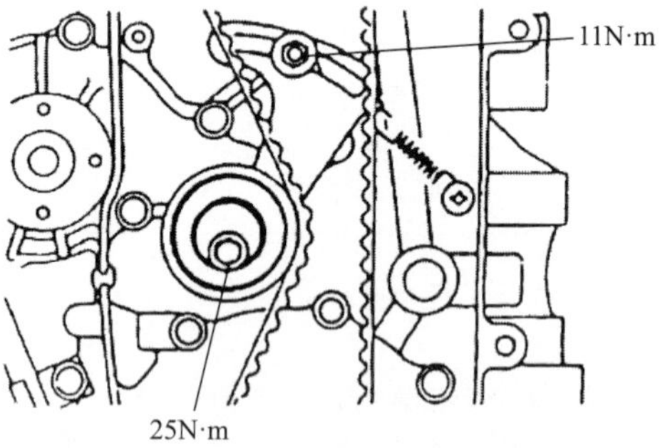 安装正时皮带后,为了张紧松弛的正时皮带,可顺时针方向转动曲轴两圈。当确信皮带无松弛后,首先拧紧张紧轮板螺栓,然后按规定的扭矩拧紧张紧轮螺栓,如图 12-2-13 所示 图 12-2-13 螺栓紧固力矩
7	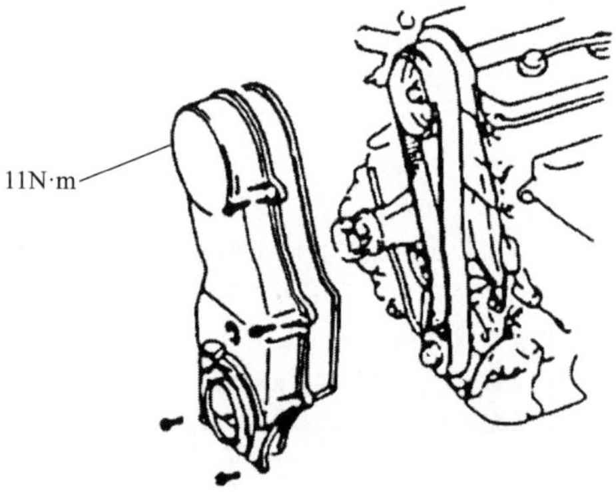 安装正时皮带前罩壳。安装前,应确认密封件位于水泵和油泵壳之间,如图 12-2-14 所示。前罩壳螺栓拧紧扭矩为 11N·m 图 12-2-14 安装正时皮带前罩壳并紧固螺栓

续表

步骤	操作
8	安装曲轴皮带轮。将皮带轮上的孔装入曲轴正时皮带轮的销钉上,然后按规定的扭矩拧紧皮带轮螺栓,如图 12-2-15 所示,拧紧扭矩为 16N·m 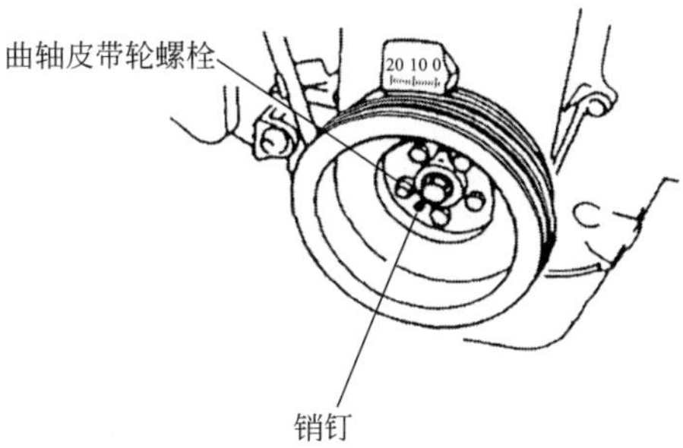 图 12-2-15 曲轴皮带轮螺栓和销钉识别
9	装上水泵皮带轮和发电机/水泵驱动皮带,如图 12-2-16 所示。调整发电机/水泵驱动皮带的松紧,当在皮带上施加 100N 的压力时,皮带凹下的幅度不应超过 5mm 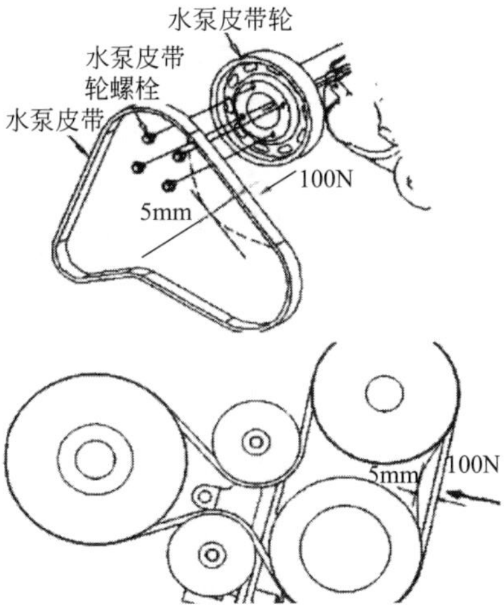 图 12-2-16 安装驱动皮带
10	安装空调压缩机皮带,调整皮带的松紧
11	连接各管线,按规定进行固定
12	向冷却系统加注冷却液,排出系统中的空气
13	装上蓄电池,并接好负极电缆
14	确定软管连接处应无冷却液泄漏

第三节　长安悦翔轿车

1. 长安悦翔轿车 1.5L 发动机正时皮带部件识别（图 12-3-1）

2. 长安悦翔轿车 1.5L 发动机正时皮带拆卸（表 12-3-1）

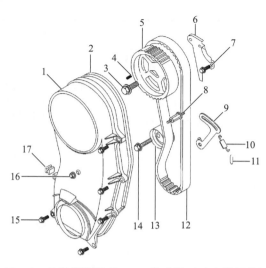

图 12-3-1　长安悦翔轿车 1.5L 发动机正时皮带部件识别

1—正时皮带前罩盖总成；2—正时皮带前罩盖密封垫；3—正时皮带轮固定螺栓；4—正时皮带轮固定销；5—正时皮带轮；6—后罩盖总成；7—后罩盖固定螺栓；8—调节板组合螺栓；9—张紧轮调节平板；10—张紧轮拉簧；11—张紧轮拉簧张簧；12—正时皮带；13—张紧轮总成；14—张紧轮固定螺栓；15—前罩盖固定螺栓；16—前罩盖固定螺母；17—水泵与机油泵密封垫

表 12-3-1　长安悦翔轿车 1.5L 发动机正时皮带拆卸步骤

步骤	操作
1	回收空调制冷剂
2	回收动力转向油液
3	断开蓄电池负极电缆
4	举升车辆并予以支撑
5	拆卸发动机附件传动皮带 ①按图 12-3-2 所示，松开空调压缩机皮带张紧轮固定螺母 ②按图 12-3-3 所示，沿顺时针方向转动空调压缩机皮带张紧轮张紧螺栓，直至能从张紧轮上取下空调压缩机皮带为止 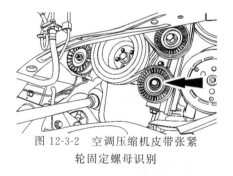 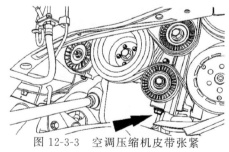 图 12-3-2　空调压缩机皮带张紧轮固定螺母识别　　图 12-3-3　空调压缩机皮带张紧轮张紧螺栓识别 ③按图 12-3-4 所示，拆卸右支架连接板的 2 个固定螺栓 ④按图 12-3-5 所示，拧松水泵皮带张紧轮固定螺母 ⑤按图 12-3-6 所示，沿顺时针方向转动水泵皮带轮张紧螺栓直至水泵皮带能从张紧轮上取下为止

续表

步骤	操作
5	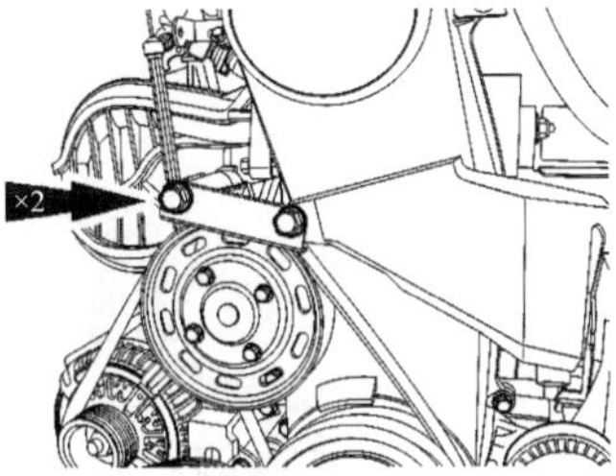 图 12-3-4　右支架连接板固定螺栓识别 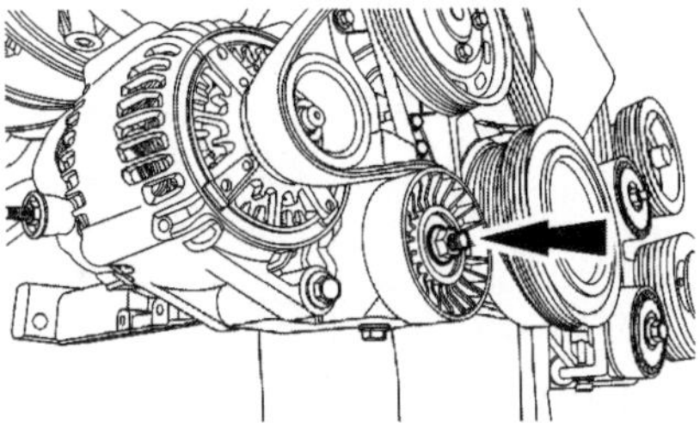　　图 12-3-5　水泵皮带张紧轮固定螺母识别 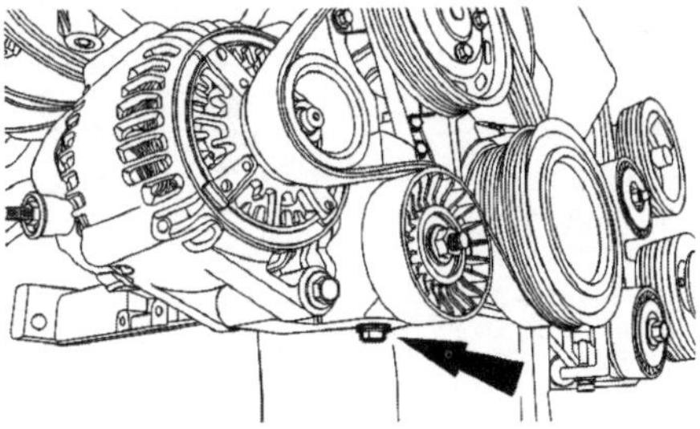 图 12-3-6　水泵皮带轮张紧螺栓识别
6	放下车辆
7	按图 12-3-7 所示，使用卧式千斤顶支撑发动机总成 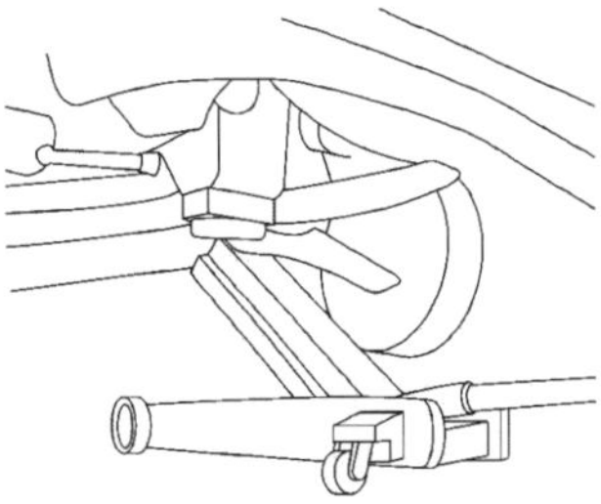 图 12-3-7　用千斤顶支撑发动机总成
8	拆卸空调压缩机
9	按图 12-3-8 所示，拆下空调压缩机托架和发动机右支架 ①分离动力转向泵油管 ②按图 12-3-8 所示，拆下空调压缩机托架的 7 个固定螺栓 ③拆下空调压缩机托架和发动机右支架 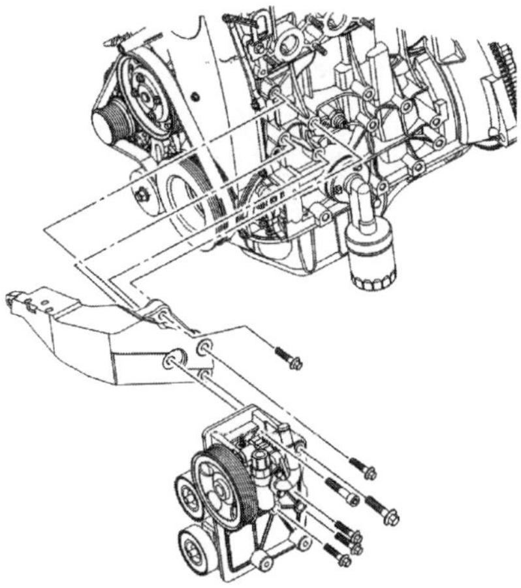 图 12-3-8　拆卸空调压缩机托架和发动机右支架

续表

步骤	操作
10	按图 12-3-9 所示,拆卸曲轴皮带轮 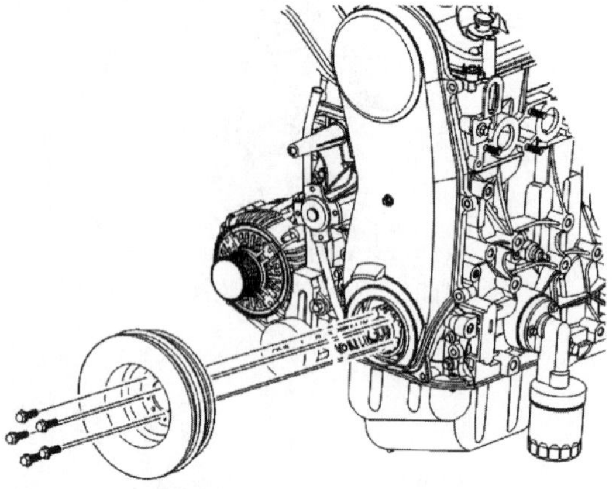 图 12-3-9　拆卸曲轴皮带轮
11	按图 12-3-10 所示,拆卸水泵皮带轮上的 4 个固定螺栓 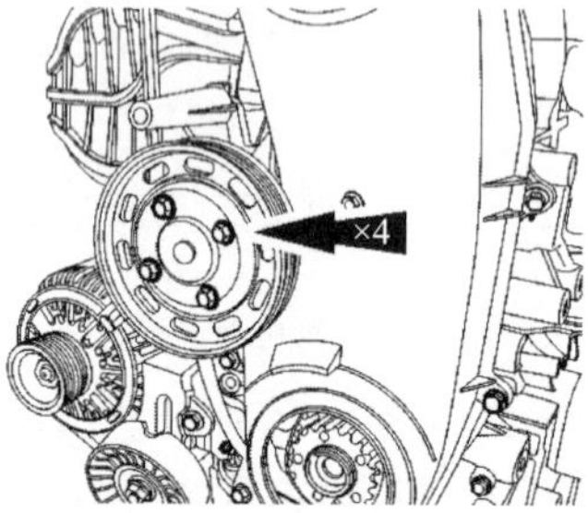 图 12-3-10　水泵皮带轮固定螺栓识别
12	按图 12-3-11 所示,拆卸正时皮带前罩壳的固定螺栓及螺母 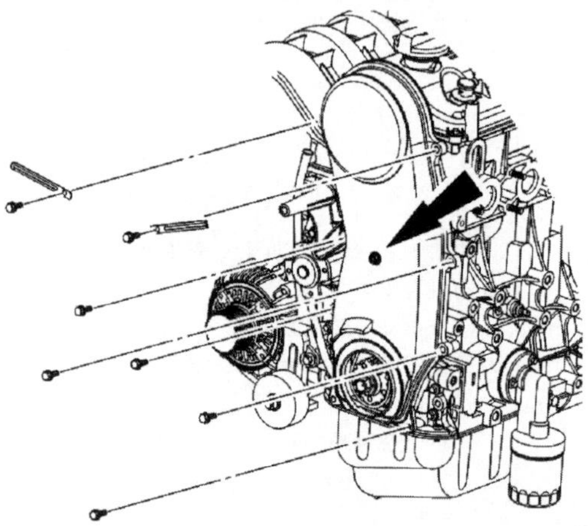 图 12-3-11　正时皮带前罩壳的固定螺栓及螺母识别

续表

步骤	操作
13	转动曲轴,使正时标记如图 12-3-12 所示对齐 **注意**:凸轮轴皮带轮上的正时标记(标有字母 E)应对齐气门室盖罩上的正时标记 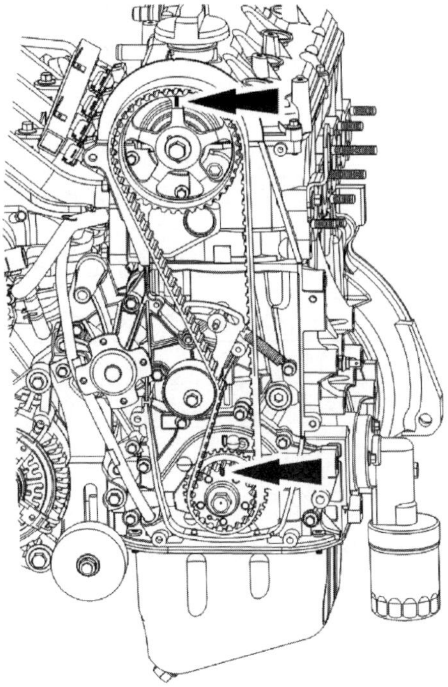 图 12-3-12　对准正时标记
14	按图 12-3-13 所示,拆卸正时皮带张紧轮、张紧轮板、张紧轮弹簧和正时皮带 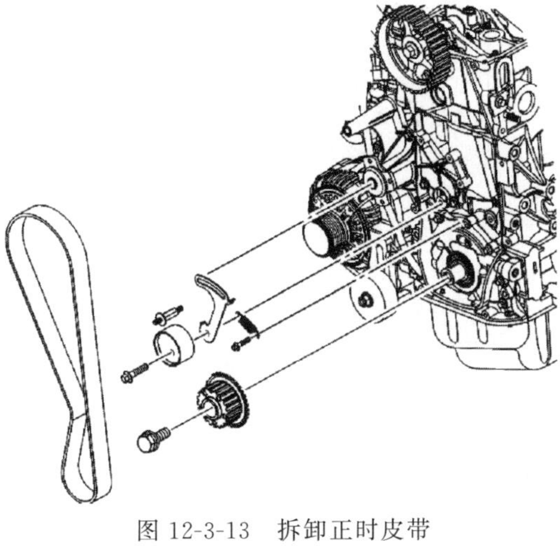 图 12-3-13　拆卸正时皮带

3. 检查正时皮带

按图 12-3-14 所示,检查拆下的正时皮带是否有裂纹或磨损,如果有,要更换新的正时皮带。

按图 12-3-15 所示检查张紧轮,确认张紧轮转动顺畅灵活,否则应更换新的张紧轮。

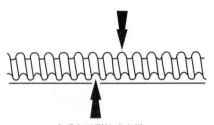

查看有无裂纹或磨损

图 12-3-14　检查正时皮带

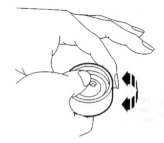

图 12-3-15　检查正时皮带张紧轮

4. 长安悦翔轿车 1.5L 发动机正时皮带安装（表 12-3-2）

表 12-3-2　长安悦翔轿车 1.5L 发动机正时皮带安装步骤

步骤	操作
1	把张紧轮板安装到张紧轮上
2	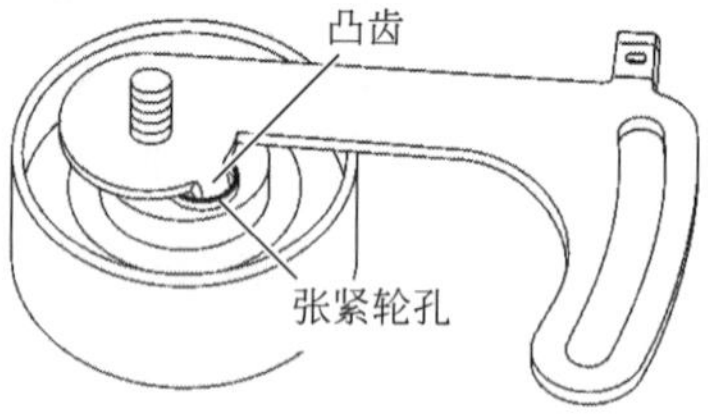 按图 12-3-16 所示,把张紧轮板的凸齿插入到张紧轮孔中
3	安装张紧轮和张紧轮板 **注意**:不要拧紧张紧轮螺栓(图 12-3-17 中的 1),检查张紧轮板(图 12-3-17 中的 3)能够按图所示的箭头方向运动,移动张紧轮板时,张紧轮(图 12-3-17 中的 2)也会沿同方向运动,如果张紧轮沿同方向运动,应拆下张紧轮和张紧轮板,将轮板凸齿重新插入张紧轮孔中 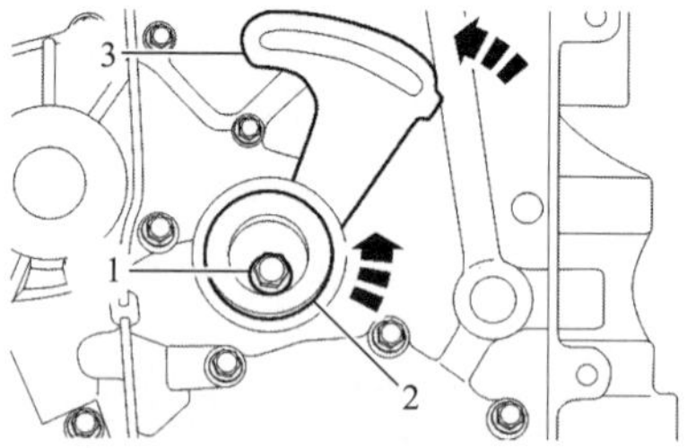
4	检查凸轮轴正时皮带轮上的正时标记,该标记应对准气缸盖罩上的 V 形缺口,如果没有对准,可转动凸轮轴对准,但凸轮轴转动幅度不要超过正时标记左右各 45°范围
5	检查曲轴皮带轮上的冲印标记,该标记应与油泵壳上的箭头对准,如果没有对准,可转动曲轴使标记对准,但转动幅度不要超过正时标记左右各 45°范围
6	安装正时皮带和张紧轮弹簧,使两组标记对准,将张紧轮板向上推,在两个皮带轮上安装正时皮带,使皮带的驱动侧绷紧,然后安装张紧轮弹簧,安装张紧轮螺栓,但暂时不要拧紧,如图 12-3-18 所示 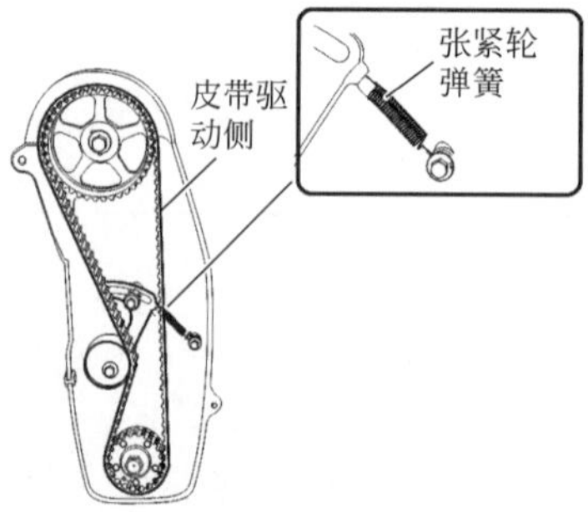

图 12-3-16　把张紧轮板的凸齿插入到张紧轮孔中

图 12-3-17　安装张紧轮和张紧轮板

图 12-3-18　正时皮带驱动侧和张紧轮弹簧识别

续表

步骤	操作
7	如图 12-3-19 所示,为了张紧松弛的正时皮带,可沿顺时针方向转动曲轴 2 周,当确认皮带无松弛后,首先将张紧轮板螺栓紧固到 11N·m,然后将张紧轮螺栓紧固到 27N·m 图 12-3-19　张紧轮板螺栓和张紧轮螺栓 1—张紧轮板螺栓;2—张紧轮螺栓
8	再次检查正时记号是否对齐
9	确认密封件位于水泵和油泵壳之间,安装正时皮带前罩壳
10	安装正时皮带前罩壳螺栓
11	安装曲轴皮带轮,紧固皮带轮固定螺栓
12	安装水泵皮带轮
13	安装发动机右支架及空调压缩机托架
14	安装发动机附件传动皮带
15	加注动力转向油液
16	加注空调制冷剂
17	加注发动机冷却液

第四节　长安 CS35 轿车

1. 长安 CS35 轿车 1.6L（478Q）发动机正时系统部件识别（图 12-4-1）

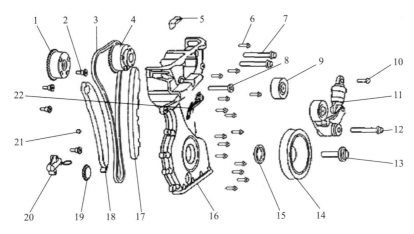

图 12-4-1　长安 CS35 轿车 1.6L（478Q）发动机正时系统部件识别

1—进气相位器总成；2—正时链条导轨螺栓；3—正时链条总成；4—排气相位器总成；5—凸轮轴间导轨总成；6—六角法兰面螺栓（Q1840625）；7—六角法兰面螺栓（Q1840885TF3）；8—前端轮系惰轮与前罩盖连接螺栓；9—前端轮系惰轮总成；10—液压张紧器与水泵连接螺栓；11—前端轮系张紧轮总成；12—液压张紧器与曲轴连接螺栓；13—曲轴皮带轮组合螺栓；14—曲轴减振皮带轮总成；15—曲轴前油封总成；16—发动机前罩盖；17—正时链条定轨总成；18—正时链条动轨总成；19—曲轴正时链轮；20—正时链条张紧器总成；21—水泵定位销；22—发电机线束支架

2. 长安 CS35 轿车 1.6L（478Q）发动机正时链条拆卸（表 12-4-1）

表 12-4-1　长安 CS35 轿车 1.6L（478Q）发动机正时链条拆卸

步骤	操作
1	断开蓄电池负极电缆
2	放出发动机冷却液和发动机机油
3	按图 12-4-2 所示，拆卸前端轮系皮带、压缩机总成、惰轮总成、大惰轮支架总成、前端轮系张紧轮总成、曲轴减振皮带轮

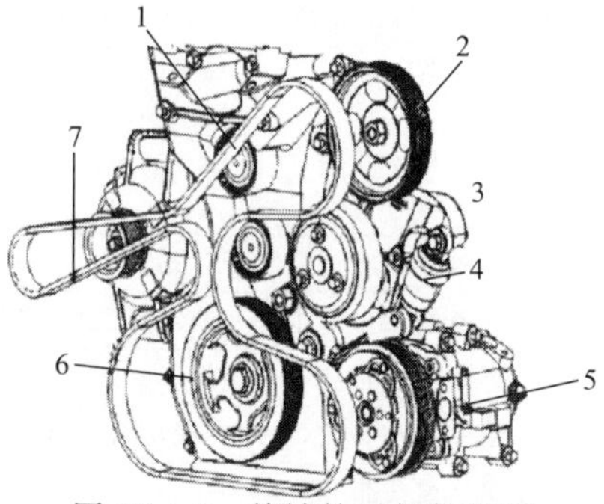

图 12-4-2　前端轮系部件识别
1—前端轮系惰轮总成；2—大惰轮支架总成；3—水泵皮带轮总成；4—前端轮系张紧轮总成；5—压缩机总成；6—曲轴减振皮带轮总成；7—前端轮系皮带

步骤	操作
4	拆卸水泵皮带轮和水泵总成
5	拆卸发动机前罩壳
6	把张紧器伸出端压入，用张紧器锁销插入中间的小孔，锁住张紧器。旋松螺栓，取下张紧器，见图 12-4-3

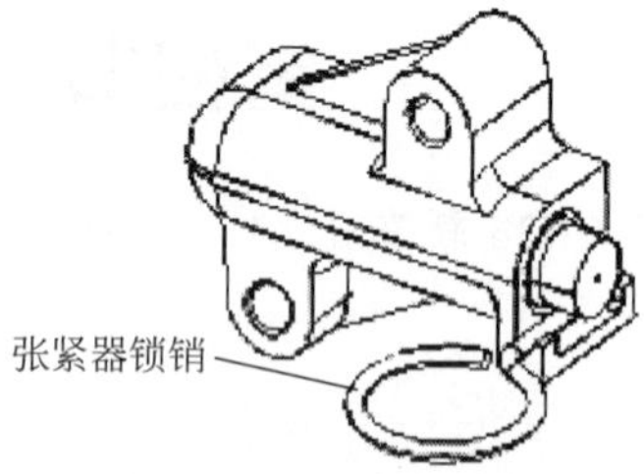

图 12-4-3　张紧器锁销插入中间的小孔

步骤	操作
7	按图 12-4-4 所示，首先拆卸动轨连接螺栓、定轨螺栓，然后拆下动轨和定轨

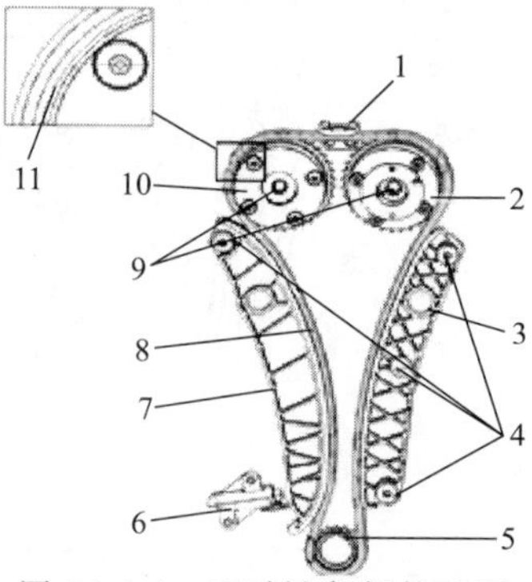

图 12-4-4　正时链条部件识别
1—凸轮间导轨总成；2—排气相位器总成；3—正时链条定轨；4—正时链条导轨螺栓；5—曲轴正时链轮；6—正时链条张紧器总成；7—正时链条动轨总成；8—正时链条总成；9—凸轮轴与相位器连接螺栓；10—进气相位器总成；11—相位器标记圆点

续表

步骤	操作
8	拆卸正时链条总成
9	拆卸进气、排气相位器总成
10	清洁前罩盖和气缸盖之间的接合面,把接合面上的机油、旧的密封胶清理干净;把张紧器总成、导轨和正时链条清理干净

注意:
① 拆卸的前端轮系张紧轮总成放置和运输过程中倾斜角度不能超过45°,如图12-4-5所示。
② 拆下正时链条总成后,绝不能转动凸轮轴和曲轴,否则会导致活塞碰撞气门,造成部件损坏。

图 12-4-5　前端轮系张紧轮总成
1—运输和安装过程中此角度不能超过45°;2—安装前需保证密封橡胶无任何损坏

3. 长安 CS35 轿车 1.6L（478Q）发动机正时链条检查（表 12-4-2）

表 12-4-2　长安 CS35 轿车 1.6L（478Q）发动机正时链条检查操作步骤

步骤	操作
1	检查前端轮系张紧轮总成的液压单元的密封橡胶有无损伤,必要时予以更换
2	检查正时链条总成、正时链条定轨总成、正时链条动轨总成,查看是否有裂纹或磨损,必要时予以更换
3	检查正时链条张紧器总成,如果张紧器存在卡滞,应予以更换

4. 长安 CS35 轿车 1.6L（478Q）发动机正时链条安装（表 12-4-3）

表 12-4-3　长安 CS35 轿车 1.6L（478Q）发动机正时链条安装

步骤	操作
1	安装进气和排气相位器。安装相位器时,在螺栓的螺纹表面和相位器接触面涂抹发动机机油,把进气和排气相位器安装到进气和排气凸轮轴上,与销子对齐,确认相位器安装到位后,紧固相位器固定螺栓
2	安装曲轴正时链轮,安装时要注意把曲轴正时链轮上有标记的面朝外安装,把曲轴正时链轮卡入键中
3	安装正时链条总成,注意使正时链条总成上的各个安装标记点与曲轴正时链轮上的安装标记点、排气相位器总成安装标记点和进气相位器总成安装标记点对准
4	安装正时链条定轨总成,安装正时链条动轨总成,紧固导轨螺栓
5	安装正时链条张紧器总成
6	正时链条系统安装完毕后,不要沿逆时针方向转动曲轴

续表

步骤	操作
7	安装发动机前罩盖 ①把曲轴前油封总成压入发动机前罩盖,使油封总成与油封孔端面齐平,全部油封弹簧没有移位或脱落 ②把曲轴皮带轮键安装到曲轴上,把密封胶均匀涂抹到前罩盖对应的缸体和缸盖上,如图 12-4-6 所示 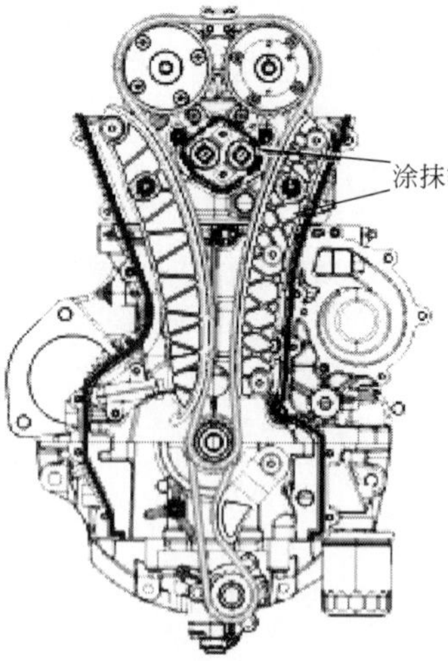 图 12-4-6 涂抹密封胶
8	安装水泵总成、水泵皮带轮总成、曲轴减振皮带轮总成、动力转向油泵及其支架、前端轮系张紧轮总成、惰轮总成和空调压缩机总成
9	如图 12-4-7 所示,安装张紧器和皮带 ①将张紧器和水泵连接螺栓 M8 穿上并带好 ②把张紧器和气缸体连接螺栓 M12 带好 ③把将张紧器和水泵连接螺栓 M8 紧固至 (30±3) N·m ④把张紧器和气缸体连接螺栓 M12 紧固至 (106±4) N·m ⑤把整个轮系皮带装好,只留下张紧轮,用扭力扳手扳动张紧器(张紧器调节螺母的规格为 M19 时,扳动力应低于 120N·m;张紧器调节螺母的规格为 M21 时,扳动力应低于 180N·m),等到皮带轮慢慢移动到可以安装皮带时,把皮带套到皮带轮上,再慢慢松开张紧器 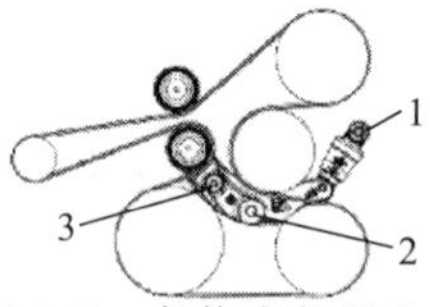 图 12-4-7 安装张紧器和皮带 1—穿上并带好此处 M8 螺栓; 2—穿上并带好此处 M12 螺栓; 3—此处扳动张紧器
10	连接各个管线并加以固定
11	加注发动机冷却液
12	加注发动机机油
13	安装蓄电池,连接蓄电池负极电缆
14	确认发动机机油和发动机冷却液没有泄漏迹象

第五节 长安之星轿车

长安之星轿车 1.3L(JL474QA)发动机正时校对见第二节长安志翔轿车 1.6L(JL486)发动机正时校对的内容。

第六节　长安新奥拓轿车

一、长安新奥拓轿车 1.0L（K10B）发动机正时部件识别（图 12-6-1）

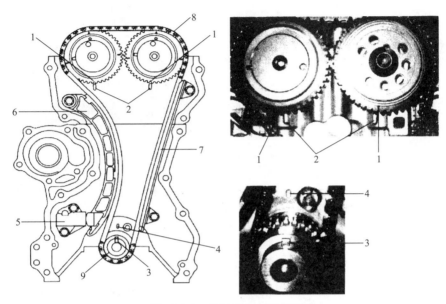

图 12-6-1　正时系统部件识别

1—凸轮轴正时链轮圆点标记；2—气缸盖凸起；3—曲轴链轮键；4—气缸体凹槽；5—正时链条张紧调节器；6—正时链条张紧装置；7—正时链条导向装置；8—正时链条；9—曲轴正时齿轮

二、长安新奥拓轿车 1.0L（K10B）发动机正时链条安装及校对（表 12-6-1）

表 12-6-1　正时链条安装及校对操作步骤

步骤	操作
1	略微调整凸轮轴的位置，使凸轮轴正时链轮圆点标记对准气缸盖上的凸起，如图 12-6-2 所示 图 12-6-2　圆点标记对准凸起

续表

步骤	操作	
2	转动曲轴,使键槽与气缸体上的凹槽(正时标记)对齐,如图12-6-3所示 	图12-6-3 键槽与凹槽对齐
3	安装正时链条。将三个有色正时链节分别与进排气凸轮轴链轮上的三角标记、曲轴链轮上的点标记对准,如图12-6-4所示 	图12-6-4 有色链节对准各个标记
4	安装正时链条导向装置和张紧装置,如图12-6-5所示 	图12-6-5 安装导向和张紧装置
5	准备链条张紧器。如图12-6-6所示,顺时针转动链条张紧器活塞,将活塞完全拧入张紧器体内,并用回形针将活塞固定住 注意:K10B发动机使用的是螺旋杆型链条张紧器,链条张紧时活塞被回位弹簧和发动机机油压推出来。一旦活塞被推出来,由于存在螺旋杆的阻力和调节器内的止回钢球维持的调节器内压力,它不能自由回位。如需将活塞推进阀体内,需顺时针转动活塞 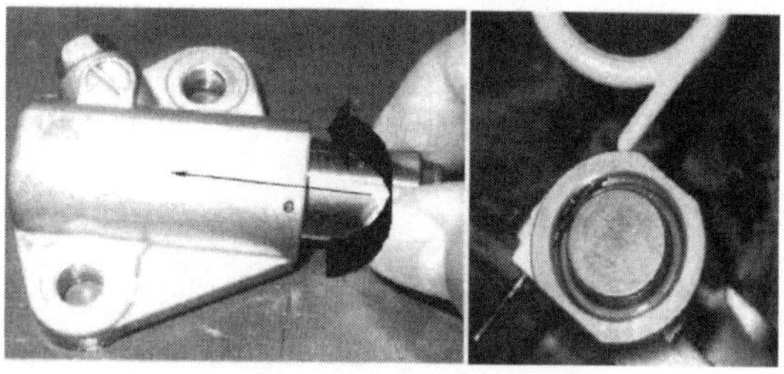	图12-6-6 设置正时链条张紧器

续表

步骤	操作
6	将链条张紧器安装到气缸体上,拧紧 2 个螺栓后,取出回形针,如图 12-6-7 所示 图 12-6-7 取出回形针
7	用 13 个短螺栓和 1 个长螺栓将正时链条盖固定到气缸盖和气缸体上,如图 12-6-8 所示 图 12-6-8 用螺栓固定正时链条盖

正时链条更换时的注意事项

①正时链条拆除后,不要单独转动曲轴和凸轮轴超过图 12-6-9 中所示的范围(图 12-6-9 中的 5 和 6)。否则,可能引起活塞和气门以及气门之间的干涉,与活塞相关联的零件和气门可能损坏

②链条拆卸后,如需转动凸轮轴,应按图 12-6-10 所示先转动曲轴 30°~90°后再转动凸轮轴

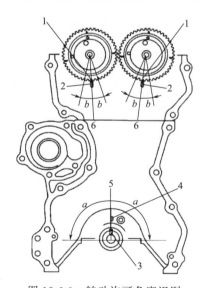

图 12-6-9 转动许可角度识别
1—凸轮轴链轮上的标记;2—气缸盖上的凸起标记;3—曲轴带轮;
4—气缸体上的凹槽标记;5—允许的曲轴转角($a=90°$);
6—允许的凸轮轴转角($b=15°$)

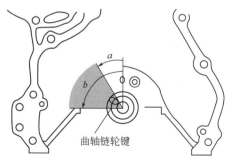

图 12-6-10 曲轴转动角度
$a=30°$ $b=90°$

第十三章 江淮汽车

第一节 江淮瑞风汽车

1. 江淮瑞风 2.4L（HFC4GA1）发动机正时皮带拆卸（表 13-1-1）

表 13-1-1　瑞风 2.4L（HFC4GA1）发动机正时皮带拆卸步骤

步骤	操作
1	松开发动机正时皮带上罩盖的固定螺栓，取下正时皮带上罩盖，如图 13-1-1 所示  图 13-1-1　取下正时皮带上罩盖
2	拆下曲轴皮带轮的固定螺栓，取下曲轴皮带轮，如图 13-1-2 所示  图 13-1-2　取下曲轴皮带轮
3	松开发动机正时皮带下罩盖的固定螺栓，取下正时皮带下罩盖，如图 13-1-3 所示  图 13-1-3　取下正时皮带下罩盖

续表

步骤	操作
4	沿顺时针方向转动曲轴,使1缸活塞到达压缩行程上止点位置,对齐正时标记 **注意**:当1缸活塞到达压缩行程上止点位置时,凸轮轴链轮和气缸盖罩的正时标记应对齐,凸轮轴链轮的定位销应处于正上方
5	松开自动张紧器的2个固定螺栓,取下自动张紧器,如图13-1-4所示  图13-1-4 取下自动张紧器
6	取下正时皮带 **注意**:如果要继续使用正时皮带,应在正时皮带上标记出皮带的旋转方向,以便重新安装正时皮带时不发生错装
7	拆卸凸轮轴正时齿轮固定螺栓,取下凸轮轴正时齿轮,如图13-1-5所示  图13-1-5 取下凸轮轴正时齿轮
8	松开曲轴位置传感器的2个固定螺栓,取下曲轴位置传感器,如图13-1-6所示 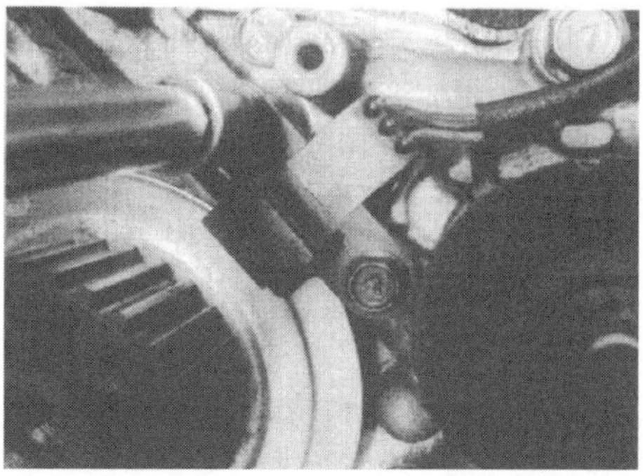 图13-1-6 取下曲轴位置传感器

续表

步骤	操作
9	拆下发动机左侧的机油油位观察螺塞,插入一个直径为8mm的螺钉旋具,插入深度约为60mm,以便卡住左平衡轴,如图13-1-7所示 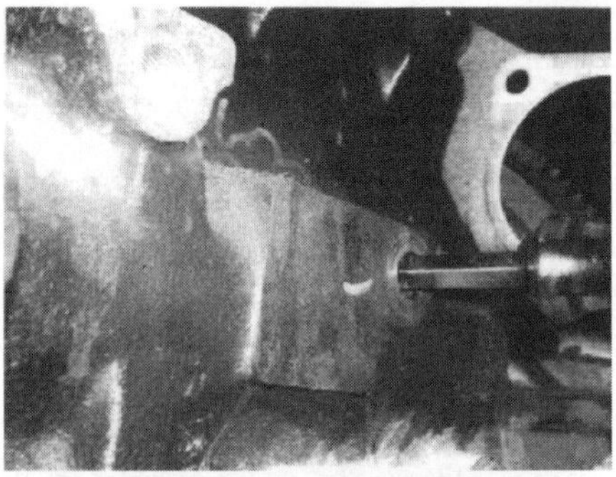 图13-1-7 插入螺钉旋具
10	拆卸机油泵齿轮固定螺栓,取下机油泵驱动齿轮,如图13-1-8所示  图13-1-8 取下机油泵驱动齿轮
11	松开右平衡轴正时齿轮固定螺栓,松开平衡轴正时皮带张紧轮螺栓,取下偏心张紧轮,如图13-1-9所示  图13-1-9 取下偏心张紧轮
12	取下右平衡轴驱动带,拆下右平衡轴驱动齿轮,如图13-1-10所示  图13-1-10 取下右平衡轴驱动齿轮
13	取下曲轴驱动齿轮和信号盘

2. 检查正时皮带（表13-1-2）

表13-1-2 检查正时皮带操作步骤

步骤	操作
1	检查凸轮轴齿轮、曲轴齿轮、张紧轮和惰轮是否有异常磨损、裂纹、损失，如果有，则应更换新的部件
2	检查张紧轮和惰轮的旋转阻力和运动噪声，如果发现不正常，应立即予以更换
3	检查张紧器和惰轮是否有油液渗漏，如果有，应予以更换
4	检查张紧器挺杆头部的磨损和张紧器的损伤情况，如果发现有损伤，应予以更换
5	测量张紧器挺杆的凸出长度，规范值应为14.5mm，如果测量值大于规范值，应予以更换
6	按图13-1-11所示，用台虎钳慢慢压缩自动张紧器，如果张紧器挺杆稍一受压就缩回，说明自动张紧器工作不良，应及时更换新的自动张紧器 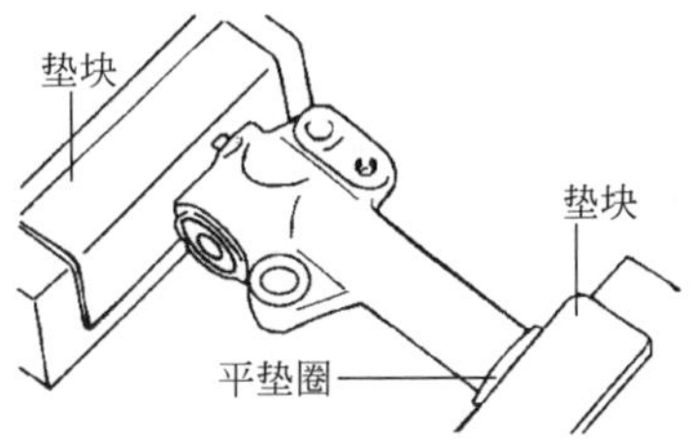

图13-1-11 用台虎钳压缩自动张紧器

3. 瑞风2.4L（HFC4GA1）发动机正时皮带拆卸（表13-1-3）

表13-1-3 瑞风2.4L（HFC4GA1）发动机正时皮带拆卸步骤

步骤	操作
1	安装曲轴信号盘内正时齿轮，转动曲轴使齿轮对准气缸体上的正时标记，确保1缸活塞处于压缩行程上止点位置，如图13-1-12所示

图13-1-12 对准正时标记

2	安装右平衡轴齿轮并对准气缸体上的正时标记，如图13-1-13所示

图13-1-13 对准正时标记

续表

步骤	操作
3	安装正时皮带和偏心张紧轮,用手压紧张紧轮,把固定螺栓紧固至15～22N·m,如图13-1-14所示 **注意**:安装偏心张紧轮时,法兰面要朝前,紧固螺栓时不要转动平衡轴  图 13-1-14　安装偏心张紧轮
4	检查正时皮带张紧度:用手指按压正时皮带时,正时皮带的偏移量应在5～7mm范围内
5	拧紧右平衡轴齿轮固定螺栓
6	安装曲轴位置传感器信号盘和正时皮带齿轮,如图13-1-15所示  图 13-1-15　安装曲轴位置出去信号盘
7	安装曲轴正时齿轮挡块和螺栓,将螺栓紧固至110～130N·m
8	安装曲轴位置传感器,紧固传感器的固定螺栓,如图13-1-16所示  图 13-1-16　紧固传感器的固定螺栓
9	安装凸轮轴正时齿轮,并对齐气缸盖罩上的正时标记,如图13-1-17所示,将凸轮轴正时齿轮螺栓紧固至80～100N·m  图 13-1-17　对齐气缸盖罩的正时标记

续表

步骤	操作
10	安装机油泵驱动齿轮并对好正时,如图 13-1-18 所示,用螺钉旋具从观察孔卡住平衡轴,紧固机油泵驱动齿轮螺栓至 50～60N·m 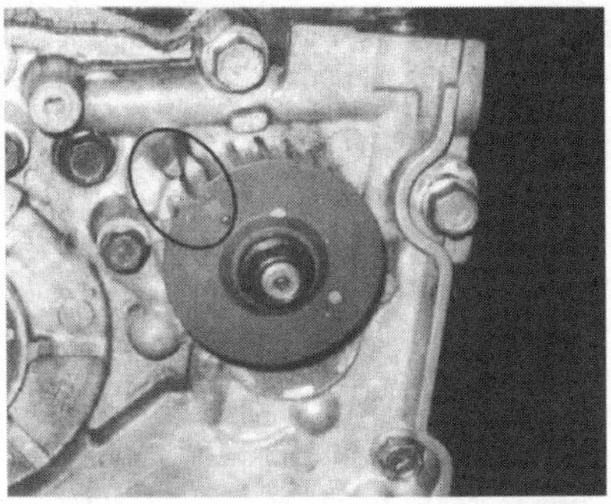 图 13-1-18　对好机油泵齿轮正时标记
11	用台虎钳慢慢压紧自动张紧器,直至外壳上的孔和柱塞上的孔对齐,插入卡销卡住,如图 13-1-19 所示  图 13-1-19　插入卡销
12	按照曲轴正时齿轮→机油泵齿轮→惰轮→排气凸轮轴齿轮→进气凸轮轴齿轮→张紧轮的顺序,把正时皮带安装上去
13	沿顺时针方向转动曲轴几周,确认正时标记对准,确认自动张紧器顶杆顶部伸出的距离在 5.5～9mm 范围内
14	拔掉自动张紧器卡销,取出插入的螺钉旋具,装上油位观察螺塞
15	安装正时皮带上罩盖和下罩盖,紧固螺栓

第二节　江淮瑞鹰轿车

江淮瑞鹰轿车 2.4L（HFC4GA1）发动机正时校对见第一节江淮瑞风 2.4L（HFC4GA1）发动机正时校对内容。

第三节　江淮宾悦轿车

江淮宾悦轿车 2.4L（HFC4GA1）发动机正时校对见第一节江淮瑞风 2.4L（HFC4GA1）发动机正时校对内容。

第十四章 上汽MG车系

第一节 上汽 MG3 轿车

一、上汽 MG3 SW 轿车 1.4L（N16）发动机正时校对

1. 1.4L（N16）发动机正时部件拆卸（表 14-1-1）

注意：气缸盖需拆除时或者更换新正时齿轮、张紧装置或冷却水泵时，必须更换凸轮轴同步带。必须小心存储和操作同步带。在保存同步带时，弯曲半径应大于 50mm。如果在同步带的齿轮室盖上发现了皮带灰尘以外的碎片时，则不得使用此同步带。若发生局部卡滞现象时，则不得使用此同步带。不得使用里程数超过 60000km 的同步带。同步带必须在规定的时间内进行更换。不得使用被油或冷却液污染的同步带。

表 14-1-1　1.4L（N16）发动机正时部件拆卸步骤

步骤	操作
1	断开蓄电池的接地线
2	顶起车辆前部
3	拆除右侧前部车轮
4	松开 3 个卡扣上的冷却软管，移开软管，如图 14-1-1 所示 图 14-1-1　冷却软管卡扣
5	拆除凸轮轴同步带齿轮室上盖
6	在曲轴皮带轮螺栓上使用套筒和接长杆，顺时针旋转曲轴，对准凸轮轴齿轮正时标记 −90°（上止点前），如图 14-1-2 所示 注意：不得使用凸轮轴齿轮、齿轮连接螺栓或同步带来旋转曲轴 图 14-1-2　对准正时标记

续表

步骤	操作
7	安装凸轮轴齿轮锁紧工具18G1570
8	拆除曲轴皮带轮
9	在千斤顶上安装木块,旋转千斤顶来支撑发动机
10	松开固定发动机稳定杆与车体吊架上的贯通螺栓(图14-1-3中的10～14)
	图14-1-3 贯通螺栓识别
11	拆除固定发动机稳定杆与右侧发动机吊架上的贯通螺栓,松开发动机稳定杆
12	拆除固定安装支架与发动机上的2个螺栓
13	拆除固定安装支架与发动机吊架的螺母
14	拆除固定约束杆的2个螺母,然后拆除约束杆
15	拆除发动机右侧吊架 **说明**:如果需要再次使用凸轮轴同步带,则用粉笔标记带旋转方向
16	拆除同步带张紧轮螺栓,如图14-1-4所示
	图14-1-4 同步带张紧轮螺栓识别
17	移开安装的指针弹簧丝,同时拆除同步带张紧皮带轮
18	固定住辅助传动带张紧装置,拆除固定销,使张紧装置可以逆时针移动,如图14-1-5所示
	图14-1-5 拆下固定销

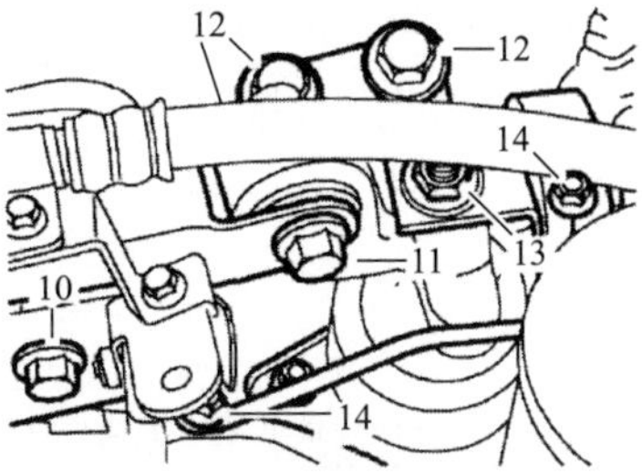

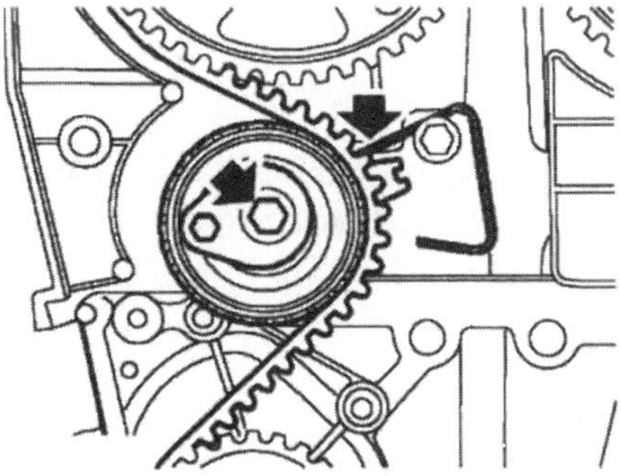

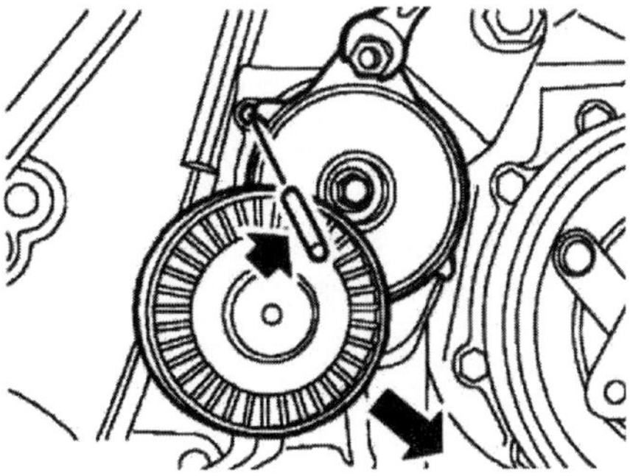

续表

步骤	操作
19	拆除固定凸轮轴同步带下盖上连接的3个螺栓,如图14-1-6所示 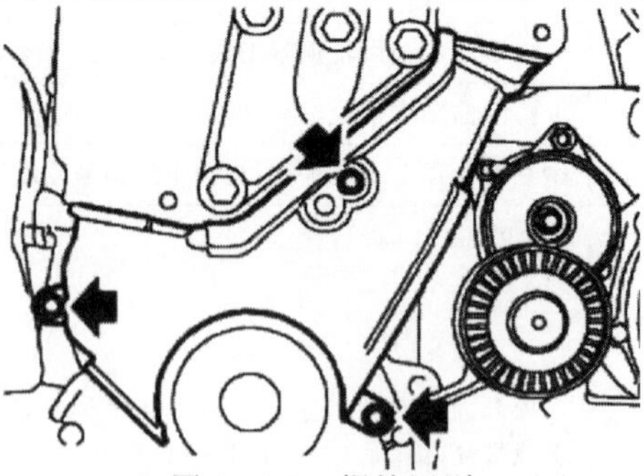 图14-1-6　螺栓识别
20	拆除凸轮轴同步带下盖和橡胶密封件
21	拆除同步带。在拆除同步带以及安装气缸盖后,不得旋转发动机
22	拆除曲轴上的传动齿轮

2. 1.4L（N16）发动机正时部件安装（表14-1-2）

表14-1-2　1.4L（N16）发动机正时部件安装步骤

步骤	操作
1	清洁同步带齿轮、冷却水泵和张紧装置皮带轮
2	检查凸轮轴齿轮是否已正确对准正时标记,并查看工具18G1570是否已锁紧凸轮轴齿轮,如图14-1-7所示 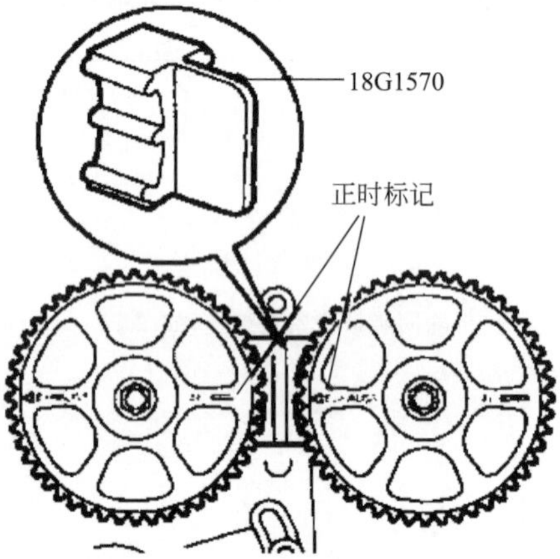 图14-1-7　对准正时标记
3	检查曲轴齿轮上两点标记是否已对准机油泵的标记凸线,同时查看工具是否已锁紧飞轮,如图14-1-8所示 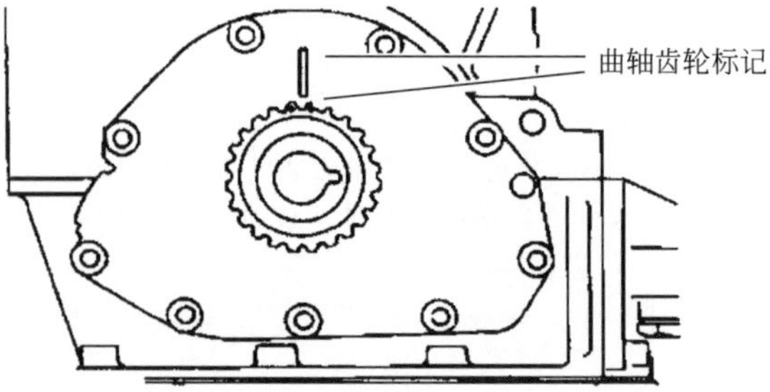 图14-1-8　曲轴齿轮标记识别

续表

步骤	操作
4	安装同步带张紧轮,确保指针弹簧丝安装在柱形螺栓上,同时张紧杆位于9点位置,如图14-1-9所示 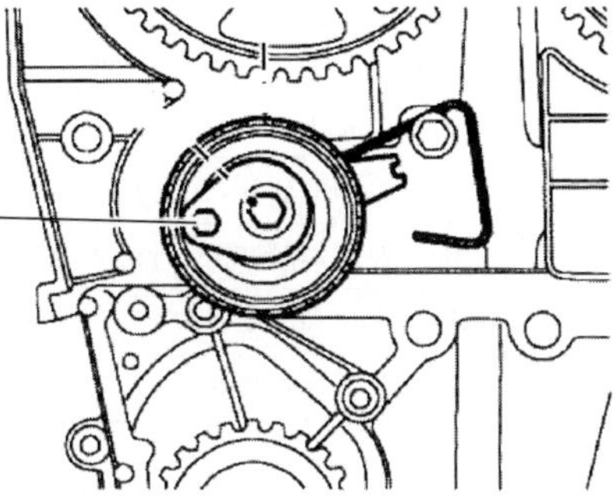
5	安装和拧紧新的张紧皮带轮螺栓,直至可以转动张紧杆
6	将同步带安装到曲轴齿轮上,随后再安装到凸轮轴齿轮上,保持同步带张紧边位于曲轴齿轮和排放凸轮齿轮之间
7	只能用手指在张紧皮带轮和冷却水泵传动齿轮上安装定位皮带
8	检查同步带是否已绕着所有齿轮和皮带轮中心
9	安装和对准下同步带盖,确保橡胶密封件位置正确
10	安装同步带下盖螺栓并拧紧到9N·m **说明**:此时不得安装同步带上盖
11	顺时针旋转辅助传动带张紧装置。保持张紧装置在此位置,同时利用辅助安装销到张紧装置后板的孔中
12	安装曲轴皮带轮
13	用6mm内六角扳手逆时针旋转张紧杆,使指针弹簧丝与指示盘口对齐,如图14-1-10所示 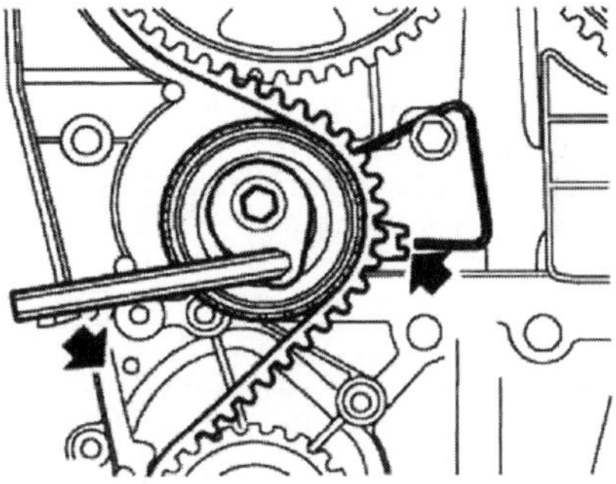
14	确保指针弹簧丝保持在正确的位置,拧紧张紧皮带轮螺栓到25N·m
15	拆除凸轮轴齿轮锁紧工具18G1570
16	用曲轴皮带轮螺栓顺时针旋转曲轴2整圈,对准凸轮轴齿轮正时标记 **注意**:不得使用凸轮轴齿轮、凸轮轴齿轮连接螺栓或同步带旋转曲轴
17	确认张紧轮指针弹簧丝已正确对准指示盘口
18	安装发动机右侧吊架,然后安装螺栓,但此时不要拧紧
19	安装约束杆,然后安装螺栓并拧紧到45N·m
20	定位发动机稳定杆,安装螺栓并拧紧到85N·m

图14-1-9 张紧杆位于9点钟位置

图14-1-10 弹簧丝对准指示盘口

续表

步骤	操作
21	拧紧固定发动机稳定杆与车体吊架的螺栓到 85N·m
22	拧紧固定安装支架与发动机的 2 个螺栓到 135N·m
23	安装凸轮轴同步带上盖
24	安装冷却液软管与卡扣
25	安装轮胎,拧紧螺母到正确的扭矩值
26	拆除支架和降下车辆
27	连接蓄电池接地线

二、MG3 轿车 1.5L VCT 发动机正时校对

1. MG3 轿车 1.5L VCT 发动机正时链条拆卸(表 14-1-3)

表 14-1-3 MG3 轿车 1.5L VCT 发动机正时链条拆卸步骤

步骤	操作
1	举升车辆前部
2	拧松发动机机油放油螺栓,放掉发动机机油,如图 14-1-11 所示 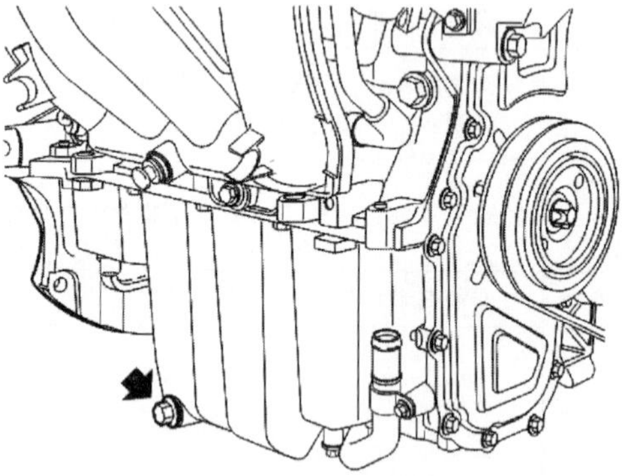
3	拆下车辆右前车轮
4	拆卸点火线圈
5	拆卸发动机凸轮轴盖
6	拆下发动机机体上正时销孔安装的堵塞
7	转动曲轴,直至可用凸轮轴锁止工具 TEN00004 将凸轮轴相位锁止,如图 14-1-12 所示 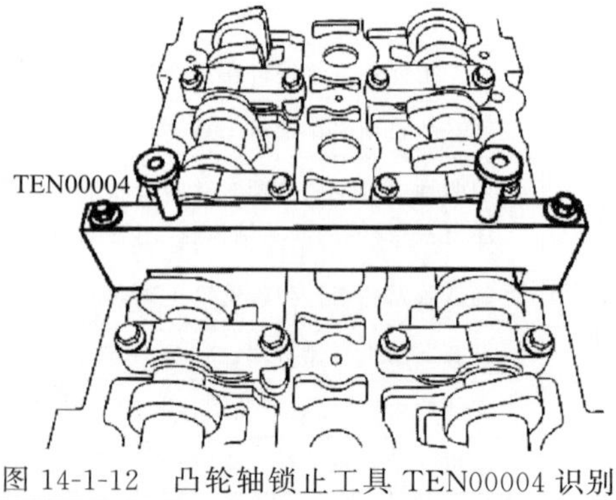

图 14-1-11 放油螺栓识别

图 14-1-12 凸轮轴锁止工具 TEN00004 识别

续表

步骤	操作
8	用正时销锁止工具 TEN00002 插入机体上的正时销孔和飞轮销孔,把飞轮锁止,如图 14-1-13 所示 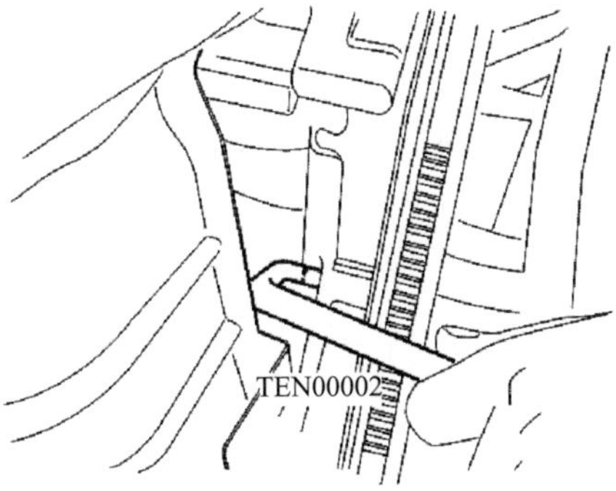 图 14-1-13　正时销锁止工具 TEN00002 识别
9	拆下发动机附件传动皮带
10	拆下曲轴皮带轮螺栓,将该螺栓废弃
11	拆下曲轴皮带轮
12	按图 14-1-14 所示,用皮带轮拆装工具 TEN00009 拆卸水泵带轮 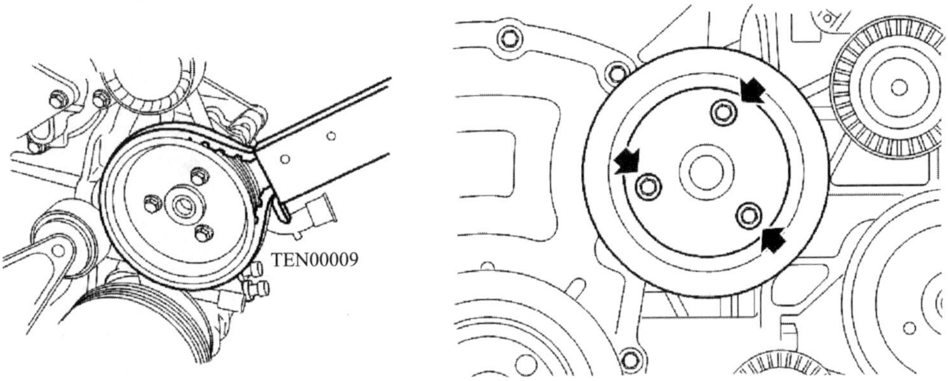 图 14-1-14　拆卸水泵带轮
13	拆卸正时链条上盖板
14	拆卸正时链条下盖板
15	拆卸正时链条张紧器,废弃密封垫圈,如图 14-1-15 所示 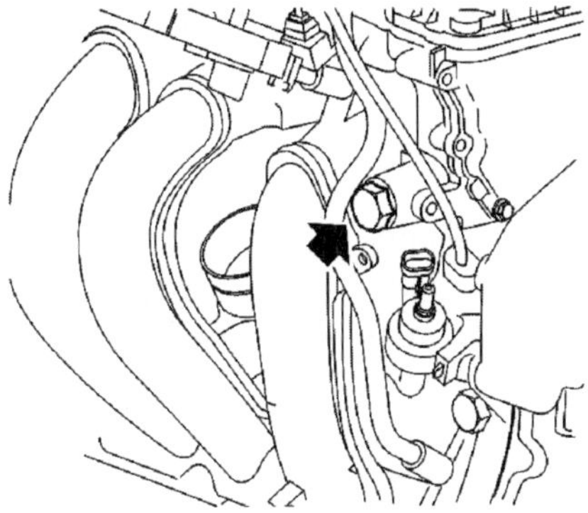 图 14-1-15　拆卸正时链条张紧器

续表

步骤	操作
16	按图 14-1-16 所示,拆卸正时链条上导轨

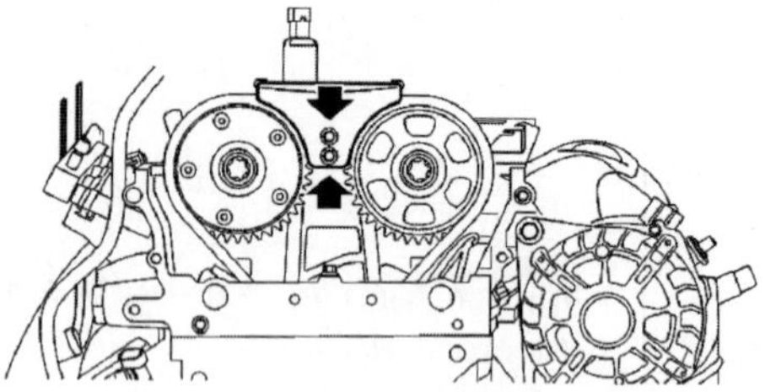

图 14-1-16　拆卸正时链条上导轨

| 17 | 按图 14-1-17 所示,用机油泵链轮固定工具 TEN00006 拆下机油泵链轮螺栓 |

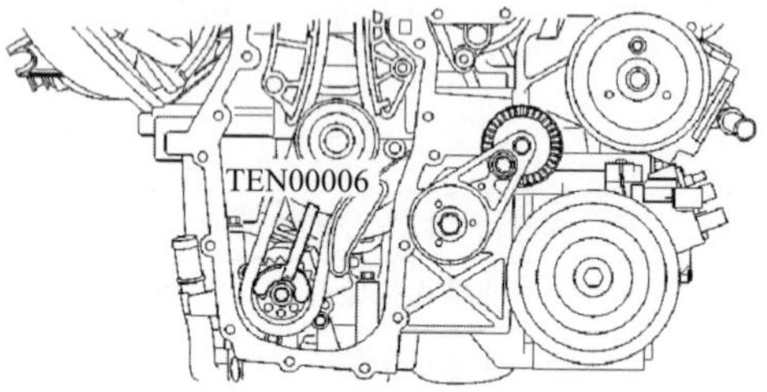

图 14-1-17　拆卸机油泵链轮螺栓

| 18 | 向右张开机油泵链条张紧器,把机油泵链轮、机油泵链条和驱动机油泵的曲轴链轮一起取下,如图 14-1-18 所示 |

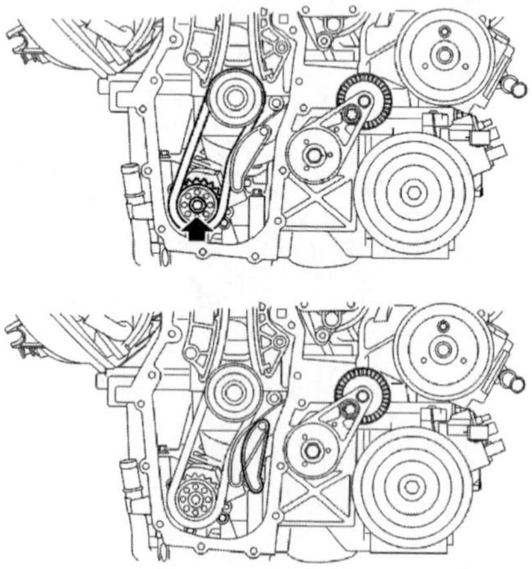

图 14-1-18　拆卸机油泵链轮、机油泵链条和曲轴链轮

19	拆下机油泵链条张紧器
20	拆下进气调相器螺栓并将其废弃
21	按图 14-1-19 所示,用凸轮轴链轮固定工具 TEN00005 拆卸进气调相器和排气凸轮轴链轮螺栓,并将螺栓废弃

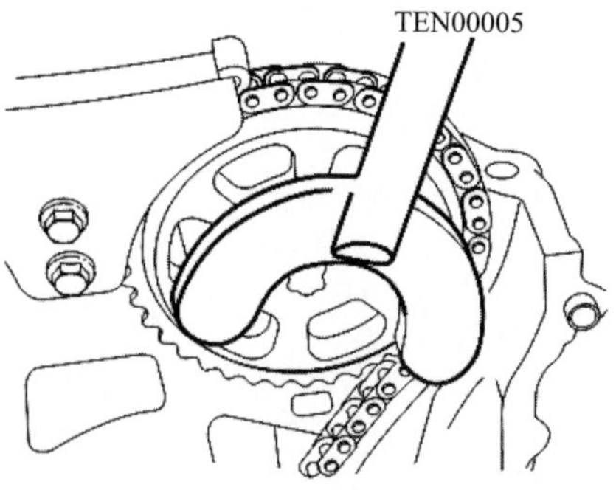

图 14-1-19　凸轮轴链轮固定工具识别

续表

步骤	操作
22	取下进气调相器和排气凸轮轴链轮,如图 14-1-20 所示

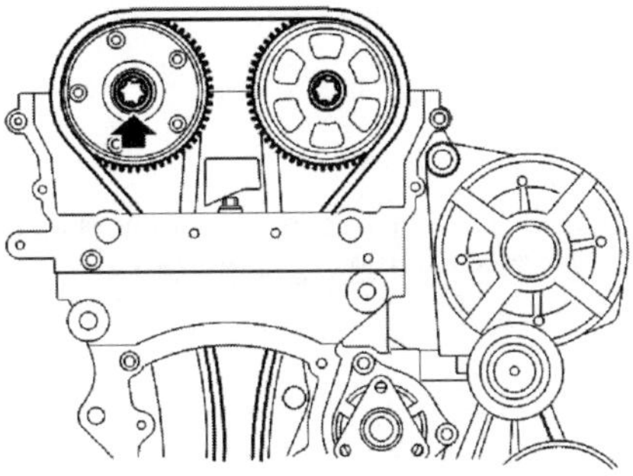

图 14-1-20　取下进气调相器和排气凸轮轴链轮 |
| 23 | 取下曲轴链轮和正时链,如图 14-1-21 所示

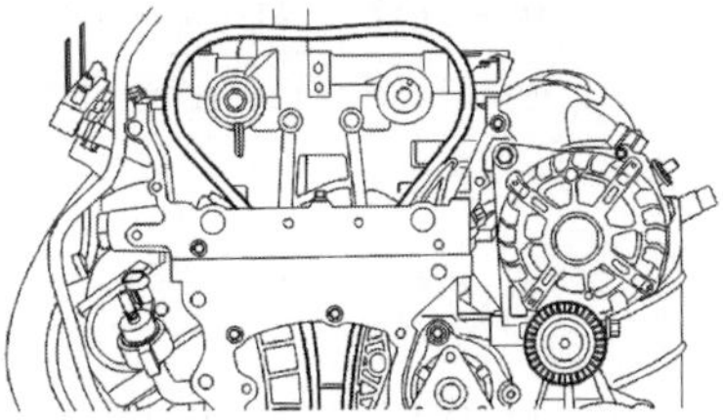

图 14-1-21　取下曲轴链轮和正时链 |
| 24 | 拆卸导轨枢销,从链条仓上端取出张紧轨和链条导轨,如图 14-1-22 所示

图 14-1-22　拆卸导轨枢销 |

2. 正时链条安装（表 14-1-4）

表 14-1-4　正时链条安装操作步骤

步骤	操作
1	拆下发动机机体上正时销孔安装的堵塞
2	盘动飞轮,使飞轮销孔与发动机机体销孔对齐
3	按图 14-1-23 所示,用飞轮锁止工具 TEN00002 插入发动机机体正时销孔与飞轮销孔,把飞轮锁止

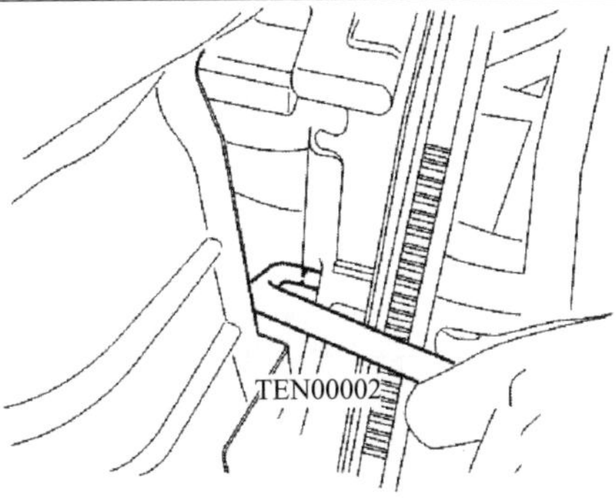

图 14-1-23　锁止飞轮 |

续表

步骤	操作
4	按图 14-1-24 所示,用凸轮轴锁止工具 TEN00004 把凸轮轴相位锁止

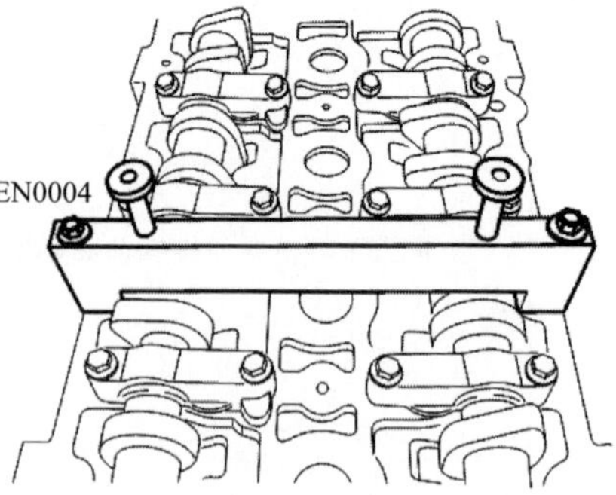

图 14-1-24 锁止凸轮轴相位

步骤	操作
5	检查拆下的各个零件,确认没有碰伤、生锈、油液污染等迹象,否则应更换新的部件
6	把链条导轨从导轨仓右侧上端放入,将枢销紧固至 22~28N·m
7	把正时链条张紧器导轨从导轨仓左侧上端放入,将枢销紧固至 22~28N·m,如图 14-1-25 所示

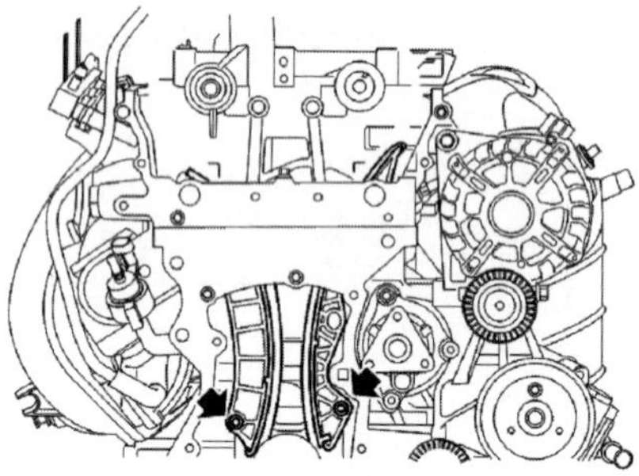

图 14-1-25 紧固枢销

步骤	操作
8	在曲轴前端套入一个曲轴链轮,从气缸盖导轨仓上端放入正时链条,链条下端套入曲轴链轮,把链条悬挂在导轨上方的安装凸台上,把进气凸轮轴调相器安装到进气凸轮轴上,预紧螺栓
9	用凸轮轴链轮固定工具 TEN00005 把排气凸轮轴装配到凸轮轴链轮上,预紧螺栓后,把正时链条套装到链轮上,如图 14-1-26 所示

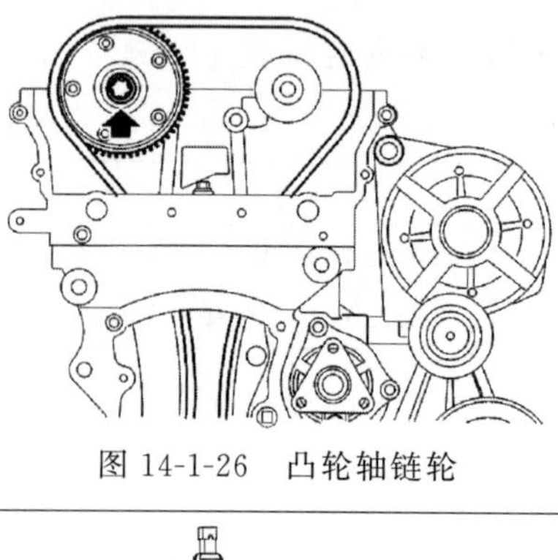

图 14-1-26 凸轮轴链轮

步骤	操作
10	按图 14-1-27 所示,在凸轮轴前轴承盖上安装上导轨,把上导轨的 2 个螺栓紧固至 8~12N·m

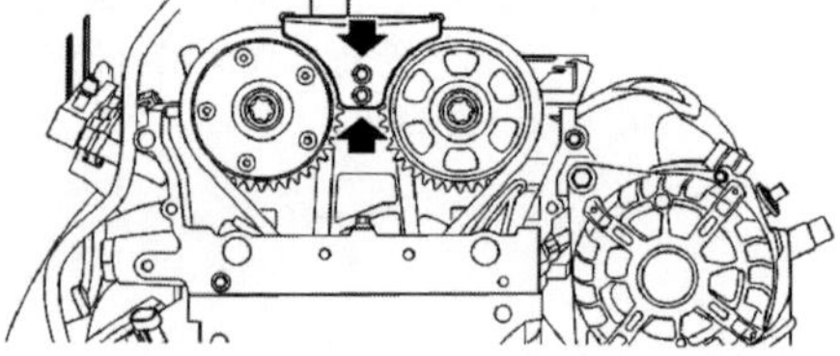

图 14-1-27 安装上导轨

续表

步骤	操作
11	安装好新的正时链条张紧器垫圈后,安装正时链条张紧器,将张紧器螺栓紧固至57～63N·m,如图14-1-28所示

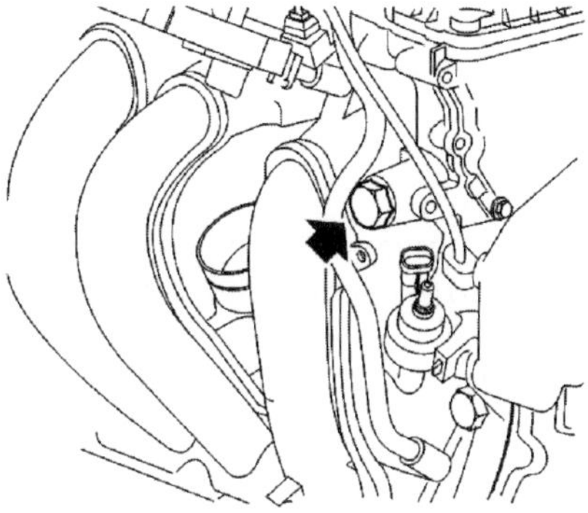

图 14-1-28　安装正时链条张紧器

步骤	操作
12	把进气调相器和排气凸轮轴链轮拧紧到凸轮轴上,排气凸轮轴链轮固定螺栓紧固至(25 ± 3)N·m+$(45\pm2)°$,进气调相器螺栓紧固至70～80N·m;如图14-1-29所示

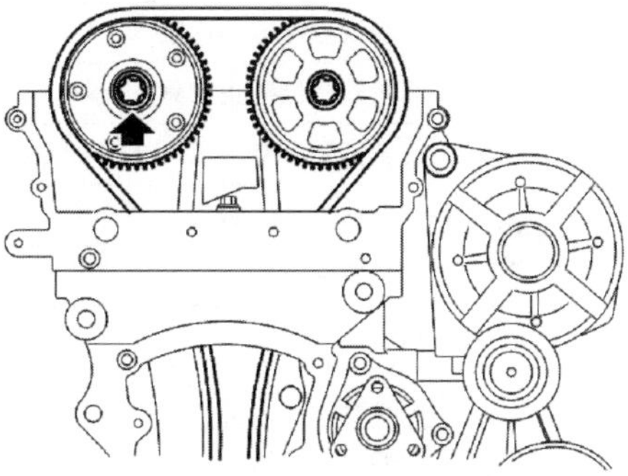

图 14-1-29　安装进气调相器和排气凸轮轴链轮

步骤	操作
13	安装机油泵链条张紧器,如图14-1-30所示

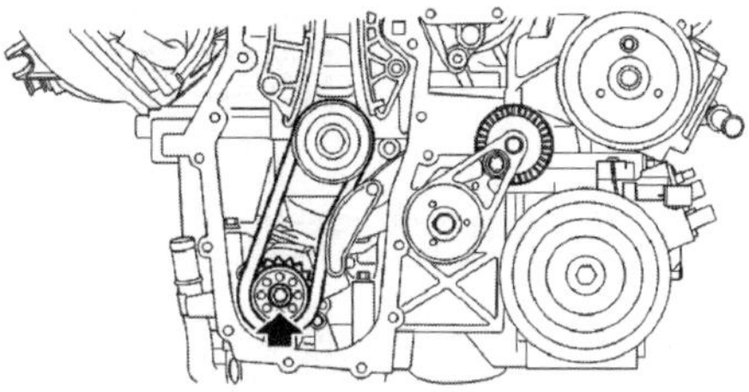

图 14-1-30　安装机油泵链条张紧器

步骤	操作
14	把机油泵链条套装到曲轴链轮上,把曲轴链轮安装到曲轴前端
15	把机油泵链轮套到机油泵链条上 注意:有产品标识的一面朝外
16	转动机油泵链轮,使链轮中心D形孔对准机油泵的D形轴
17	把机油泵链条张紧器下端向右侧拉动,把机油泵链轮套在机油泵轴上,将曲轴链轮推到底
18	放开机油泵链条张紧器
19	确认机油泵链条证券压在机油泵链条张紧器的导板面上
20	用专用工具 TEN00006 套上机油泵链轮,紧固机油泵链轮螺栓至22～28N·m
21	安装正时链条下盖板

续表

步骤	操作
22	安装正时链条上盖板
23	按图 14-1-31 所示,安装水泵带轮

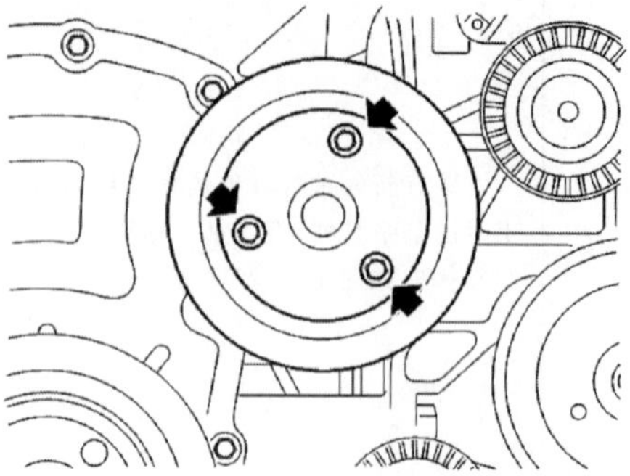

图 14-1-31 安装水泵带轮

步骤	操作
24	安装曲轴皮带轮
25	安装发动机附件传动皮带
26	取下凸轮轴相位锁止工具
27	取下飞轮正时销专用工具 TEN00002
28	安装好发动机机体堵塞
29	安装好凸轮轴盖
30	安装点火线圈
31	安装好车轮
32	放下车辆
33	检查发动机机油油位,必要时添加

第二节 上汽 MG6 轿车

一、上汽 MG6 轿车 1.8（1.8L 18K4C）发动机正时校对

其正时校对方法与荣威 550 轿车 1.8L 发动机正时校对方法相同,请参考其校对方法。

二、上汽 MG6 轿车 1.8T 发动机正时校对

其正时校对方法与荣威 550 轿车 1.8T 发动机正时校对方法相同,请参考其校对方法。

第十五章 长城车系

第一节 长城炫丽轿车

一、长城炫丽轿车 1.3L（GW413EF）发动机正时校对

1. 炫丽轿车 1.3L（GW413EF）发动机正时皮带安装（表 15-1-1）

表 15-1-1　1.3L（GW413EF）发动机正时皮带安装步骤

步骤	操作
1	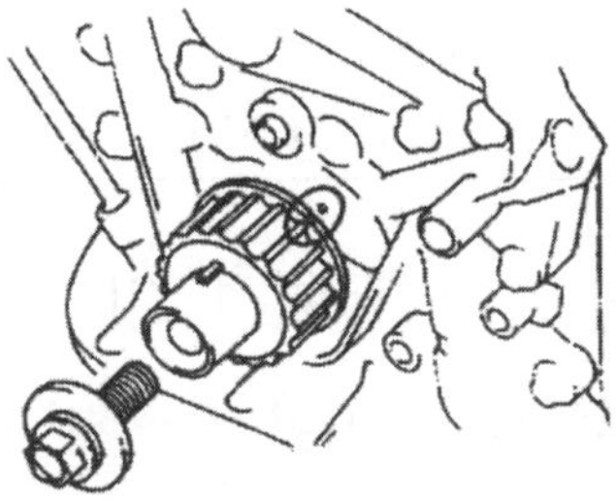 识别曲轴皮带轮正时标记，如图 15-1-1 所示 图 15-1-1　曲轴皮带轮正时标记
2	 将正时齿带套在曲轴正时皮带轮上，用正时齿带包住张紧轮拉到螺栓靠弧形槽的最右端为止，将张紧轮螺栓临时紧固，如图 15-1-2 所示 图 15-1-2　紧固张紧轮螺栓
3	 将正时皮带依次套入曲轴带轮、张紧轮、凸轮轴带轮，如图 15-1-3 所示 图 15-1-3　安装正时皮带

2. 正时皮带检查（表 15-1-2）

表 15-1-2　1.3L（GW413EF）发动机正时皮带检查步骤

步骤	操作
1	松开皮带张紧轮螺栓
2	从 TDC 到 TDC，缓慢转动曲轴 2 圈（要顺时针方向转动曲轴）
3	检查每个皮带轮是否按图 15-1-4 所示对准了正时标记。如果正时标记没有对准，则应取下正时皮带并重新安装 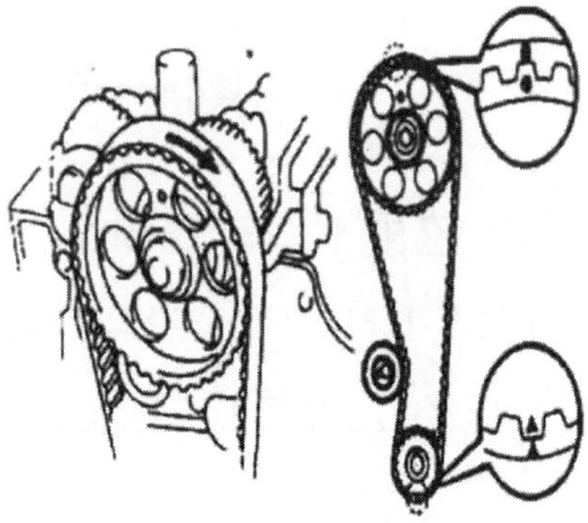
4	紧固皮带张紧轮螺栓，紧固力矩为(45±5)N·m

图 15-1-4　正时标记识别

二、长城炫丽轿车 1.3L（GW4G13）发动机正时校对

1. 长城炫丽轿车 1.3L（GW4G13）发动机正时机构部件识别（图 15-1-5）

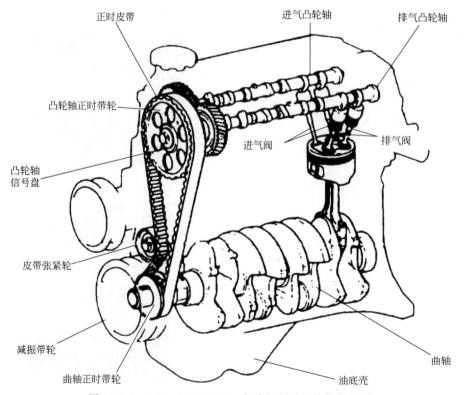

图 15-1-5　1.3L（GW4G13）发动机正时机构部件识别

2. 气门正时检查（表 15-1-3）

表 15-1-3　气门正时检查操作步骤

步骤	操作
1	转动曲轴带轮，把带轮上的凹槽与 1 号正时带罩上的 1、4 缸压缩行程上止点标记"0"对准，如图 15-1-6 所示 图 15-1-6　对准标记
2	检查凸轮轴正时带轮上的标记"K"是否与轴承盖正时记号对准，如图 15-1-7 所示，如果没有对准，则将曲轴顺时针旋转 360°后对准，此时 1 缸活塞正好处于压缩行程上止点位置 图 15-1-7　标记"K"对准正时记号

3. 正时皮带安装（表 15-1-4）

表 15-1-4　正时皮带安装操作步骤

步骤	操作
1	按图 15-1-8 所示，对齐曲轴带轮正时标记 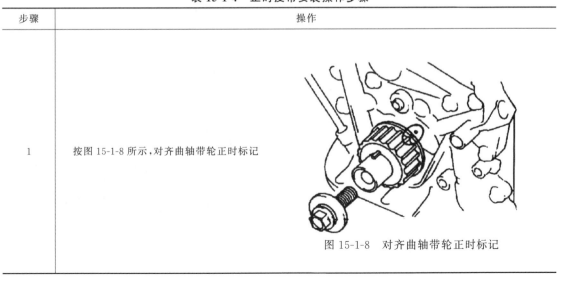 图 15-1-8　对齐曲轴带轮正时标记

续表

步骤	操作
2	确保凸轮轴正时带轮上的"K"标记对应的销孔与排气凸轮轴定位销对准安装,轴承盖缺口对准"K"标记圆孔,如图15-1-9所示 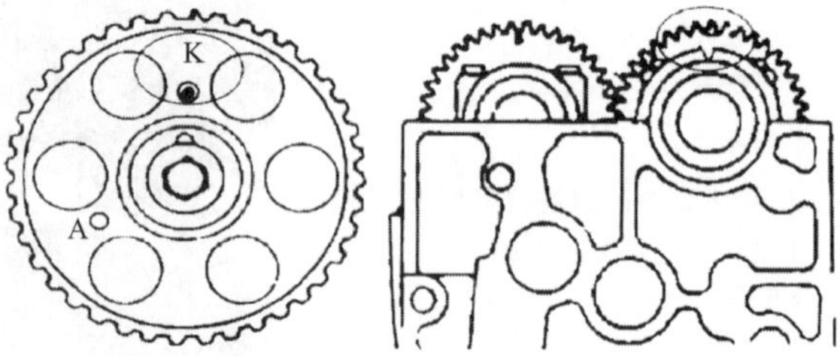 图15-1-9 对准标记
3	按图15-1-10所示,把凸轮轴信号盘缺口对准正时带轮的"A"标记  图15-1-10 缺口对准"A"标记
4	将正时齿带套在曲轴正时皮带轮上,用正时齿带包住张紧轮拉到螺栓靠弧形槽的最右端为止,将张紧轮螺栓临时紧固,如图15-1-11所示  图15-1-11 临时紧固张紧轮螺栓
5	将正时皮带依次套入曲轴带轮、张紧轮、凸轮轴带轮,如图15-1-12所示  图15-1-12 安装正时皮带
6	松开正时皮带张紧轮螺栓
7	沿顺时针方向缓慢转动曲轴两周,再次回到上止点位置

续表

步骤	操作
8	检查各个带轮是否对齐正时标记,如图 15-1-13 所示 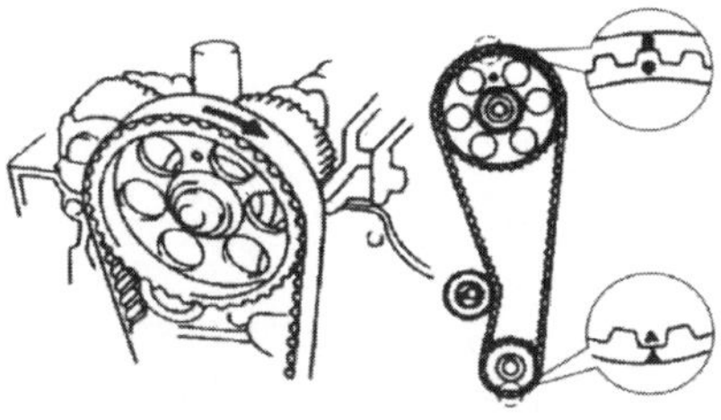 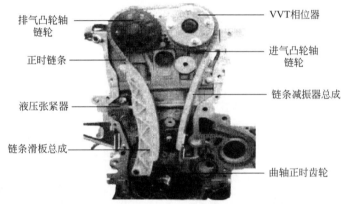 图 15-1-13 对齐正时标记
9	把正时皮带张紧轮螺栓紧固至 $(45\pm5)N\cdot m$

三、炫丽轿车 1.5L（GW4G15）发动机正时校对

1. 炫丽轿车 1.5L（GW4G15）发动机正时链条部件识别（图 15-1-14）

图 15-1-14　1.5L（GW4G15）发动机正时链条部件识别

2. 1.5L（GW4G15）发动机正时链条拆卸（表 15-1-5）

表 15-1-5　1.5L（GW4G15）发动机正时链条拆卸步骤

步骤	操作
1	拆下气门室罩,转动曲轴,使 VVT 相位器、排气凸轮轴链轮上的正时标记分别竖直向上(图 15-1-15),曲轴皮带轮上的正时标记与正时罩上的"0"刻度对正(图 15-1-16)  图 15-1-15　正时标记竖直向上 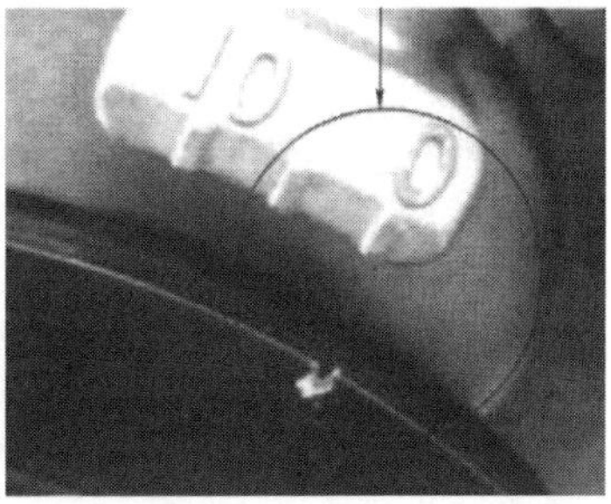　　图 15-1-16　正时标记对准"0"刻度

续表

步骤	操作
2	拆下正时罩,用自锁装置(定位销)固定张紧器上的止推板,拆下自动张紧器,如图 15-1-17 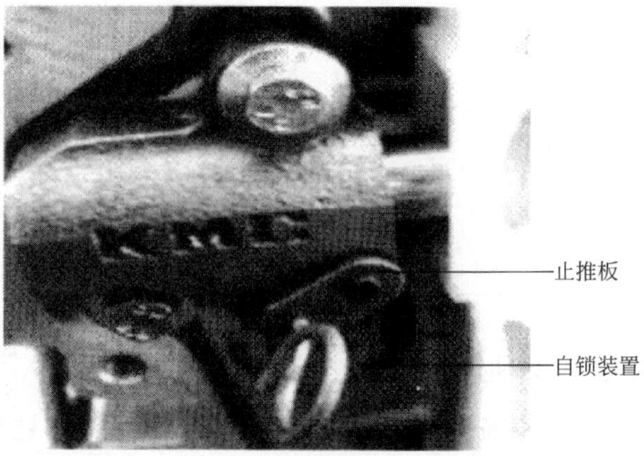 图 15-1-17　自锁装置与止推板识别
3	拆下链轮滑板总成和链条减振器总成,取下正时链条

3. 1.5L（GW4G15）发动机正时链条安装（表 15-1-6）

表 15-1-6　1.5L（GW4G15）发动机正时链条安装步骤

步骤	操作
1	调整凸轮轴及曲轴状态,使 VVT 相位器、排气凸轮轴链轮上的正时标记和曲轴上的销孔分别竖直向上,如图 15-1-18 所示,使 VVT 相位器和曲轴链轮上的正时记号与正时链条上的正时标记对准,如图 15-1-19 所示  图 15-1-18　正时标记和销孔竖直向上 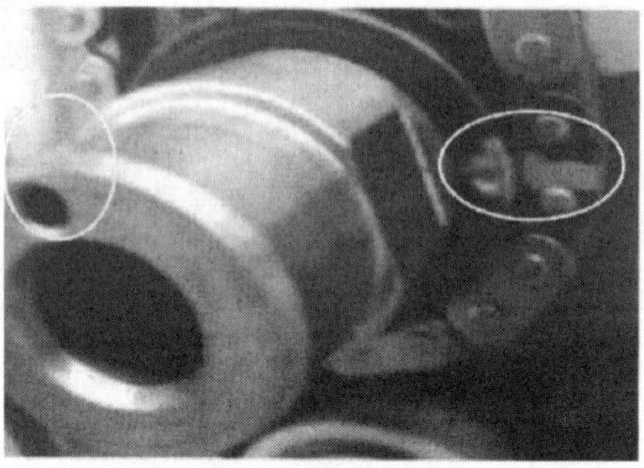　　图 15-1-19　对准标记
2	转动曲轴使链条减振器总成一侧的链条张紧
3	转动进气凸轮轴,使 VVT 相位器链轮上的标记朝顺时针转动大约 1 齿;逆时针转动进气凸轮,直到正时链条上的另一标记对准排气凸轮轴链轮上的正时标记,并将正时链条安装在排气凸轮轴上,如图 15-1-20 所示  图 15-1-20　安装正时链条

续表

步骤	操作
4	安装链轮滑板总成和链条减振器总成,安装上液压张紧器,取下自锁装置(定位销),如图15-1-21所示 
5	顺时针转动曲轴两圈,确认VVT相位器链轮和排气凸轮轴链轮上的正时标记垂直向上,确认曲轴的销孔垂直向上

图15-1-21 安装部件

第二节　长城精灵轿车

长城精灵轿车1.3L（GW413EF）发动机正时校对见第一节炫丽轿车1.3L（GW413EF）发动机正时校对内容。

第三节　长城凌傲轿车

一、长城凌傲轿车1.3L（GW413EF）发动机正时校对

见第一节炫丽轿车1.3L（GW413EF）发动机正时校对内容。

二、长城凌傲轿车1.5L（GW4G15）发动机正时校对

见第一节炫丽轿车1.5L（GW4G15）发动机正时校对内容。

第四节　长城酷熊轿车

长城酷熊轿车1.5L（GW4G15）发动机正时校对见第一节炫丽轿车1.5L（GW4G15）发动机正时校对内容。

第五节　长城腾翼C30轿车

长城腾翼C30轿车1.5L（GW4G15）发动机正时校对见第一节炫丽轿车1.5L（GW4G15）发动机正时校对内容。

第六节 长城 M1 轿车

长城 M1 轿车 1.3L（GW413EF）发动机正时校对见第一节炫丽轿车 1.3L（GW413EF）发动机正时校对内容。

第七节 长城 M2 轿车

长城 M2 轿车轿车 1.5L（GW4G15）发动机正时校对见第一节炫丽轿车 1.5L（GW4G15）发动机正时校对内容。

第八节 长城哈弗 H3 轿车

一、哈弗 H3 轿车 2.8T（GW2.8TC）发动机正时系统部件识别（图 15-8-1）

图 15-8-1　2.8T（GW2.8TC）发动机正时系统部件识别

二、2.8T（GW2.8TC）发动机正时系统部件拆卸（表 15-8-1）

表 15-8-1　2.8T（GW2.8TC）发动机正时系统部件拆卸步骤

步骤	操作
1	断开蓄电池负极接线柱
2	将 4 个发动机下挡板螺栓拧下，拆下发动机下挡板
3	拧下散热器放水螺塞，放净散热器内的冷却液
4	拆卸散热器、电子扇总成
5	拆下转向助力泵、空调压缩机传动带

续表

步骤	操作
6	松开 2 个发电机紧固螺母（M10），如图 15-8-2 所示  图 15-8-2　发电机固定螺母
7	拧松张紧块固定螺栓（M8×35），如图 15-8-3 所示  图 15-8-3　松开张紧块固定螺栓
8	拧松传动带张紧螺栓（M8×100），直到水泵传动带完全松开为止，如图 15-8-4 所示  图 15-8-4　传动带张紧螺栓
9	取下发动机发电机/水泵传动带
10	断开凸轮轴相位传感器连接器，如图 15-8-5 所示  图 15-8-5　凸轮轴相位传感器连接器

续表

步骤	操作
11	拆卸水泵带轮、水泵传动带:拧下水泵带轮的 4 个螺栓(M6×16),将其同水泵传动带一同取下
12	拆减振带轮:挂上挡位,用撬棍将整车传动轴万向节卡住,将减振带轮螺栓(M16)拧下,然后将减振带轮拆下,如图 15-8-6 所示

图 15-8-6　拆卸减振带轮

| 13 | 拆下检视盖总成。将 6 个检视盖总成固定螺栓取下,然后将检视盖总成取下,如图 15-8-7 所示 |

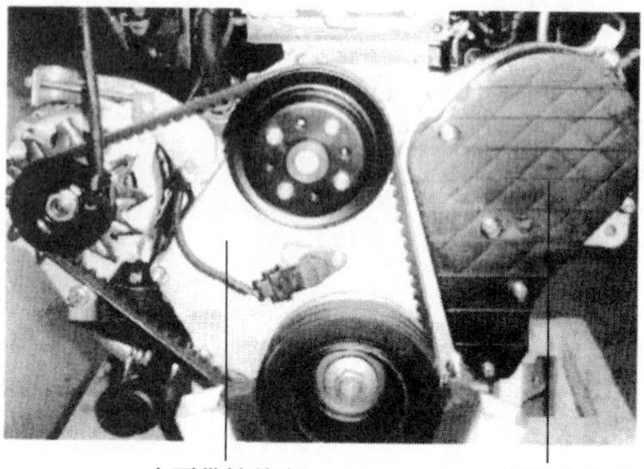

水泵带轮盖室　　检视盖总成
图 15-8-7　拆卸检视盖

| 14 | 拆下水泵带轮室盖总成 |
| 15 | 旋转曲轴,使 1 缸位于压缩上止点。这时的正时标记应如图 15-8-8 所示对齐,将正时工艺螺栓安装到位 |

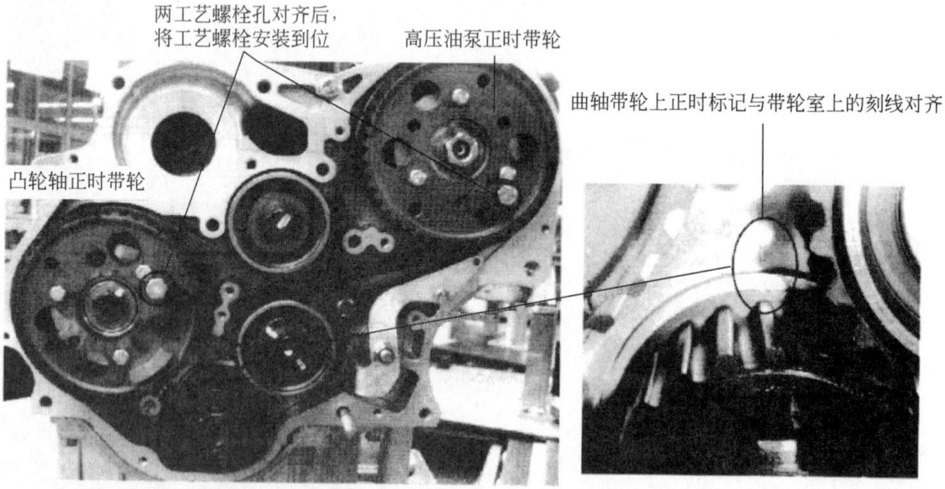

两工艺螺栓孔对齐后,将工艺螺栓安装到位　　高压油泵正时带轮

曲轴带轮上正时标记与带轮室上的刻线对齐

凸轮轴正时带轮

图 15-8-8　正时标记对齐

续表

步骤	操作
16	如图 15-8-9 所示,拧紧张紧轮固定螺栓,然后松开齿带张紧拉杆固定螺栓,然后取下正时带  图 15-8-9　松开张紧拉杆固定螺栓（拧下螺栓；松开但不拧下）

三、2.8T（GW2.8TC）发动机正时系统部件安装（表 15-8-2）

表 15-8-2　2.8T（GW2.8TC）发动机正时系统部件安装步骤

步骤	操作
1	对好正时。如图 15-8-8 所示,确保正时工艺螺栓安装到位,正时标记对齐
2	安装正时带：从曲轴正时带轮开始顺时针进行安装,如图 15-8-10 所示  图 15-8-10　沿顺时针顺序安装正时带
3	将砝码用挂钩在齿带张紧拉杆上端的孔内以拉紧正时带,如图 15-8-11 所示 **注意**：砝码悬挂时位置要垂直,悬挂铁丝不能与整车干涉 原机旧正时带张紧使用 8.3kg 的砝码 更换新的正时带使用（14.2±0.1）kg 的砝码  图 15-8-11　拉紧正时带（砝码）

续表

步骤	操作
4	拧紧张紧轮固定螺栓,力矩为(110±10)N·m
5	沿顺时针方向旋转曲轴720°,拧松张紧轮固定螺栓
6	再次拧紧张紧轮固定螺栓,力矩为(110±10)N·m
7	取下齿带张紧拉杆上的砝码
8	将齿带张紧拉杆固定螺栓组合件和固定螺母拧紧
9	用棉布蘸少量汽油将张紧轮螺栓及张紧轮端面的原油漆笔记号擦净,重新用黄色油漆笔做好标记
10	安装水泵带轮室盖总成
11	将凸轮轴相位传感器连接器插好
12	安装检视盖总成
13	安装水泵带轮、减振带轮并张紧水泵传动带
14	张紧转向助力泵、空调压缩机传动带
15	安装散热器、电子扇总成
16	安装发动机下挡板
17	连接蓄电池负极接线柱
18	行车检查。启动车辆运转5min,检查水泵周围有无漏水问题,检查发动机有无异响等问题

第九节 长城哈弗 CUV 轿车

长城哈弗 CUV 轿车 2.8T(GW2.8TC)发动机正时校对见第八节哈弗 H3 轿车 2.8T(GW2.8TC)发动机正时校对内容。

第十节 长城哈弗 H5 轿车

长城哈弗 H5 轿车 2.0T(GW4D20)发动机正时校对见表 15-10-1。

表 15-10-1 哈弗 H5 轿车 2.0T(GW4D20)发动机正时校对操作步骤

步骤	操作
1	拧松张紧轮固定螺栓,取下张紧轮和正时带
2	检查正时带是否被划伤、磨损、缺齿,是否有油渍
3	将凸轮轴带轮标记对正缸盖与凸轮轴承盖结合缝(排气侧),如图15-10-1的1所示 

图 15-10-1 对准标记

续表

步骤	操作
4	将高压油泵带轮标记对正水泵壳体上的水平筋,如图 15-10-1 的 2 所示
5	将曲轴带轮标记对正机油泵壳体箭头,如图 15-10-1 的 3 所示
6	安装正时带前先检查正时带外观是否存在润滑脂、防冻液及其他异物,检查正时带带齿是否存在裂纹、缺齿现象,如出现上述现象则更换新正时带。正时带强制更换里程为 80000km
7	将合格的正时带按 1~7 顺序套入正时带轮上,如图 15-10-2 所示。套装顺序为曲轴正时带轮→正时带惰轮→机油泵正时带轮→水泵正时带轮→高压油泵正时带轮→凸轮轴正时带轮→正时带张紧轮 
8	装配过程中,应确保除去张紧轮部分外,其余部分带轮应与带轮结合紧密不松弛
9	安装正时张紧轮时,先把张紧轮的限位支架卡入缸盖碗形塞位置,将张紧轮紧固螺栓拧上(注意不要拧紧),如图 15-10-3 所示 
10	如图 15-10-4 所示,用内六角扳手调整张紧轮销孔,直到张紧轮臂指针超过安装臂缺口 1°~2°,然后以规定力矩[(24 ± 2)N·m]拧紧张紧轮紧固螺栓 

图 15-10-2 正时皮带安装顺序

图 15-10-3 安装张紧轮

图 15-10-4 指针超过安装臂缺口

续表

步骤	操作
11	顺时针转动曲轴两圈
12	检查确认曲轴正时带轮、凸轮轴正时带轮相应正时标记是否对正,正时带啮合是否完好
13	检查自动张紧轮指针是否与缺口位置相对应,自动张紧轮拧紧力矩是否符合要求
14	以上如有异常应重新调整

第十一节　长城哈弗 H6 轿车

长城哈弗 H6 轿车 2.0T（GW4D20）发动机正时校对见第十节哈弗 H5 轿车 2.0T（GW4D20）发动机正时校对内容。

第十六章 金杯汽车

第一节 金杯海狮汽车

一、金杯海狮 2.4L（4RB2）发动机正时校对

1. 正时链轮机构的拆卸要点

拆下气缸盖后，按顺序拆下风扇风带→硅油离合器（风扇）→水泵带轮→交流发电机→曲轴带轮→机油盘→机油滤清器→链轮室→凸轮轴正时链条→进气凸轮轴正时链→滑轨组件、减振板组件→曲轴正时链轮。

2. 正时链轮机构的检查

① 将链条拉直，选取 3~4 个位置测量 16 个链节的总长度，该长度应为 142.875mm，如测量值大于该值，应更换链条。

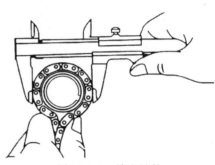

图 16-1-1 检查链轮

② 链轮的检查按图 16-1-1 所示进行。进气凸轮轴正时链轮的最小值为 113.8mm。

③ 检查滑轨组件和减振板组件，如果其最大磨损量大于 1mm，应更换。

3. 正时链轮机构的安装（表 16-1-1）

表 16-1-1 正时链轮机构安装操作步骤

步骤	操作
1	转动曲轴使键槽向上，装入半圆键及曲轴正时链轮
2	安装滑轨组件、减振组件
3	安装凸轮轴正时链条和进气凸轮轴正时链轮
4	在曲轴正时链轮上安装凸轮轴正时链条时，使链条上的黑色链节与曲轴正时链轮上的凹坑标记对准
5	将进气凸轮轴正时链轮上的正时标记与凸轮轴正时链条上的正时标记对齐
6	保证链条安装到滑轨组件和减振板组件的正确位置
7	用软带将链条、滑轨组件、减振板组件缠在一起，以防止松脱
8	依次安装链轮室、机油滤清器、机油盘、曲轴带轮、交流发电机、水泵带轮及硅油离合器（风扇）、风扇传动带、缸盖

二、金杯海狮 2.0L（4G20D4）/2.2L（4G22D4）发动机正时校对

1. 正时系统部件识别（图 16-1-2）

2. 发动机正时链条拆卸（表 16-1-2）

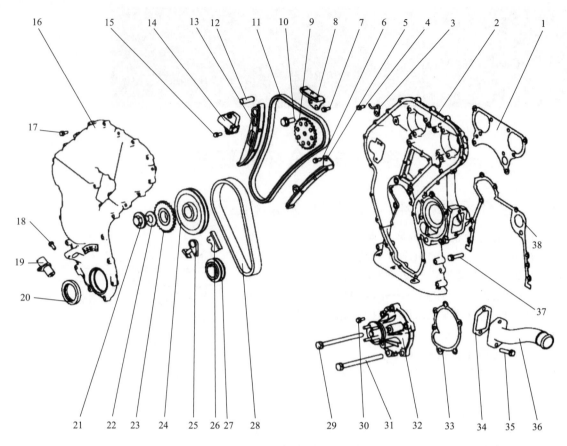

图 16-1-2　正时系统部件识别

1—链轮室垫Ⅰ；2—链轮室组件；3—链润滑喷嘴组件；4—螺栓；5—阻尼板组件Ⅰ；6,7,15,17,18,29～31,35,37—组合螺栓；8—阻尼板组件Ⅱ；9—凸轮轴链轮；10—飞轮螺栓；11—正时链条Ⅰ；12—连接柱；13—张紧板组件；14—张紧器组件；16—链轮室盖；19—曲轴位置传感器；20—前油封；21—凸轮轴螺栓；22—垫圈；23—中间轴链轮；24—凸轮轴正时链轮；25—张紧装置组件；26—阻尼器组件；27—曲轴正时链轮；28—正时链条；32—水泵组件；33—水泵垫；34—链轮室垫Ⅲ；36—进水管接头；38—链轮室垫Ⅱ

表 16-1-2　发动机正时链条拆卸操作步骤

步骤	操作
1	按图 16-1-3 所示，拆卸正时链轮室盖

图 16-1-3　拆卸正时链轮室盖

续表

步骤	操作
2	 转动曲轴,使发动机1缸活塞处于压缩行程上止点位置,在气缸盖后部用凸轮轴定位器插入凸轮轴凹槽,固定住凸轮轴,如图16-1-4所示 图16-1-4　凸轮轴定位器
3	 把正时链条张紧板组件压入张紧器内,按图16-1-5所示,插入张紧器锁止销 图16-1-5　插入锁止销
4	 按图16-1-6所示,拆下阻尼板组件 图16-1-6　拆下阻尼板组件
5	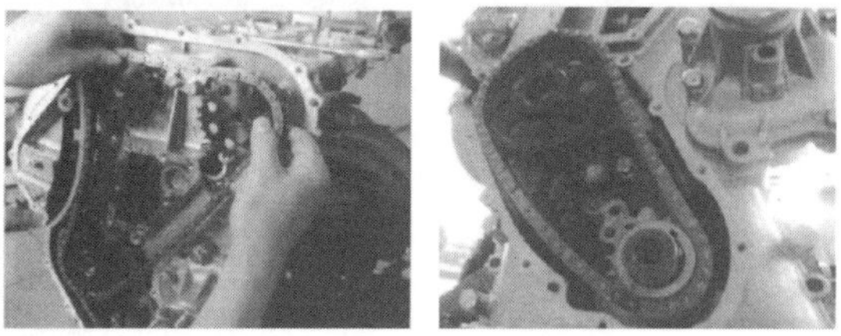 按图16-1-7所示,拆下中间轴链轮、凸轮轴链轮和正时链条 图16-1-7　拆下链轮和链条

3. 发动机正时链条安装（表16-1-3）

表 16-1-3　发动机正时链条安装操作步骤

步骤	操作
1	检查张紧器是否卡滞，检查正时链条、链轮、张紧器和阻尼板的表面是否有异常磨损
2	转动曲轴，使1缸活塞处于上止点位置，安装正时链轮盖和减振带轮，如图 16-1-8 所示  图 16-1-8　转动曲轴使1缸活塞处于上止点
3	在气缸盖后部用凸轮轴定位器固定住凸轮轴
4	按图 16-1-9 所示，安装中间轴正时链轮、曲轴正时链轮和正时链条 **注意**：正时链条和中间轴正时链轮上的正时标记必须要对准，中间轴上的键槽垂直朝上并对准止推片的凹坑标记。正时链条的两个亮白节应分别与凸轮轴正时链轮和曲轴正时链轮上的正时凹坑标记对准  图 16-1-9　安装链轮和链条
5	按图 16-1-10 所示，对齐标记，安装凸轮轴链轮、中间轴链轮和正时链条 **注意**：正时链条上的深色链节与各个链轮上的凹坑标记对齐，使进排气凸轮轴端定位销插入进排气凸轮轴链轮的销孔内  图 16-1-10　对齐标记安装链条

续表

步骤	操作
6	安装张紧器组件并紧固中间轴链轮螺栓和凸轮轴链轮螺栓,如图 16-1-11 所示

图 16-1-11　安装张紧器

7	安装阻尼板组件,将螺栓紧固至 18~20N·m
8	安装张紧板组件,将螺栓紧固至 10~20N·m
9	拔下张紧器组件锁止销,使正时链条张紧,如图 16-1-12 所示

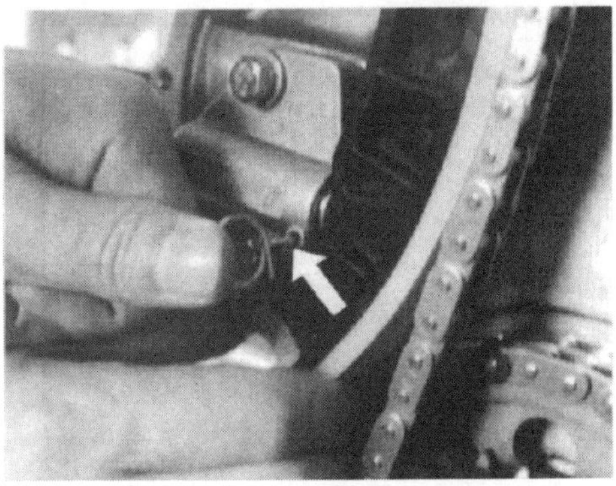

图 16-1-12　拔出锁止销

10	安装进排气凸轮轴链轮螺栓,紧固至 70N·m
11	安装中间轴链轮螺栓,紧固至 90N·m

三、金杯海狮 RZ 系列发动机正时校对

1. 金杯海狮 RZ 系列发动机正时链部件识别（图 16-1-13）

2. 金杯海狮 RZ 系列发动机正时链条拆卸（表 16-1-4）

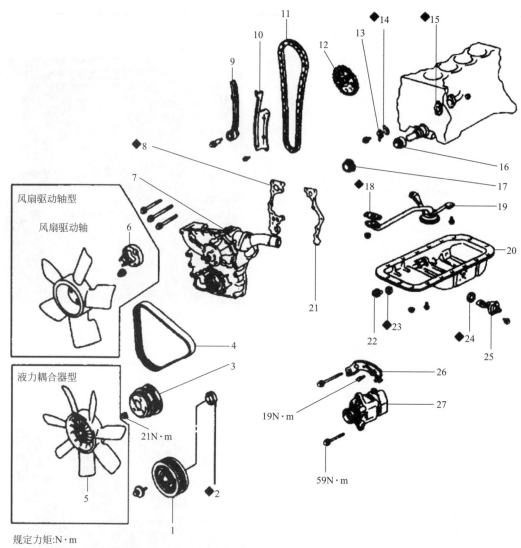

图 16-1-13 正时链系统部件组成

1—曲轴带轮；2—油封；3—水泵带轮；4—传动带；5,6—风扇；7—正时链罩壳；8,14,15,18,21,23,24—垫片；
9—滑履；10—减振板；11—正时链；12—凸轮链轮；13—机油喷嘴；16—隔圈；17—曲轴链轮；
19—机油滤网；20—油底壳；22—放油塞；25—机油液面传感器；
26—交流发电机调整杆；27—交流发电机

表 16-1-4　金杯海狮 RZ 系列发动机正时链条拆卸操作步骤

步骤	操作
1	拆卸气缸盖
2	拆卸连接风扇的液力耦合器和水泵带轮 **注意**：如果是液力耦合器型，松开水泵带轮的 4 个固定螺母（图 16-1-14）；松开传动带调整螺栓和交流发动机枢轴螺栓，拆下传动带；松开 4 个固定螺母，拆卸连接风扇的液力耦合器和水泵带轮。如果是风扇驱动型，则按图 16-1-15 所示，拆下风扇，松开传动带调整螺栓和交流发动机枢轴螺栓，拆下传动带；松开 4 个固定螺母，拆卸连接风扇的液力耦合器和水泵带轮

续表

步骤	操作
2	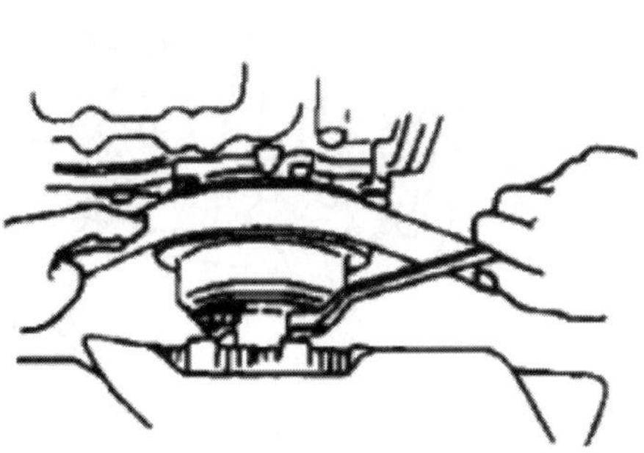 图 16-1-14 松开水泵带轮的固定螺母 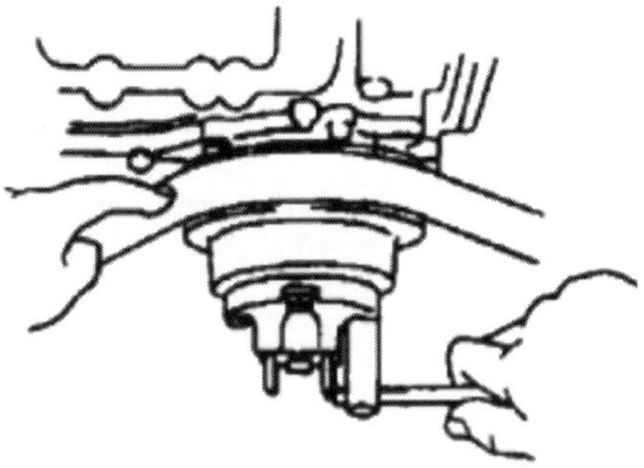　　图 16-1-15 松开螺母拆卸风扇
3	拆卸交流发电机
4	如图 16-1-16 所示,用专用工具拆卸曲轴带轮  图 16-1-16 拆卸曲轴带轮
5	拆卸油底壳:拆下 4 个螺栓,拆卸机油液面传感器和垫片,如图 16-1-17 所示。拆卸 16 个螺栓和 2 个螺母,用油底壳密封刮刀和钢棒从气缸体将油底壳分开,如图 16-1-18 所示 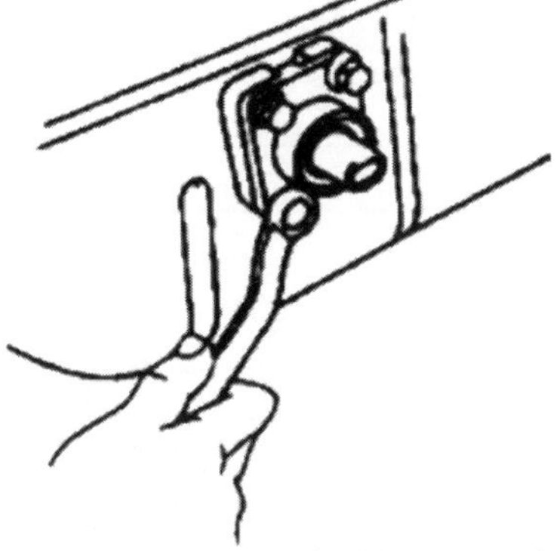 图 16-1-17 拆卸 4 个螺栓拆下机油液面传感器和垫片 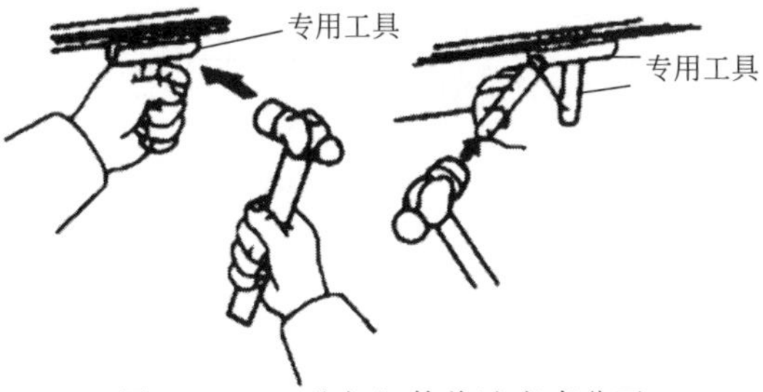　　图 16-1-18 从气缸体将油底壳分开

续表

步骤	操作
6	如图 16-1-19 所示,拆卸机油滤网和垫片

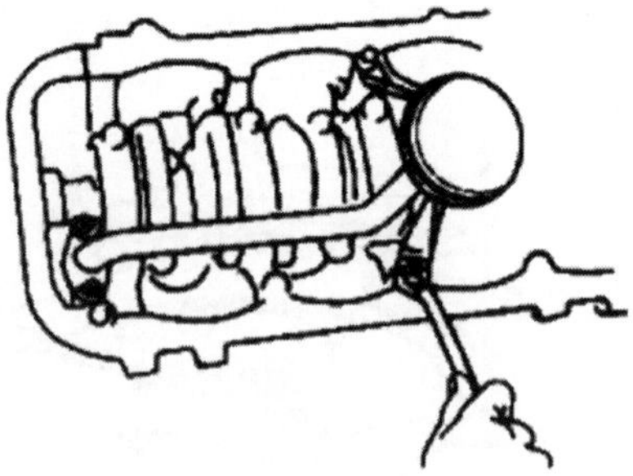

图 16-1-19 拆卸机油滤网和垫片

步骤	操作
7	拆卸正时链条罩
8	拆卸正时链和凸轮轴链轮
9	拆卸正时链滑板和减振板
10	拆卸机油喷嘴和垫片
11	拆卸曲轴链轮,如图 16-1-20 所示

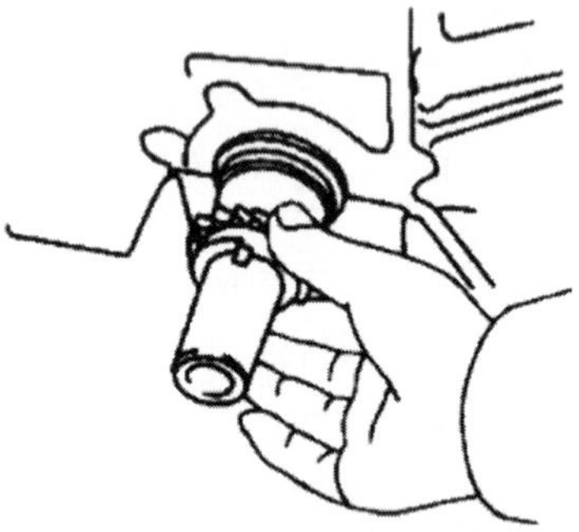

图 16-1-20 拆卸曲轴链轮

3. 金杯海狮 RZ 系列发动机正时链安装(表 16-1-5)

表 16-1-5　金杯海狮 RZ 系列发动机正时链安装操作步骤

步骤	操作
1	转动曲轴使正时链位于上侧,将链轮滑入并套在曲轴的键上
2	安装机油喷嘴和新垫片
3	安装链条减振板和滑板
4	如图 16-1-21 所示,在曲轴链轮上安放正时链,正时标记为光亮的链环。安装时要使光亮的链环对齐曲轴链轮上的标记 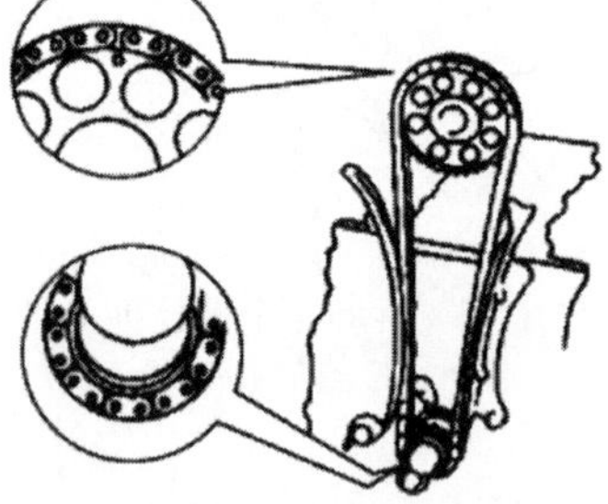

图 16-1-21 在曲轴链轮上安放正时链

续表

步骤	操作
5	用绳索捆住正时链以防松开,如图 16-1-22 所示 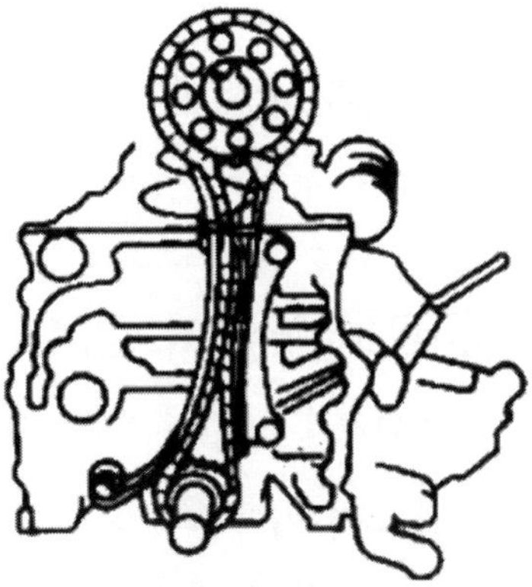 图 16-1-22 用绳索捆住正时链
6	安装正时链罩壳:清洁垫片安装面,将两张新垫片装到结合面上,然后再将 1 张新垫片装到冷却液旁通管与正时链罩壳之间的安装面上。将滑动正时链罩壳装到结合面上,安装交流发电机的调节杆,安装螺栓和螺母并加以紧固,如图 16-1-23 所示 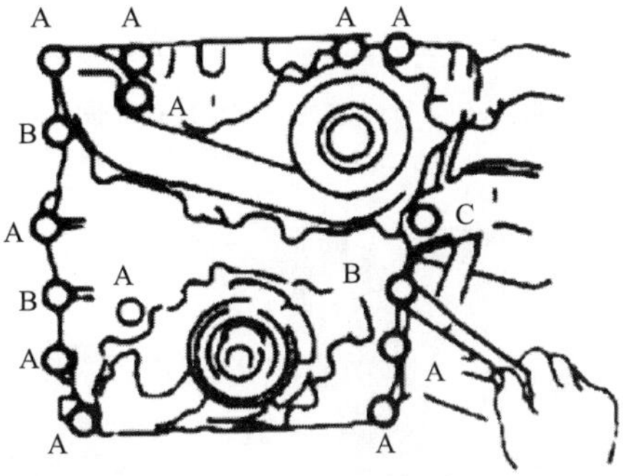 A-20N·m; B-41N·m; C-43N·m 图 16-1-23 紧固螺栓和螺母
7	安装油底壳:刮除所有旧的密封材料,彻底清洗所有部件,清洗密封表面。对油底壳涂抹密封剂,密封剂涂抹后 5min 内,安装好零件,如图 16-1-24 所示 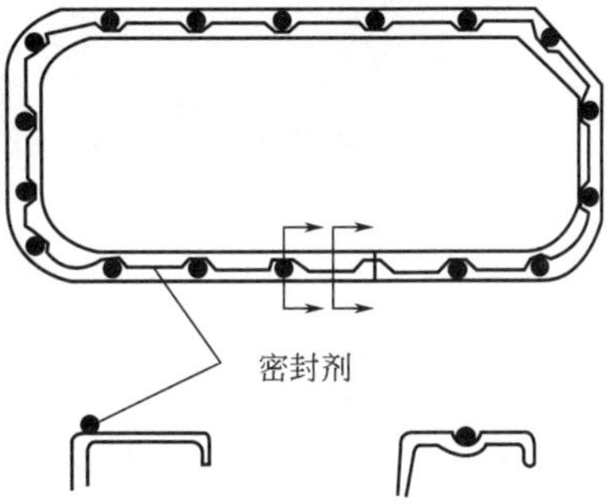 图 16-1-24 在油底壳上涂抹密封剂
8	安装新的垫片和机油液面传感器
9	将曲轴带轮安装到曲轴上,将曲轴带轮固定螺栓紧固到 245N·m
10	安装交流发电机
11	安装水泵带轮和连接风扇的液力耦合器
12	安装气缸盖
13	调整传动带

第二节 金杯阁瑞斯汽车

一、金杯阁瑞斯汽车 2.4L（4RB2）发动机正时校对

见第一节海狮汽车 2.4L（4RB2）发动机正时校对内容。

二、金杯阁瑞斯汽车 2.0L（4G20D4）发动机正时校对

见第一节海狮汽车 2.0L（4G20D4）发动机正时校对内容。

三、金杯阁瑞斯汽车 2.0L（V19）发动机正时校对

1. 2.0L 发动机正时链条拆卸（表 16-2-1）

表 16-2-1 金杯阁瑞斯汽车 2.0L（V19）发动机正时链条拆卸步骤

步骤	操作
1	转动曲轴，使1缸活塞处于压缩行程上止点位置，曲轴带轮上的缺口应对准正时链轮室盖上的"0"标记，相位器的错齿也处于朝上状态，如图 16-2-1 所示 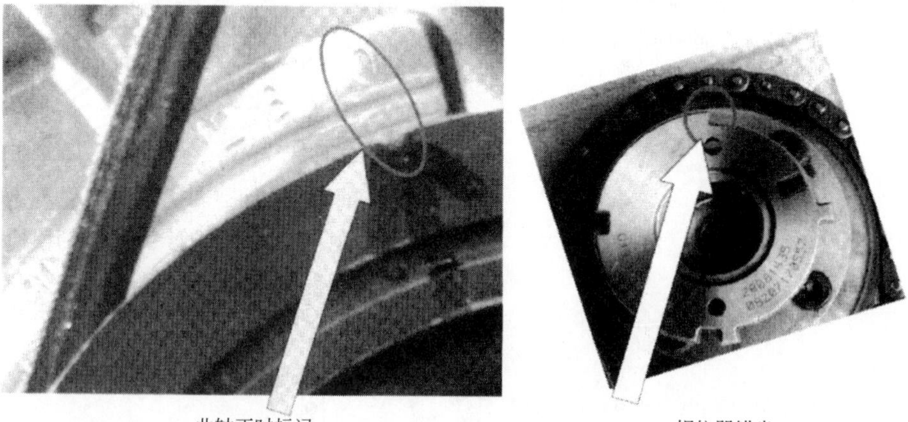 图 16-2-1 曲轴正时标记和错齿位置识别
2	拔掉相位传感器线束连接器
3	松开发电机传动带的张紧螺栓，拆下发电机传动带和水泵带轮
4	用 19 号套筒拆卸减振带轮螺栓
5	拆卸正时链轮室盖螺栓
6	拆下正时链条张紧器组件
7	用 14 号套筒拆下相位器安装螺栓，取下相位器组件、曲轴正时链轮和正时链条 注意：松开相位器螺栓后，不要再转动曲轴或凸轮轴

2. 2.0L（V19）发动机正时链条安装（表 16-2-2）

表 16-2-2　金杯阁瑞斯汽车 2.0L（V19）发动机正时链条安装步骤

步骤	操作
1	 确保曲轴和凸轮轴处于图 16-2-2 所示的位置，即相位器定位销孔朝上（或朝下）、曲轴半圆键朝上 **注意**：相位器定位销孔朝上，表示 1 缸活塞处于压缩行程上止点，销孔如果朝下，表示 4 缸活塞处于压缩行程上止点位置 图 16-2-2　曲轴和凸轮轴位置
2	 把相位器、曲轴正时链轮和正时链条按图 16-2-3 所示组装到一起，确保各个正时标记对齐 图 16-2-3　对齐正时标记
3	 保持正时链条、相位器和曲轴正时链条相对位置不变，平稳地将总成套入曲轴和凸轮轴上，如图 16-2-4 所示 图 16-2-4　安装正时链条

续表

步骤	操作
4	用手推相位器和曲轴正时链轮,直至相位器定位销平稳插入凸轮轴的相位器销孔 注意: ①在没有确认相位器定位销落座前不能锁紧相位器安装螺栓 ②在重新装配新相位器前要保持相位器和凸轮轴安装结合面的清洁度
5	按图 16-2-5 所示,用专用检具检查移项器是否安装到位。移项器链轮表面与缸体前端面的距离应不超过 27mm;专用检具缺口端靠在缸体前端面上,缺口另一端与相位器链轮间隙应大于 1mm。如果测量结果符合规范,表明部件安装到位,否则应重新安装 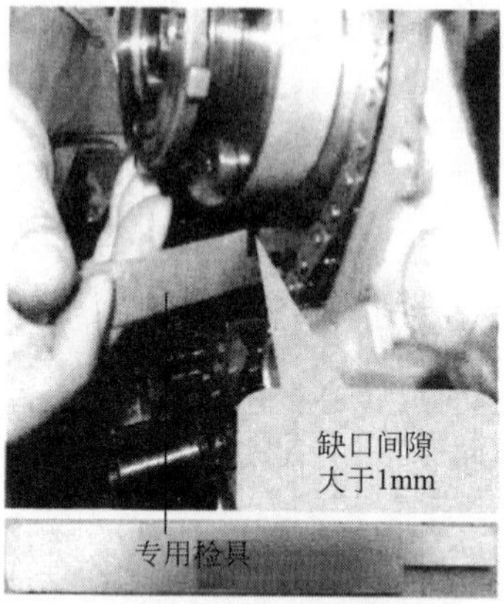 图 16-2-5 用专用检具测量
6	把相位器安装螺栓旋入移项器组件安装孔,紧固至(70±5)N·m,如图 16-2-6 所示  图 16-2-6 紧固相位器安装螺栓
7	按图 16-2-7 所示,安装正时链条张紧导轨和张紧器  图 16-2-7 安装链条张紧导轨和张紧器

续表

步骤	操作
8	安装链轮室盖
9	安装减振带轮,把带轮螺栓紧固至108N·m
10	安装发电机传动带/动力转向传动带,调节好传动带张力
11	重新连接好相位器传感器连接器
12	安装其他部件

第十七章 海马汽车

第一节 海马2轿车

一、海马2轿车（4A9）发动机正时记号说明（图17-1-1）

图17-1-1 海马2轿车（4A9）发动机正时记号识别

二、海马2轿车（4A9）发动机正时校对（表17-1-1）

表17-1-1 海马2轿车（4A9）发动机正时校对操作步骤

步骤	操作
1	调整凸轮轴位置,使排气凸轮轴链轮和进气VVT链轮上的正时记号对齐,如图17-1-2所示  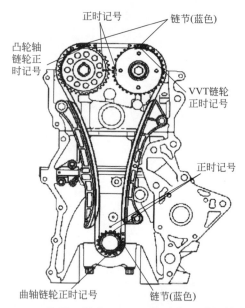 图17-1-2 对齐凸轮轴链轮上的正时记号

续表

步骤	操作
2	确保曲轴链轮上的正时记号和气缸体上的正时记号对准
3	安装正时链条,使链条上的3个蓝色(或黄色)链节分别与排气凸轮轴链轮、进气VVT链轮和曲轴链轮上的正时记号一一对应,如图17-1-3所示 图 17-1-3　对齐正时记号
4	安装正时链条导轨、正时链条张紧导轨和正时链条自动张紧器,如图17-1-4所示  图 17-1-4　安装导轨和张紧器
5	沿顺时针方向转动曲轴两周,确认各个正时标记对准

第二节　海马普力马轿车

一、海马普力马轿车发动机正时皮带拆卸（表 17-2-1）

表 17-2-1　普力马轿车发动机正时皮带拆卸操作步骤

步骤	操作
1	安装带轮锁紧螺栓

续表

步骤	操作
2	沿顺时针方向转动曲轴,使1缸活塞处于压缩行程上止点位置,确认正时标记对齐,如图17-2-1所示 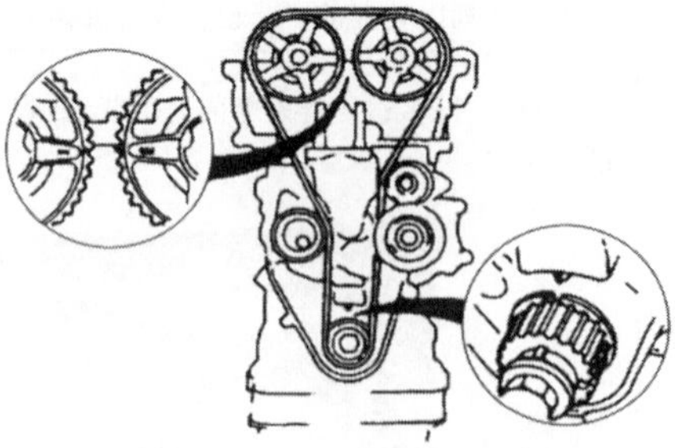
3	用套筒扳手沿顺时针方向转动正时皮带张紧轮,如图17-2-2所示 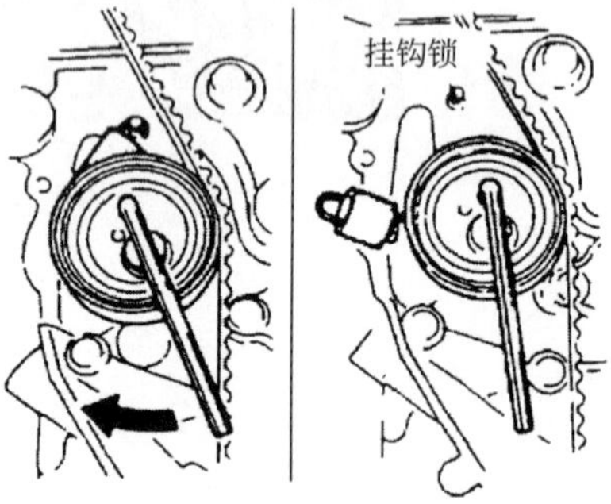
4	拆卸正时皮带张紧轮弹簧
5	拆卸正时皮带张紧轮
6	拆卸正时皮带

图 17-2-1　对齐正时标记

图 17-2-2　转动张紧轮

二、海马普力马轿车发动机正时皮带安装（表 17-2-2）

表 17-2-2　普力马轿车发动机正时皮带安装操作步骤

步骤	操作
1	确认曲轴正时齿轮标记和凸轮轴正时齿轮的正时标记各自对准,如图17-2-3所示 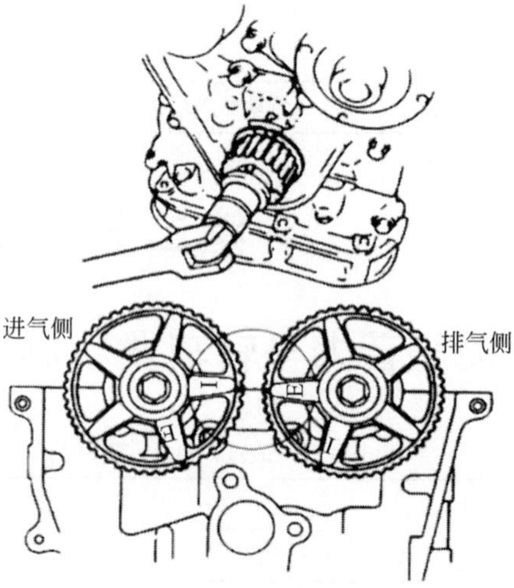

图 17-2-3　对齐正时标记

续表

步骤	操作
2	安装正时皮带张紧轮
3	转动张紧轮,如果张紧轮转动时没有阻力或不能转动,应换用新张紧轮
4	安装正时皮带并使之压紧张紧轮,如图 17-2-4 所示

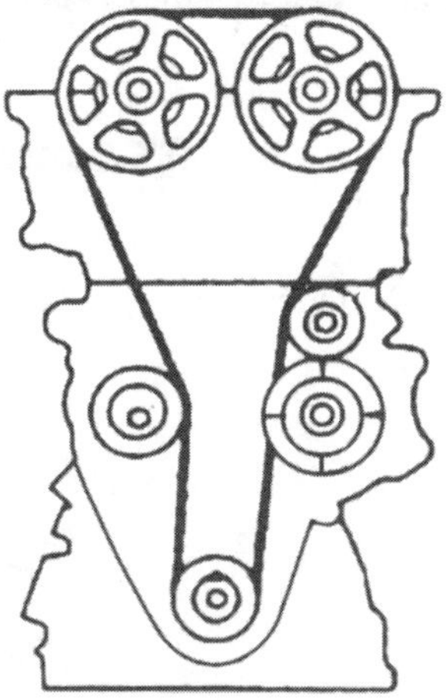

图 17-2-4　安装正时皮带

5	沿顺时针方向转动曲轴两周,对准正时标记
6	确认所有的正时标记均各自对准
7	按图 17-2-5 所示,测量张紧轮弹簧的自由长度,应小于 36.6mm,如果测量值大于该规范值,应更换张紧轮弹簧

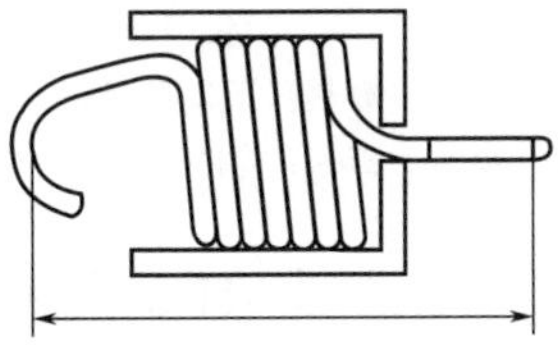

图 17-2-5　测量张紧轮弹簧自由长度

8	按图 17-2-6 所示,用扳手沿顺时针方向转动张紧轮

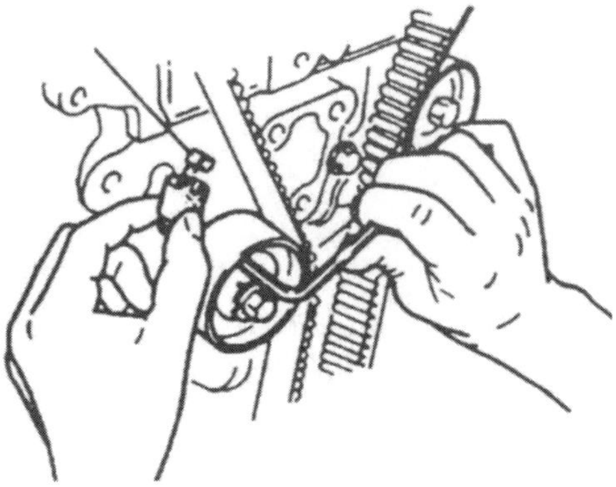

图 17-2-6　转动张紧轮

9	把张紧轮弹簧挂好
10	沿顺时针方向转动曲轴两周,确认所有正时标记对准

第十八章 猎豹汽车

第一节 猎豹 CS7 汽车

1. 猎豹 CS7 汽车 2.0L（4G94）发动机正时部件识别（图 18-1-1）

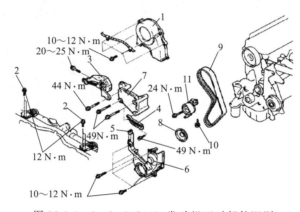

图 18-1-1　2.0L（4G94）发动机正时部件识别

1—正时带前上盖；2—散热器上安装螺栓；3—交流发动机支架；4—动力转向油泵支座；5—曲轴转角传感器接头；6—正时带前上盖；7—附件装置；8—轮缘；9—正时带；10—张紧装置发条；11—正时带张紧装置

2. 2.0L（4G94）发动机正时皮带拆卸（表 18-1-1）

表 18-1-1　2.0L（4G94）发动机正时皮带拆卸操作步骤

步骤	操作
1	沿顺时针方向转动曲轴，把 1 号气缸设置到压缩行程上止点位置，将各个正时标记对准，如图 18-1-2 所示 图 18-1-2　对准正时标记

续表

步骤	操作
2	松开调整螺栓
3	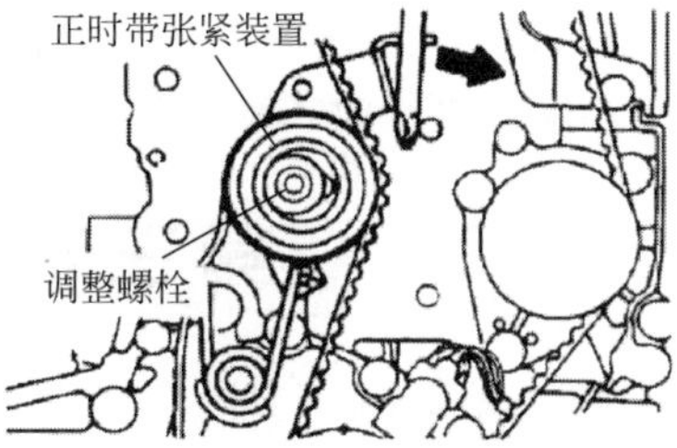 按图 18-1-3 所示,在正时皮带张紧装置处用螺丝刀按图示箭头方向压向后方
4	预紧调整螺栓
5	拆卸正时皮带 **注意**:如果要继续使用拆下的正时皮带,则要在正时皮带上画一个表明皮带转动方向的箭头,以便在重新安装时不发生错装

图 18-1-3 用螺丝刀把正时带压向后方

3. 2.0L（4G94）发动机正时皮带安装（表 18-1-2）

表 18-1-2　2.0L（4G94）发动机正时皮带安装操作步骤

步骤	操作
1	按图 18-1-4 所示,把正时皮带张紧器向左移动,直至张紧器达到最大的外伸量 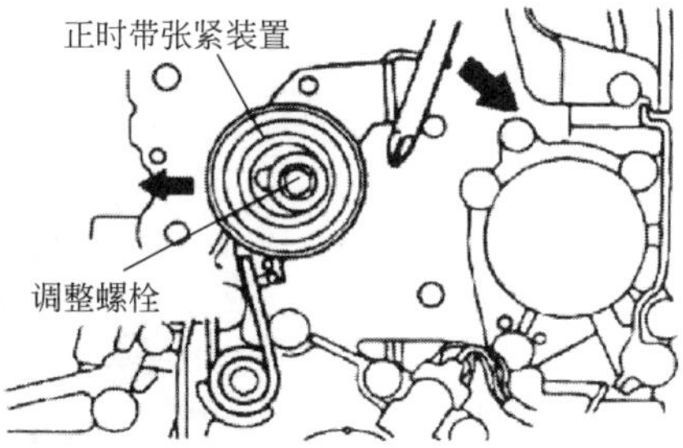
2	把正时皮带移向水泵侧,暂时拧紧调整螺栓
3	把凸轮轴链轮对准凸轮轴正时标记
4	按照曲轴链轮→水泵链轮→凸轮轴链轮→张紧轮的顺序安装正时皮带,如图 18-1-5 所示。确认正时皮带的张紧侧没有松弛 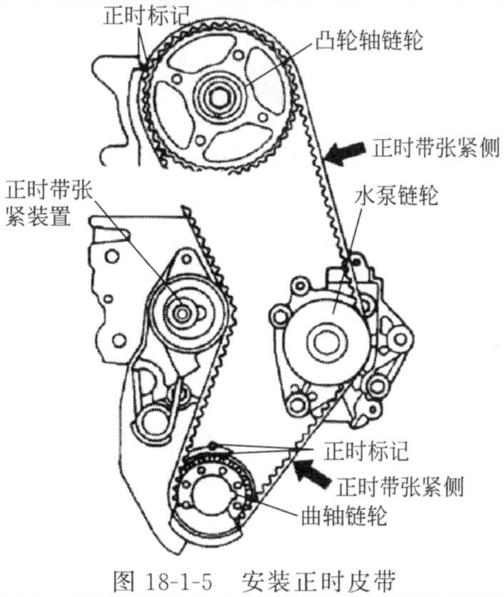

图 18-1-4 移动正时皮带张紧器

图 18-1-5 安装正时皮带

第二节 猎豹 CS6 汽车

猎豹 CS6 汽车 2.4L（4G64S4M）发动机正时校对见第九章第二节尊驰轿车 2.4L（4G64S4M）发动机正时校对内容。

第三节 猎豹飞腾汽车

猎豹飞腾汽车 2.0L（4G94）发动机正时校对见第一节猎豹 CS7 汽车 2.0L（4G94）发动机正时校对内容。

第四节 猎豹黑金刚汽车

一、黑金刚汽车 3.0L（6G72）发动机正时皮带拆卸

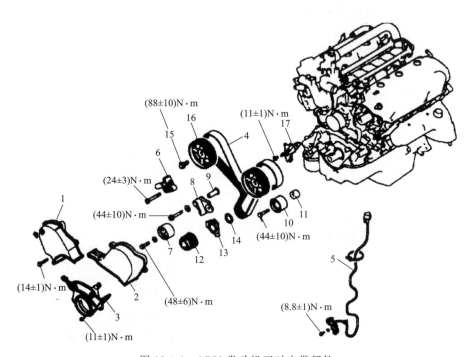

图 18-4-1 6G72 发动机正时皮带部件

1—正时皮带右前上盖；2—正时皮带左前上盖；3—正时皮带前下盖；4—正时皮带；5—曲轴位置传感器；6—自动张紧装置；7—张紧装置皮带轮；8—张紧臂；9—轴；10—张紧轮；11—张紧轮隔套；12—曲轴皮带轮；13—曲轴转角传感器板；14—曲轴垫片；15—凸轮轴皮带轮螺栓；16—凸轮轴皮带轮；17—正时皮带后盖

正时皮带拆卸要点如下。

① 按照图 18-4-1 中的零件顺序拆卸正时皮带各个部件。

② 当要重新使用正时皮带时，为了使正时皮带在重新安装后传动方向与拆卸前一致，在拆卸前应用箭头标明传动方向（图 18-4-2）。

注意：由于正时皮带上的水或油会大大降低皮带的使用寿命，因此在拆卸时要确保正时

皮带、皮带轮和张紧装置支座干净、干燥，绝不要清洗它们。若零件太脏，则予以更换。当这些零件中的任何一个沾上油污时，都应对这些零件的油封处或发动机前端的凸轮轴油封处进行检查，看看是否漏油。

③ 拆卸凸轮轴皮带轮螺栓时，要用图 18-4-3 所示专用工具，将凸轮轴锁止在这一位置上，松开凸轮轴皮带轮螺栓。

图 18-4-2 用箭头标明方向

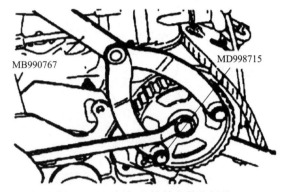
图 18-4-3 拆卸凸轮轴皮带轮螺栓

二、黑金刚汽车 3.0L（6G72）发动机正时皮带安装

正时皮带安装要点如下。

（1）安装自动张紧装置。如果自动张紧装置杆完全伸出，则按以下步骤使它处于缩回位置。

① 将自动张紧装置夹在台钳上，确保自动张紧装置不倾斜（图 18-4-4）。

② 缓慢夹紧台钳，压入自动张紧装置推杆，直到自动张紧装置推杆的安装孔（A）与气缸上的安装孔（B）对准（图 18-4-5）。

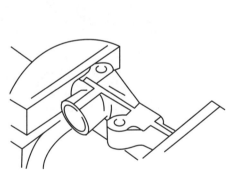
图 18-4-4 夹住自动张紧装置

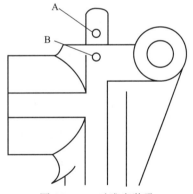
图 18-4-5 对准安装孔

③ 在安装孔内插入金属丝（直径 1.4mm）。

④ 从台钳上卸下自动张紧装置。

（2）通过油泵壳将自动张紧装置安装在气缸体上。

（3）转动曲轴皮带轮，使正时标记第 3 个齿离开曲轴箱上的正时标记（使 1 号活塞销稍低于压缩行程上止点位置），见图 18-4-6。

注意：如果凸轮轴皮带轮和处在压缩行程上止点的活塞一起转动，则气门可能会与活塞发生干涉。

(4) 将正时标记与左边、右边的凸轮轴皮带轮对准（图18-4-7）。

注意：凸轮轴皮带轮会由于气门弹簧张力而无意识地转动。

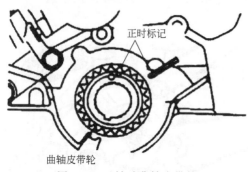

图18-4-6 转动曲轴皮带轮

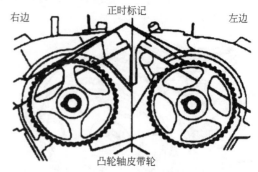

图18-4-7 将正时标记对准凸轮轴皮带轮

(5) 将正时标记与曲轴皮带轮对准（图18-4-6）。

(6) 按以下步骤将正时皮带安装在皮带轮上。

① 将正时皮带放在曲轴上，给正时皮带一个张紧力，使它压在张紧轮上。

② 将正时皮带放在左边的凸轮轴皮带轮上。

③ 给正时皮带一个张紧力，将正时皮带放在水泵皮带轮上。

④ 将正时皮带放在右边的凸轮轴皮带轮上。

⑤ 将正时皮带放在张紧轮上。

(7) 对着正时皮带轻轻地给张紧轮加压，暂时拧紧中心螺栓（图18-4-8）。

(8) 检查一下所有的正时标记是否都已对准。

(9) 用专用工具逆时针转动曲轴1/4圈，然后顺时针转动曲轴并对准正时标记，如图18-4-9所示。

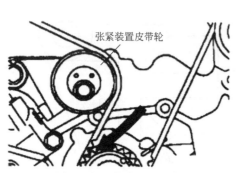

图18-4-8 拧紧中心螺栓

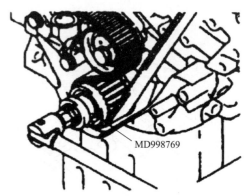

图18-4-9 逆时针转动曲轴

(10) 确保所有正时标记均对准，如图18-4-10所示。

(11) 在张紧装置皮带轮上安装专用工具和扭力扳手，用4.4N·m的扭矩拧紧张紧皮带轮。

(12) 固定张紧装置皮带轮，按规定的扭矩拧紧中心螺栓。

(13) 顺时针转动曲轴两圈，等待5min。

(14) 从自动张紧装置上拆下在安装张紧装置时插入的金属丝。如果金属丝很容易拆下，则正时皮带的张紧力是正确的。应确保自动张紧装置推杆凸出量在规定的范围内（图18-4-11），标准值为4.8~5.5mm。

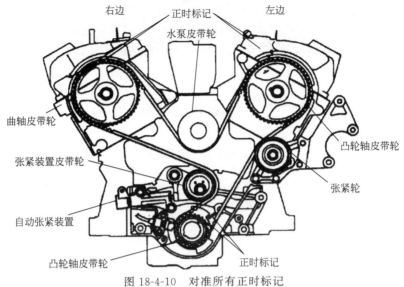

图18-4-10　对准所有正时标记

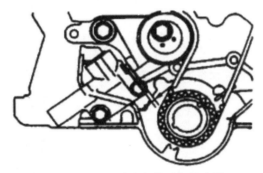

图18-4-11　自动张紧装置杆凸出量

第十九章 东南汽车

第一节 东南菱帅汽车

一、东南菱帅汽车发动机正时部件拆卸（表 19-1-1）

表 19-1-1 菱帅汽车发动机部件拆卸操作步骤

步骤	操作
1	沿顺时针方向转动曲轴，使各个正时标记对准，如图 19-1-1 所示 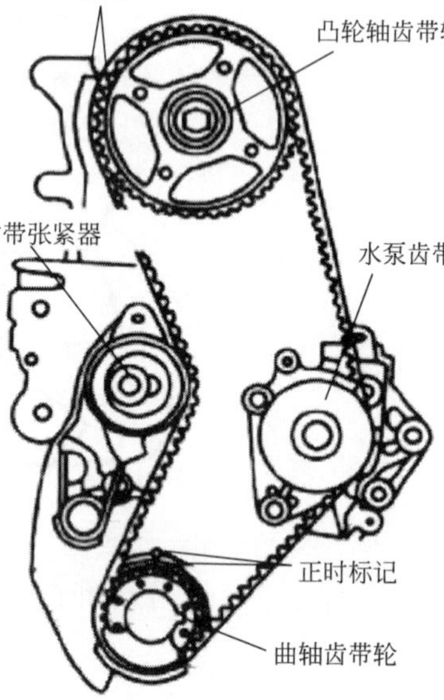 图 19-1-1 对准正时标记
2	松开正时皮带张紧器调整螺栓
3	按图 19-1-2 所示，用螺丝刀插到张紧器处，沿箭头方向压到底 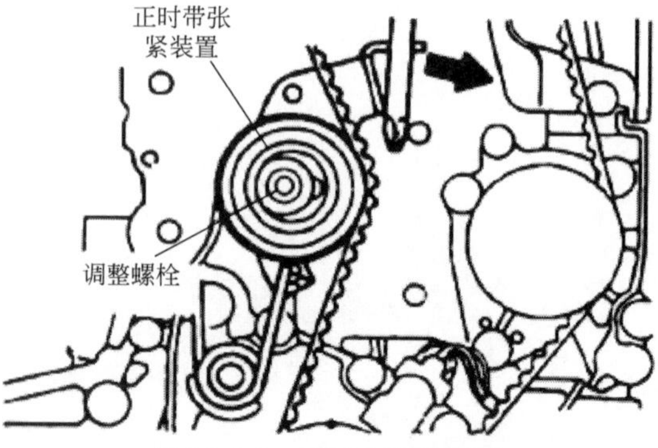 图 19-1-2 正时皮带张紧器

续表

步骤	操作
4	暂时锁紧调整螺栓
5	拆卸正时皮带

二、东南菱帅汽车发动机正时部件安装（表 19-1-2）

表 19-1-2　菱帅汽车发动机部件安装操作步骤

步骤	操作
1	按图 19-1-2 所示，用螺丝刀插到张紧器处，沿箭头方向压到底
2	暂时锁紧调整螺栓
3	按图 19-1-3 所示，对齐各个正时标记 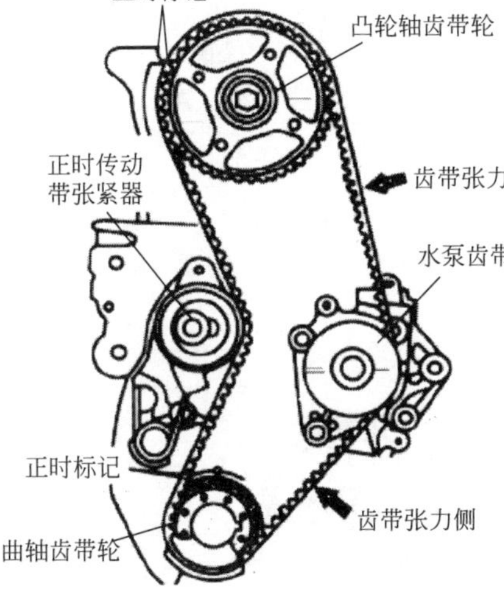
4	按照曲轴带轮→水泵齿带轮→凸轮轴齿带轮→张紧器齿带盘的顺序，安装正时皮带，并确认图 19-1-3 中所示的皮带张力侧完全张紧

图 19-1-3　对齐标记

第二节　东南得利卡轿车

一、东南得利卡轿车 4G63 发动机正时皮带拆卸

（1）正时皮带部件识别（图 19-2-1）。

（2）正时皮带的拆卸。

① 如图 19-2-2 所示，顺时针转动凸轮轴（右转）使正时记号位于第一缸上止点位置。注意不可逆时针方向转动曲轴。

② 如图 19-2-3 所示，将专用工具插入正时皮带盖总成后方的橡皮塞孔内，并缓缓地转动专用工具，直到不能平顺地转动为止。此项作业可使专用工具末端接触到张紧器臂，使自动张紧器停止移动。

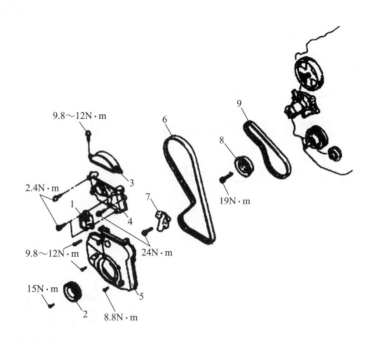

图 19-2-1 正时皮带部件

1—点火线圈；2—曲轴皮带轮；3—正时齿带上盖总成；4—分电盘托架总成；5—正时齿带下盖总成（拆下后应进行正时齿带张力调整）；6—正时齿带；7—自动张紧器（拆下后应进行正时齿带 B 张力调整）；8—正时齿带 B 张紧器；9—正时齿带 B

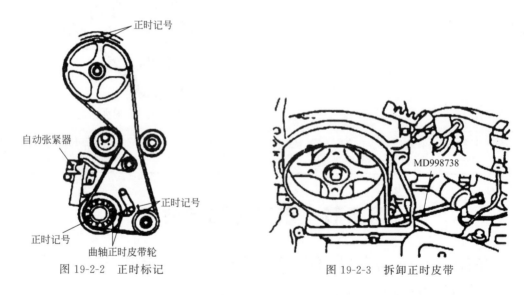

图 19-2-2　正时标记　　　　　图 19-2-3　拆卸正时皮带

③ 拆下正时皮带。如果正时皮带还要再使用，则须按图 19-2-4 中箭头所示方向顺时针转动凸轮轴。

④ 按正时皮带转动的方向做好记号以便安装。皮带、正时皮带轮沾水或沾油均会缩短寿命，所以拆下的皮带、正时皮带轮及张紧器必须远离水及油。这些零件不可清洗。如正时皮带污损严重，则必须更换。如果每一个零件上均沾有水或油时，则必须检查前盖油封、凸轮轴油封及水泵是否泄漏。

⑤ 拆下专用工具。

（3）如图19-2-5所示，拆卸装有平衡轴发动机的机油泵皮带轮。

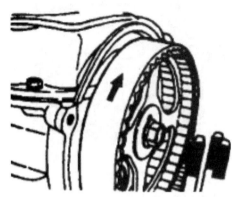

图 19-2-4　沿箭头方向转动凸轮轴

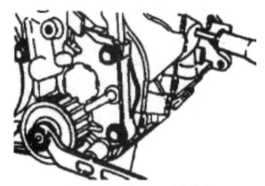

图 19-2-5　拆卸机油泵皮带轮

（4）如图19-2-6所示，采用专用工具MD998781将曲轴螺栓松开。
（5）如图19-2-7所示，使用专用工具MD998778拆卸曲轴正时皮带轮。

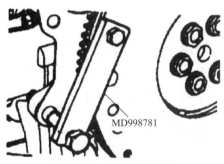

图 19-2-6　松开曲轴螺栓

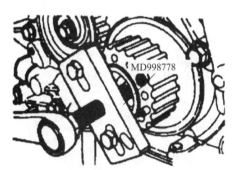

图 19-2-7　拆卸曲轴正时皮带轮

（6）如图19-2-8所示，如果正时皮带还要使用，则需按箭头所示方向顺时针转动凸轮轴，卸下正时皮带B。在正时皮带背面做记号，标示旋转方向，以便组装时按相同的方向装回正时皮带。

（7）如图19-2-9所示，使用专用工具MD998785拆卸平衡轴带轮。

图 19-2-8　拆卸正时皮带 B

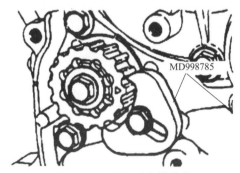

图 19-2-9　拆卸平衡轴带轮

（8）如图19-2-10所示，使用专用工具MD998778拆卸曲轴正时皮带轮B。
（9）如图19-2-11所示，使用专用工具松开凸轮轴正时皮带轮螺栓。

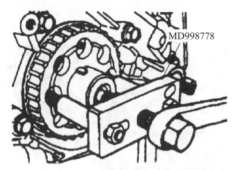
图 19-2-10 拆卸曲轴正时皮带轮 B

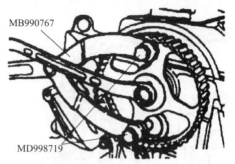
图 19-2-11 松开凸轮轴正时皮带轮螺栓

二、东南富利卡轿车 4G63 发动机正时皮带安装

(1) 如图 19-2-12 所示,使用专用工具将凸轮轴正时皮带轮锁紧。

(2) 安装发动机支撑托架,在发动机支撑托架螺栓紧固之前,按图 19-2-13 所示涂抹密封胶到螺栓处,指定密封胶为 3M ATD PRAT NO.8660 或同级品。

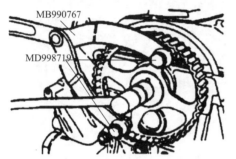
图 19-2-12 锁紧凸轮轴正时皮带轮

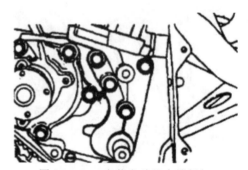
图 19-2-13 安装发动机支撑托架

(3) 安装隔圈(装有平衡轴的发动机),如图 19-2-14 所示,安装时须将倒角端朝向油封。

(4) 使用专用工具 MD998785 安装平衡轴带轮(装有平衡轴的发动机)。

(5) 安装正时皮带 B(装有平衡轴的发动机)步骤如下。

① 如图 19-2-15 所示,将曲轴正时皮带轮 B 和平衡轴带轮上的正时记号,分别与前盖上的记号对准。

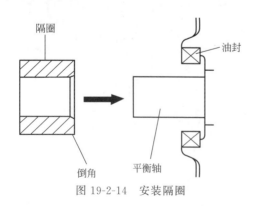
图 19-2-14 安装隔圈

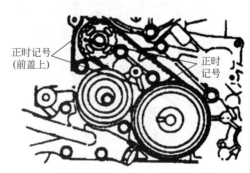
图 19-2-15 安装正时皮带 B

② 安装正时皮带 B 至曲轴正时皮带轮 B 和平衡轴带轮，张紧侧应没有任何松弛的现象。

(6) 正时皮带 B 的张紧器调整。

① 如图 19-2-16 所示，暂时固定正时皮带 B 的张紧器，使张紧器皮带轮中心点移动到固定螺栓中心点上方左侧，以使凸缘朝向发动机前方方向。

② 如图 19-2-17 所示，用手指将张紧器往上顶起，按箭头方向移动，施加压力使正时皮带的张紧侧产生足够的张力。在此情况下，将张紧器螺栓拧紧，紧固力矩为 199N·m。

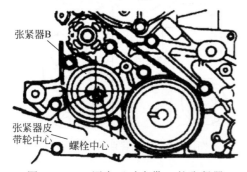

图 19-2-16　固定正时皮带 B 的张紧器

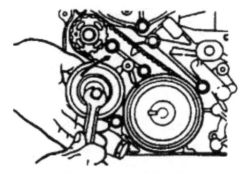

图 19-2-17　安装张紧器

③ 确定各个正时皮带轮上的正时记号和前盖上的记号对齐。

④ 如图 19-2-18 所示，用食指压下正时皮带的张紧侧。检查正时皮带的张力，皮带挠度应为 5～7mm。

(7) 使用专用工具 MD998781 将曲轴螺栓拧紧。

(8) 安装机油泵皮带轮（装有平衡轴的发动机）。

① 如图 19-2-19，用 8mm 的螺丝刀插入气缸体左侧塞孔，固定左侧轴。

② 安装机油泵皮带轮。

③ 涂抹适量的发动机机油到螺母的受力面。

④ 紧固螺母。

图 19-2-18　检查正时皮带 B 张紧力

(9) 自动张紧器的安装。

① 如图 19-2-20 所示，用手握住自动张紧器，以 98～196N·m 的力量对着金属物表面（如气缸体）压下推杆末端，测量推杆被压下多少。推杆压入量标准值应在 1mm 以内。

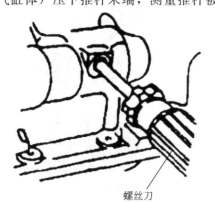

图 19-2-19　固定左侧轴

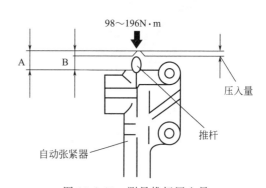

图 19-2-20　测量推杆压入量
A—未施力的长度；B—施力时的长度；A－B—压入量

② 如推杆压入量未在标准值之内，则须更换自动张紧器。
③ 如图 19-2-21 所示，用软质垫片将自动张紧器夹于虎钳上。
④ 如图 19-2-22 所示，缓慢压下自动张紧器推杆直到销孔 A 对着在气缸体上的销孔 B。注意在推杆压下时不可太快否则会损坏推杆。

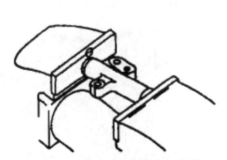

图 19-2-21 将自动张紧器夹于虎钳上

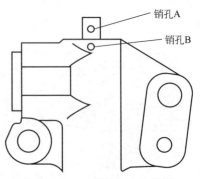

图 19-2-22 安装自动张紧器

⑤ 将定位销插入定位孔。
⑥ 安装自动张紧器到发动机上。不可从自动张紧器上拆下定位销。

（10）正时皮带的安装。
① 如图 19-2-23 所示，对正凸轮轴正时皮带轮、曲轴正时皮带轮和机油泵皮带轮的正时皮带记号。
② 机油泵皮带轮上的记号对正后，拆下气缸体塞子，插入一个直径 8mm 的螺丝刀，并检查如果螺丝刀插入深度为 60mm 以上，正时记号是否均对正无误。装好正时皮带前，螺丝刀应保持插入状态。
③ 将正时皮带装在张紧器皮带轮和曲轴正时皮带轮上并用左手握住以免滑动。用右手将正时皮带安装到机油泵皮带轮上。再将正时皮带安装到惰轮和凸轮轴皮带轮上。按图 19-2-24 所示的箭头方向将张紧器皮带轮推向正时皮带并紧固张紧器轮固定螺栓。

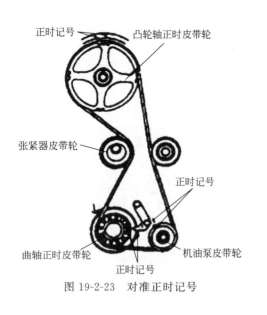

图 19-2-23 对准正时记号

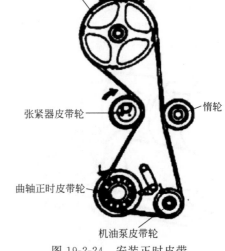

图 19-2-24 安装正时皮带

第二十章 其他国产汽车

第一节 哈飞赛马轿车

一、赛马轿车发动机正时部件识别（图20-1-1）

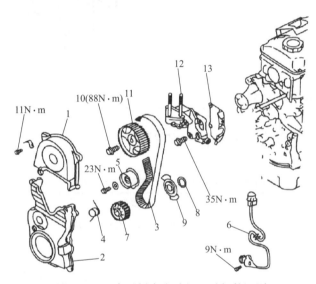

图20-1-1 赛马轿车发动机正时部件识别

1—正时传动带上罩；2—正时传动带下罩；3—正时传动带；4—张紧器弹簧；5—正时传动带张紧器；6—曲轴转角传感器；7—曲轴齿带轮；8—曲轴挡圈；9—曲轴传感板；10—凸轮轴齿带轮螺栓；11—凸轮轴齿带轮；12—发动机支架；13—正时传动带后罩

二、赛马轿车发动机正时部件拆卸（表20-1-1）

表20-1-1 赛马轿车发动机正时部件拆卸操作步骤

步骤	操作
1	用钳子夹住正时传动带张紧器弹簧伸长端，把它从机油泵壳体限位块上拆下，然后拆下张紧器弹簧，如图20-1-2所示 图20-1-2 拆下张紧器弹簧

步骤	操作
2	拆下正时传动带张紧器
3	拆下正时传动带，如果要继续使用，可在正时传动带上用粉笔标出旋转方向，以便重新安装时不发生错误
4	使用图 20-1-3 所示的专用工具将凸轮轴齿带轮锁止在相应的位置上 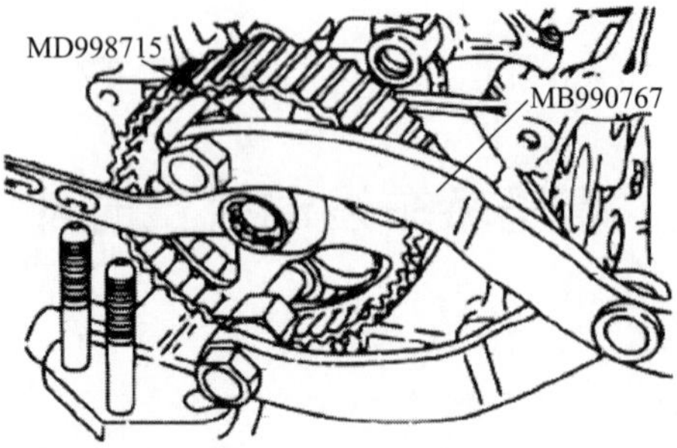
5	松开凸轮轴齿带轮螺栓

图 20-1-3　锁止凸轮轴齿带轮

三、赛马轿车发动机正时部件安装（表 20-1-2）

表 20-1-2　赛马轿车发动机正时部件拆卸操作步骤

步骤	操作
1	使用图 20-1-3 所示的专用工具将凸轮轴齿带轮锁止在相应的位置上
2	紧固凸轮轴齿带轮螺栓
3	把正时传动带张紧器锁止在图 20-1-4 所示的位置 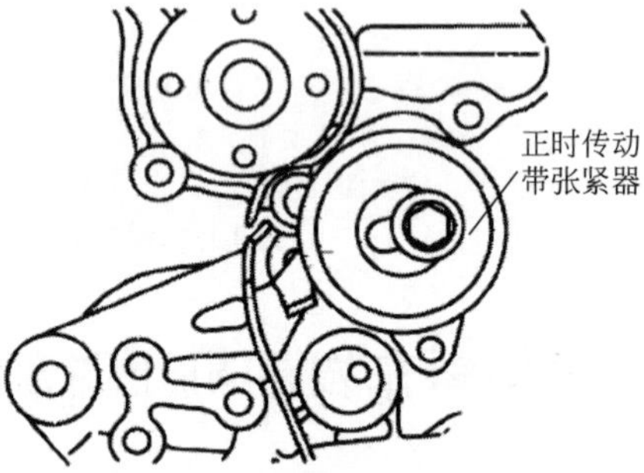
4	把张紧器弹簧伸长端钩在张紧器钩形部，把张紧器安装到机油泵壳体上，如图 20-1-5 所示 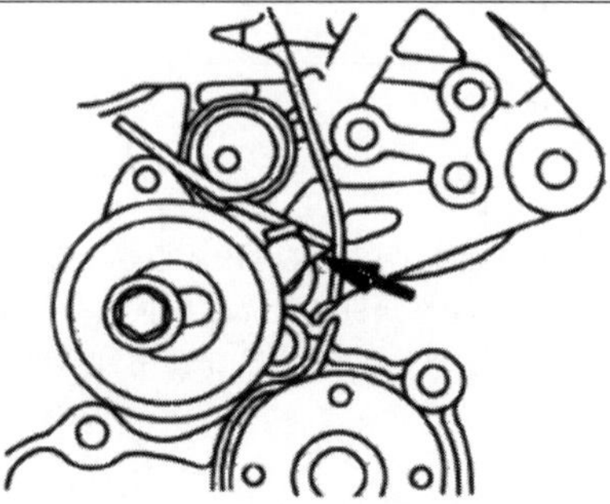

图 20-1-4　张紧器锁止位置

图 20-1-5　伸长端钩住钩形部

续表

步骤	操作
5	夹住正时传动带张紧器弹簧伸长端,把它钩到机油泵壳体凸耳上,如图 20-1-6 所示

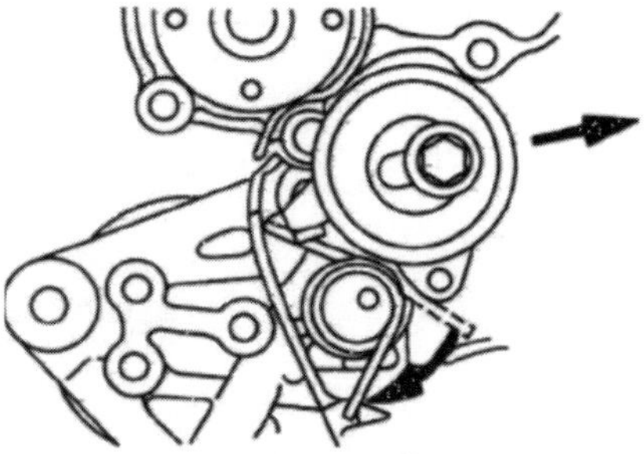

图 20-1-6 钩到凸耳上

| 6 | 按图 20-1-6 所示方向移动张紧器,临时张紧正时传动带 |
| 7 | 按图 20-1-7 所示,把凸轮轴正时标记与气缸盖正时标记对准 |

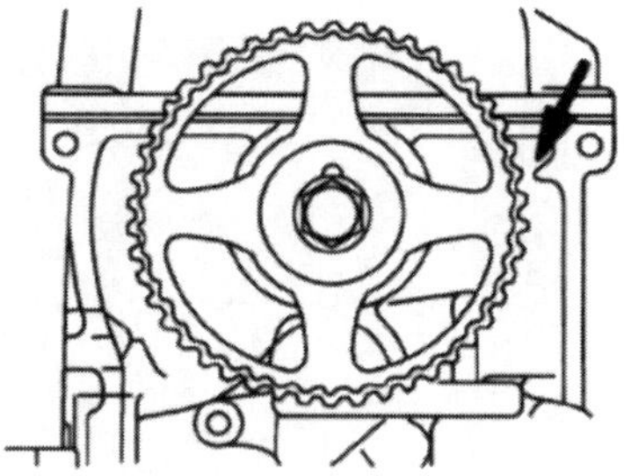

图 20-1-7 对准正时标记

| 8 | 把曲轴正时标记与前壳体上的正时标记对准,如图 20-1-8 所示 |

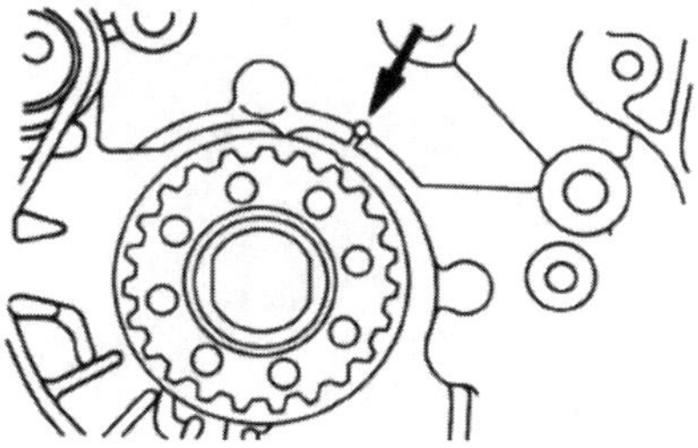

图 20-1-8 对准正时标记

| 9 | 使正时传动带张紧侧保持张紧,把正时传动带依次套装到曲轴齿带轮、凸轮轴齿带轮和张紧器传动带轮,如图 20-1-9 所示 |

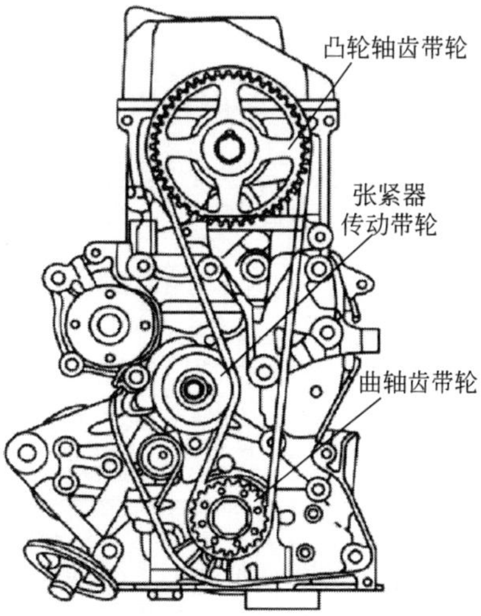

图 20-1-9 安装正时传动带

续表

步骤	操作
10	把张紧器轮安装螺栓松开 90°~180°，使张紧器弹簧的张力作用到正时传动带上
11	沿顺时针方向转动曲轴两周，确认各个正时标记对准
12	紧固张紧器轮安装螺栓

第二节　众泰汽车

一、众泰汽车 1.3L（DA4G13S1）发动机正时校对

1. 正时标记示意图（图 20-2-1）

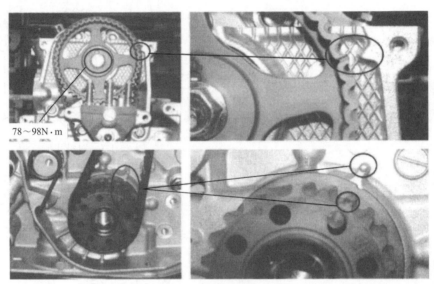

图 20-2-1　正时标记示意图

2. 正时校对（表 20-2-1）

表 20-2-1　正时校对操作步骤

步骤	操作
1	将凸轮轴正时齿轮上的正时标记与缸盖上的正时标记对准
2	将曲轴正时齿轮上的正时记号与前壳体上的正时记号对准
3	使正时带的张紧侧保持张紧，并将正时带依次装入曲轴正时齿轮、凸轮轴链轮和张紧轮
4	拧松张紧轮安装螺栓 1/4~1/2 圈，使张紧轮弹簧的张力作用到正时带上
5	顺时针旋转曲轴两圈，检查正时标记是否正确对准
6	拧紧张紧轮的安装螺栓

二、众泰汽车 1.5L（DA4G15）发动机正时校对

与 1.3L（DA4G13S1）发动机正时校对操作方法相同。

第三节 纳智捷 7 轿车

一、纳智捷 7 轿车正时链条拆卸（表 20-3-1）

表 20-3-1 纳智捷 7 轿车正时链条拆卸操作步骤

步骤	操作
1	转动曲轴，使 1 缸活塞到达压缩行程上止点位置
2	确认凸轮轴链轮上的正时记号位置符合图 20-3-1 所示的规范位置 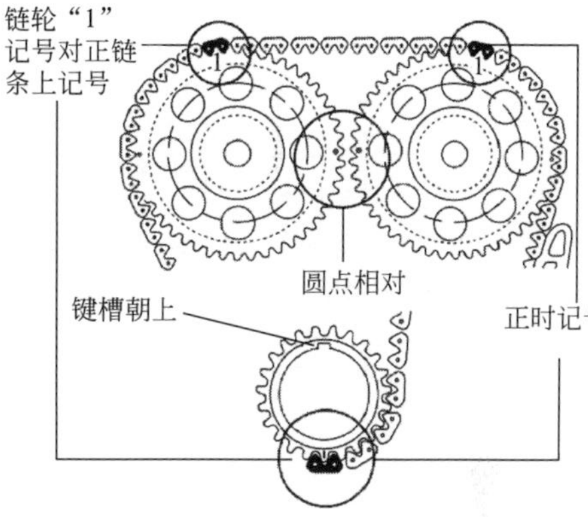 图 20-3-1 凸轮轴链轮正时记号
3	把链条张紧器柱塞端往内推入，插入直径为 0.75mm 的止动销
4	按图 20-3-2 所示，拆卸正时链条张紧器 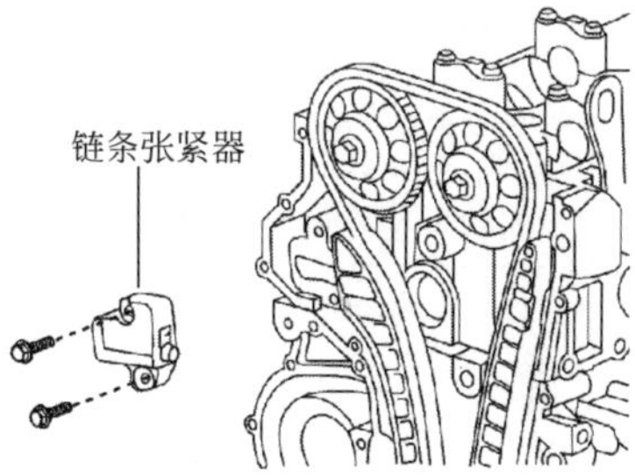 图 20-3-2 拆卸正时链条张紧器
5	按图 20-3-3 所示，拆卸正时链条导轨（松弛侧） 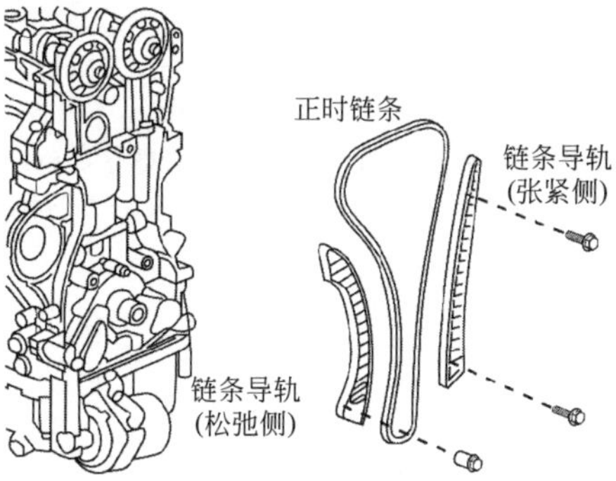 图 20-3-3 正时链条导轨识别
6	按图 20-3-3 所示，拆卸正时链条导轨（张紧侧）
7	拆卸正时链条

二、纳智捷 7 轿车正时链条安装（表 20-3-2）

表 20-3-2　纳智捷 7 轿车正时链条安装操作步骤

步骤	操作
1	顶开链条张紧器上的单向止挡，把链条张紧器柱塞端往内推入，把直径为 0.75mm 的止动插销插入固定
2	按图 20-3-4 所示，把链条张紧器安装到气缸体上，把张紧器螺栓紧固至 8～10N·m 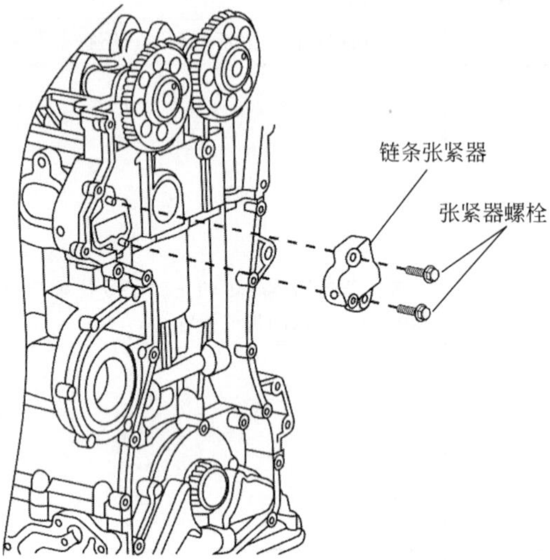 图 20-3-4　安装链条张紧器
3	转动凸轮轴，使凸轮轴的正时记号朝上，且进气、排气凸轮轴链轮上的圆点相对，见图 20-3-1
4	转动曲轴，使曲轴链轮键槽记号朝上
5	安装正时链条并对准正时记号，见图 20-3-1
6	按图 20-3-5 所示，把正时链条导轨（张紧侧）安装到气缸体上，螺栓紧固至 8～10N·m 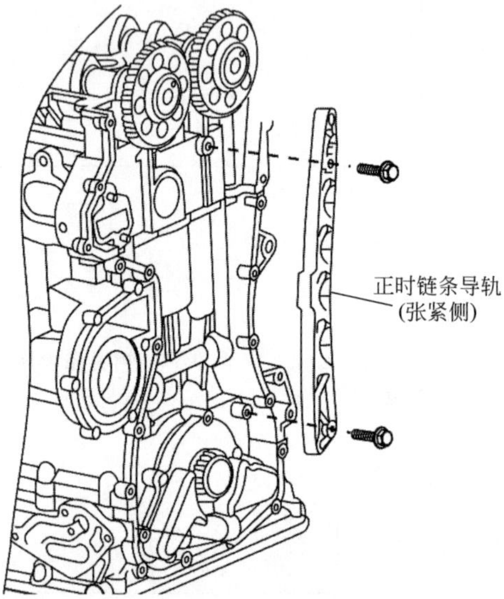 图 20-3-5　安装正时链条导轨（张紧侧）

步骤	操作
7	按图 20-3-6 所示,把正时链条导轨(松弛侧)安装到气缸体上,螺栓紧固至 8~10N·m 图 20-3-6 安装正时链条导轨(松弛侧)
8	确认各个正时记号全部对齐后,把插在张紧器上的止动销拔出

第四节　启辰 D50 轿车

一、启辰轿车 HR16DE（1.6L）发动机正时链条拆卸步骤（图 20-4-1）

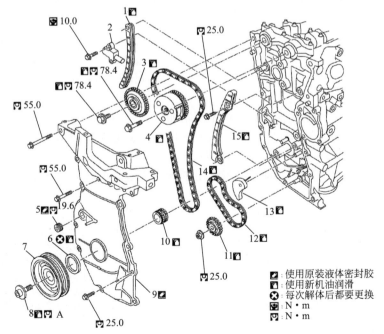

图 20-4-1　正时系统部件图

1—正时链条的松紧导杆；2—链条张紧器（用于正时链条）；3—凸轮轴链轮（排气）；4—凸轮轴链轮（进气）；5—孔塞；6—前油封；7—曲轴皮带轮；8—曲轴皮带轮螺栓；9—前盖；10—曲轴链轮；11—油泵链轮；12—油泵驱动链；13—链条张紧器（用于油泵驱动链）；14—正时链条；15—正时链条的张紧导杆

(1) 取下右前侧的车轮。

(2) 拆下前翼子板内衬板（右侧）。

(3) 在发动机冷却后，排放发动机机油。

(4) 拆卸摇臂盖、附件传动皮带（图20-4-2）、水泵皮带轮、接地电缆（在发动机固定支架和散热器芯支架之间）。

(5) 使用专用千斤顶支撑发动机底部端面，然后拆卸下发动机固定支架和绝热材料。

(6) 按以下步骤将1号缸活塞设置在压缩行程上止点位置。

① 顺时针旋转曲轴皮带轮2，把上止点标记A（没有油漆标记）对准前端盖的正时标记1，如图20-4-3所示。

② 确认凸轮轴链轮上的匹配标记按如图所示定位（图20-4-4）。

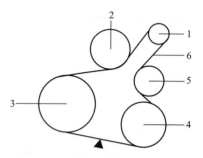

图20-4-2 附件传动皮带盘绕路径
1—交流发电机；2—水泵；3—曲轴皮带轮；4—A/C压缩机；5—惰轮；6—驱动皮带

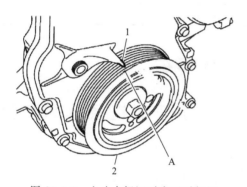

图20-4-3 上止点标记对齐正时标记

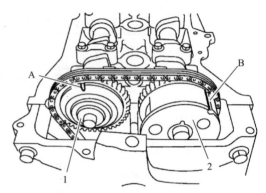

图20-4-4 凸轮轴链轮匹配标记
1—凸轮轴链轮（排气）；2—凸轮轴链轮（进气）；A—匹配标记（印记）；B—匹配标记（外围印记线）

(7) 用皮带轮支架（通用维修工具）A固定曲轴皮带轮1，如图20-4-5所示，松开并取出曲轴皮带轮螺栓。取下曲轴皮带轮。在曲轴皮带轮的M6螺纹孔内安装皮带轮拔具（SST：KV11103000）A，然后取下曲轴皮带轮。

注意：请勿拆卸固定螺栓，因为它还将用于支撑皮带轮的拔具（图20-4-6）。

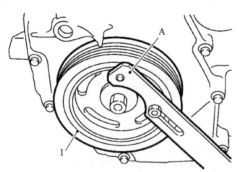

图20-4-5 固定曲轴皮带轮

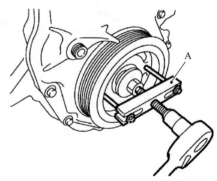

图20-4-6 安装皮带轮拔具

（8）按如图 20-4-7 所示的相反顺序松开螺栓，切下密封胶，然后取下前端盖。

（9）从前端盖上取下前油封。请勿损坏前盖。

（10）完全按下链条张紧器杆 A，把柱塞 C 完全推入张紧器内。完全按下拉杆以释放限位器（B）。这样就可以移开柱塞。拉起拉杆，并将其孔对准张紧器本体的孔中。当拉杆的孔与张紧器本体的孔对齐时，柱塞就被固定了。当柱塞棘轮的凸起部分与凸缘相对时，则说明两个孔没有对齐。这时应该轻微移动柱塞以对齐孔，使其正确啮合。把止动销 D 穿过调节杆的孔，插入本体的孔内，然后把调节杆固定在上端。如图 20-4-8 所示。拆下链条张紧器。

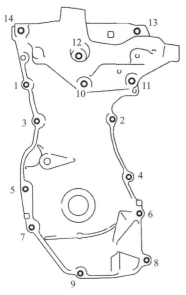

图 20-4-7　螺栓松开顺序

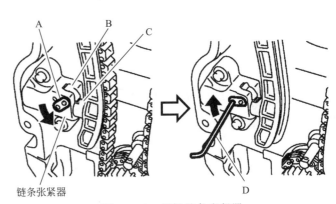

图 20-4-8　拆卸链条张紧器

（11）如图 20-4-9 所示，拆下正时链条的张紧导杆 2 和正时链条的松紧导杆 1。

（12）如图 20-4-10 所示，拆下正时链条 2：朝凸轮轴链轮（排气）1 的方向松动正时链条，然后从凸轮轴链轮（排气）1 的侧面取下正时链条。

注意：取下正时链条时不可转动曲轴或凸轮轴，这样做会导致阀门和活塞的相互干涉。

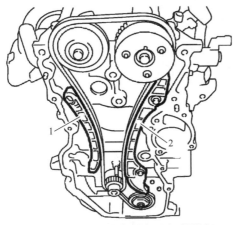

图 20-4-9　拆卸张紧导杆和松紧导杆

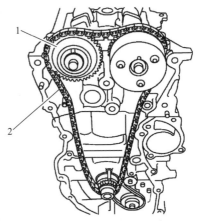

图 20-4-10　拆卸正时链条

(13) 按以下步骤拆卸曲轴链轮以及和油泵驱动相关的零部件。

① 拆下链条张紧器 1。如图 20-4-11 所示，从轴 B 和弹簧固定孔 A 处拉出。

② 使用 TORX 套筒套住机油泵的顶端，然后松开机油泵链轮螺母并把其拆下。

③ 如图 20-4-12 所示，同时拆下曲轴链轮 1、机油泵驱动链 2 以及机油泵链轮 3。

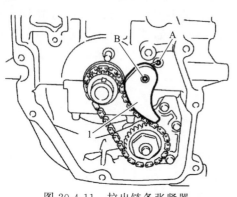

图 20-4-11 拉出链条张紧器

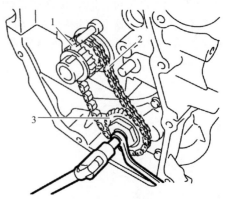

图 20-4-12 拆卸曲轴链轮、机油泵驱动链和机油泵链轮

二、启辰轿车 HR16DE（1.6L）发动机正时链条安装步骤（图 20-4-13）

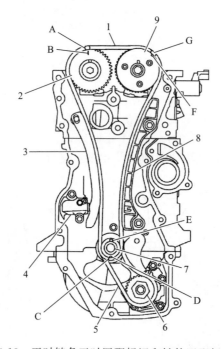

图 20-4-13 正时链条正时匹配标记和链轮匹配标记识别

1—正时链条；2—凸轮轴链轮（排气）；3—正时链条的松紧导杆；4—链条张紧器；5—油泵驱动链；6—油泵链轮；7—曲轴链轮；8—正时链条的张紧导杆；9—凸轮轴链轮（进气）；A—黄色链节；B—匹配标记（印记）；C—橙色链节；D—匹配标记（印记）；E—曲轴键（直朝上）；F—匹配标记（外围印记线）；G—黄色链节

(1) 按图 20-4-14 所示，安装曲轴链轮 1、机油泵驱动链 2 和机油泵链轮 3。安装曲轴链轮时，要使无效的齿区 A 背向发动机；安装机油泵链轮时，要使其六角表面 B 朝向发动机前端。

(2) 使用 TORX 套筒套住机油泵的顶端，然后拧紧机油泵链轮螺母（图 20-4-15）。

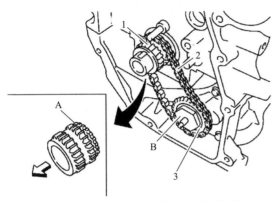
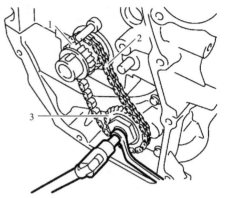

图 20-4-14　安装曲轴链轮、机油泵链轮　　　　图 20-4-15　拧紧机油泵链轮螺母

(3) 按图 20-4-16 所示，安装链条张紧器 1，将弹簧插入气缸体前面的固定孔 A，同时将张紧器插入轴 B 内，安装后，必须确认机油泵驱动链已经张紧。

(4) 按图 20-4-17 所示，安装正时链。安装时，必须对准每个正时链轮的正时标记（图 20-4-17 中 A～G）；为避免发生跳齿现象，在前端盖装好之前，不要转动曲轴和凸轮轴。

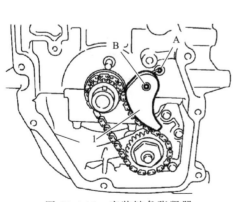
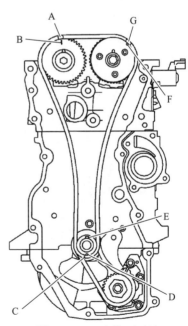

图 20-4-16　安装链条张紧器　　　　图 20-4-17　安装正时链

(5) 如图 20-4-18 所示，安装正时链的张紧导杆 2 和正时链条松紧导杆 1。

(6) 如图 20-4-19 所示，安装链条张紧器 1 的柱塞，用限位销 A 把柱塞固定在所能压缩的极限位置，安装好柱塞后，小心地拉出限位销。

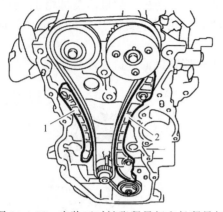

图 20-4-18 安装正时链张紧导杆和松紧导杆

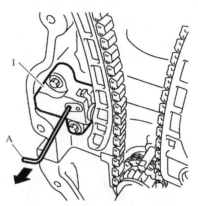

图 20-4-19 安装链条张紧器柱塞

(7) 再次检查各个正时链轮和正时链的匹配标记。
(8) 在前端盖上安装好前油封。
(9) 安装前端盖：用压缩器（SST：WS39930000）在图 20-4-20 所示的位置呈点状使用密封胶。
(10) 压缩器（SST：WS39930000）在图 20-4-21 所示的位置呈点状使用密封胶。

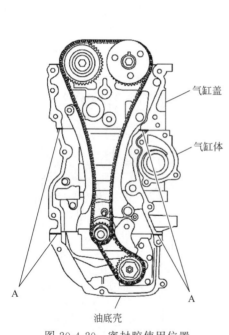

图 20-4-20 密封胶使用位置

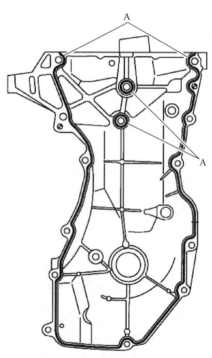

图 20-4-21 密封胶使用位置
A—密封胶的使用区域 $\phi 3.0 \sim 4.0 \text{mm}$

(11) 按图 20-4-22 所示的顺序拧紧螺栓。
(12) 对齐曲轴键，安装曲轴皮带轮。安装时要确保不损伤前油封。
(13) 固定曲轴皮带轮，拧紧曲轴皮带轮螺栓，用新的发动机机油涂抹曲轴皮带轮螺栓及其接触面，将曲轴皮带轮螺栓拧紧至 35N·m。

（14）在曲轴皮带轮上做上油漆标记 B，以便使其与曲轴螺栓凸缘 1 上的角度标记相匹配（图 20-4-23）。

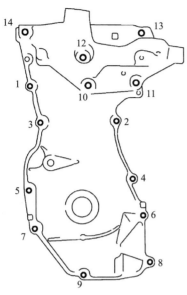
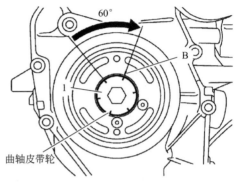

图 20-4-22　螺栓拧紧顺序　　　　图 20-4-23　曲轴皮带轮上的油漆标记

（15）顺时针再次拧紧 60°。
（16）确认可以灵活地转动曲轴。
（17）安装摇臂盖、附件传动皮带（图 20-4-2）、水泵皮带轮，连接好接地电缆（在发动机固定支架和散热器芯支架之间）。
（18）安装前翼子板内衬板（右侧）。
（19）安装右前侧的车轮。